ANTROPOLOGIA JURÍDICA

www.saraivaeducacao.com.br
Visite nossa página

Rodrigo Freitas Palma

ANTROPOLOGIA JURÍDICA

2ª edição
2023

DADOS INTERNACIONAIS DE CATALOGAÇÃO NA PUBLICAÇÃO (CIP)
VAGNER RODOLFO DA SILVA – CRB-8/9410

P171a	Palma, Rodrigo Freitas
	Antropologia Jurídica / Rodrigo Freitas Palma. – 2. ed. – São Paulo: SaraivaJur, 2023.
	256 p.
	ISBN: 978-65-5362-699-7 (Impresso)
	1. Direito. 2. Antropologia Jurídica. I. Título.
2022-3425	CDD 340.1
	CDU 340.12

Índices para catálogo sistemático:

1. Direito: Antropologia Jurídica	340.1
2. Direito: Antropologia Jurídica	340.12

saraiva
E D U C A Ç Ã O

saraiva *jur*

Av. Paulista, 901, Edifício CYK, 4º andar
Bela Vista – São Paulo – SP – CEP 01310-100

SAC | sac.sets@saraivaeducacao.com.br

Diretoria executiva	Flávia Alves Bravin
Diretoria editorial	Ana Paula Santos Matos
Gerência de produção e projetos	Fernando Penteado
Gerência editorial	Thais Cassoli Reato Cézar
Novos projetos	Aline Darcy Flôr de Souza
	Dalila Costa de Oliveira
Edição	Jeferson Costa da Silva (coord.)
	Marisa Amaro dos Reis
Design e produção	Daniele Debora de Souza (coord.)
	Laudemir Marinho dos Santos
	Camilla Felix Cianelli Chaves
	Claudirene de Moura Santos Silva
	Deborah Mattos
	Lais Soriano
	Tiago Dela Rosa
Planejamento e projetos	Cintia Aparecida dos Santos
	Daniela Maria Chaves Carvalho
	Emily Larissa Ferreira da Silva
	Kelli Priscila Pinto
Diagramação	Markelangelo Design
Revisão	Ivani A. M. Cazarim
Capa	Lais Soriano
Produção gráfica	Marli Rampim
	Sergio Luiz Pereira Lopes
Impressão e acabamento	Gráfica Paym

Data de fechamento da edição: 29-11-2022

Dúvidas? Acesse www.saraivaeducacao.com.br

Nenhuma parte desta publicação poderá ser reproduzida por qualquer meio ou forma sem a prévia autorização da Saraiva Educação. A violação dos direitos autorais é crime estabelecido na Lei n. 9.610/98 e punido pelo art. 184 do Código Penal.

CÓD. OBRA	623843	CL	608215	CAE	818275

"Antes éramos amigos dos brancos, mas vocês nos atormentaram com suas intrigas e agora, quando estamos em conselho, continuam a atormentar. Por que não falam, não vão em frente e deixam tudo bem? (Montavato (Chaleira Preta) aos índios em Medicine Creek Lodge. In: BROWN, Dee. *Enterrem meu coração na curva do rio*. Trad. Geraldo Galvão Ferraz. São Paulo: Círculo do Livro, 1970, p. 113).

"Onde estão hoje os *pequot*? Onde estão os *narragansett*, os moicanos, os *pokanoket*, e muitas outras tribos outrora poderosas de nosso povo? Desapareceram diante da avareza e da opressão do Homem Branco, como a neve diante de um sol de verão. Vamos nos deixar destruir, por nossa vez, sem luta, renunciar a nossas casas, a nossa terra dada pelo Grande Espírito, aos túmulos de nossos mortos e a tudo o que nos é caro e sagrado? Sei que vão gritar comigo: "Nunca! Nunca!" (Tecumseh, dos shawnees. In: BROWN, Dee. *Enterrem meu coração na curva do rio*. Trad. Geraldo Galvão Ferraz. São Paulo: Círculo do Livro, 1970, p. 19).

*Dedico este livro, em primeiro plano, a Deus, o Eterno,
que me permitiu concluí-lo quando já não havia mais
em mim tanto ânimo e disposição para tanto;
E também, de forma especial, ao meu pai, que contava para mim
aquelas lendas fantásticas sobre os notáveis feitos de bravura
praticados pelos índios norte-americanos em defesa
da terra em que viveram seus antepassados....
Do mesmo modo, dedico este estudo a Marcelo Palma (in memoriam)
– o amado irmão que infelizmente perdemos já no
processo de conclusão deste livro...
Você sempre será lembrado por toda a nossa família.*

Nota à Primeira Edição

As primeiras linhas deste texto foram compostas no decorrer do ano de 2007, quando ainda eram bastante escassas as obras de referência sobre a matéria no Brasil. Desde então, o país tem sido agraciado pela multiplicação de excelentes publicações do gênero. A edição da Resolução n. 9/2004 do CNE, que de modo pioneiro determinou a inserção de alguns conteúdos específicos de Antropologia no rol das disciplinas que perfazem as matrizes curriculares dos cursos de Direito, por certo, muito contribuiu para a construção de uma nova realidade didático-pedagógica traduzida pelo papel assumido pelas matérias de cunho propedêutico. Nesse sentido, e, considerando as próprias características teóricas que tipificam, em essência, o viés de nossa disciplina, sabemos que sempre haverá espaço literário para esta e, igualmente, outras tantas obras que os anos vindouros porventura trouxerem. De qualquer modo, ganha a academia nacional como um todo.

Destarte, cuidamos de oferecer aqui um substrato da experiência colhida com a ministração da catedra e os estudos que desenvolvemos a partir de então no âmbito de diversas faculdades de Brasília e, de forma mais abrangente, também no Distrito Federal. Por isso mesmo, desde pronto, ofereço o presente livro ao corpo discente do Centro Universitário Euro- -Americano (UNIEURO), do UniPROCESSUS e da UniPROJEÇÃO, bem como, aos meus diletos colegas e amigos destas mesmas instituições, com os quais compartilhei algumas impressões pessoais sobre os temas trabalhados no decorrer de todos esses anos. De antemão, digo que seria uma tarefa muito árdua tentar enumerar todos aqueles que fizeram e fazem parte de minha trajetória. Agradeço pelo imenso e incondicional apoio que de vós recebi, além do incentivo que me entusiasma a continuar labutando, mesmo em meio à avassaladora rotina de obrigações que determinam a marcha de nosso cotidiano. Ressalto, uma vez mais, que, independentemente das escolhas que eventualmente fará o legislador pátrio ao compor, no futuro, as novas diretrizes curriculares, permanecerá inabalável minha crença na imprescindibilidade das disciplinas basilares à formação de nossos bacharéis. Tenho por convicção absoluta que o descrédito muitas vezes imputado às matérias do Eixo-Fundamental não se reverte em potencial ganho para o aluno, antes, apenas contribui para o significativo incremento do déficit do saber jurídico em sua formação. As aparentes facilidades ofertadas aos que ingressam nas carreiras jurídicas, os atalhos oriundos da simplificação teórica excessiva reclamados pelas "tendências de ocasião" ou de "mercado", que furtivamente desprestigiam as matérias teóricas, aliadas à ausência de qualquer abstração na produção dos conceitos e na forma de se pensar o Direito sob determinada perspectiva, podem até mesmo ser explicados pelos interesses ditados pelo momento e pelo contexto político-econômico, mas jamais poderão ser justificados por eles.

Tendo por escopo manter-me fiel a tais digressões acima explicitadas, cuido de oferecer pontualmente mais este despretensioso manual à comunidade acadêmica. Uma vez dito isso, passemos à apresentação do estudo proposto. Nosso livro encontra-se dividido em seis partes distintas, e estas, subsequentemente, em dez capítulos que melhor esmiúçam os temas.

A *primeira delas* (Parte I), como não poderia ser diferente, trata da *teoria geral* que caracteriza a cátedra intitulada "Antropologia Jurídica". Sob tal enfoque inicial, tratamos da posição doutrinária da cátedra no Brasil e no mundo, suas nuances científicas primordiais e as correntes de pensamento desenvolvidas nos principais trabalhos científicos inaugurais, as quais são fruto de obras clássicas que vieram à lume já no irromper do século XIX, e que, naturalmente, definem um primeiro aporte conceitual que confere a devida autonomia à cátedra em questão. Visitar-se-á, sob este aspecto, os maiores expoentes literários da matéria em cada um dos países que podem ser considerados os precursores do ensino da cátedra e da realização dos primeiros estudos (Grã-Bretanha, França, Alemanha, Holanda e África do Sul). Sob este aspecto, devo ressaltar que procurei classificar os autores segundo suas origens e nacionalidades, utilizando-me da geografia apenas com finalidade didática, sem que isso implique na ideia de que estes comunguem pontos de vista sobre os mesmos assuntos que abordam, ou, ainda, que suas posições teóricas sejam necessariamente convergentes.

Num segundo momento (Parte II), tratamos de um assunto que represen-

Nota à Primeira Edição

tou a força motivadora a conferir a devida autonomia à cátedra em questão, qual seja *o estudo do direito entre os povos ágrafos*. Além disso, por questões didáticas, escolhemos ilustrar nesse roteiro, com maiores detalhes, as características definidoras de algumas percepções jurídicas de importantes nações, como a dos ciganos, ou, ainda, de povos indígenas como os Cherokee, os Mapuche ou os Inuit (Esquimós). Desde já adiantamos que não temos a pretensão de esmiuçá-los em toda a sua grandeza e extensão, mas apenas oferecer ao nosso leitor um pouco do resplendor destas culturas jurídicas.

A Parte III busca investigar o impacto dos elementos da cultura no processo de delineamento das diversas mentalidades jurídicas expressas nos sistemas legais do mundo contemporâneo. Esta, pois, é a *segunda grande dimensão* da Antropologia Legal. Destarte, além dos já bem conhecidos *Civil Law* e *Common Law*, que dominam boa parte dos países de todos os continentes, de forma direta ou indireta, estudaremos também os aspectos filosóficos primordiais que conformam a essência dos Sistemas Chinês, Anglo--Indiano, Islâmico e Talmúdico. Por fim, concluiremos a seção com a apresentação de duas outras visões jurídicas ágrafas da Europa Medieval, oriundas de um período anterior à conversão daqueles povos ao Catolicismo, quais sejam elas a celta e a germânica.

A terceira vertente da Antropologia do Direito (Parte IV) se completa com a abordagem sobre os múltiplos contextos em que se encontram inseridas as chamadas *sociedades complexas*, onde impera um elevado senso de cosmopolitismo próprio do universo da globalização econômica, bem como as diferentes formas de interação social surgidas em função da revolução causada pelos meios de comunicação digitais e de todo o progresso científico que arrebatou o século XX.

Reservamos, ainda, uma seção (Parte V) composta por três capítulos para tratar exclusivamente de questões de relevo nacionais relativas ao ensino da Antropologia Jurídica. O legislador de 1988 (arts. 215 e 216 e 68 do Ato das Disposições Constitucionais Transitórias), de antemão, já havia apontado quais seriam as diretrizes estatais a serem adotadas para a proteção de indígenas e quilombolas. A presente temática alcança ainda maior relevância neste momento em que se busca promover a completa dimensão das relações étnico-raciais no país em função dos novos imperativos legais que tratam desta matéria. Certamente, tais assuntos vieram em definitivo para compor o itinerário das matrizes dos cursos de Direito e, por essa mesma razão, merecem que seja estabelecido aqui um esboço geral de suas linhas mestras.

Por fim, há no Capítulo X (Parte VI) um estudo sobre a dimensão global, além de quaisquer fronteiras, em que se visa ressaltar a proteção das minorias nacionais, étnicas, religiosas e linguísticas no âmbito de convenções internacionais.

Isto posto, cumpre dizer que cuidamos de selecionar aqui muitos temas que julgamos serem essenciais à destinação que se pretende conferir a um manual de Antropologia Jurídica. Muitos dos tópicos aqui sugeridos, como informamos anteriormente, são fruto do trabalho do dia a dia e das experiências colhidas em sala de aula frente à ministração da disciplina da qual nos ocupamos por ora. As discussões em torno deles estarão sempre abertas à conjugação e novas ideias e perspectivas no exercício da docência, e, nesse sentido, para a boa fortuna de nosso intento inicial, todos estão convidados a participar. De todo modo, esperamos que tenhamos sido úteis na composição deste trabalho, que poderia ter sido finalizado há um bom tempo não fossem as ingerências de uma rotina avassaladora de afazeres e obrigações que permeiam nosso cotidiano.

Brasília, Verão de 2018.

O Autor.

Nota à segunda edição

Neste ano de 2023 chegamos à segunda edição de nosso manual de Antropologia Jurídica. O texto conserva, em sua essência, a forma e a estrutura escolhida anteriormente para a publicação da obra.

Fizemos, contudo, pontuais, mas importantes atualizações. A maior delas diz respeito à Parte IV – *O Direito nas Sociedades Complexas*. Nos outros capítulos, aqui e acolá existem algumas pequenas inserções e modificações ao texto principal. Elas se justificam em função do perene dinamismo ditado pela vida e dos recentes acontecimentos, dentre os quais, a pandemia do COVID-19 que se tornou emblemática.

Por fim, expresso aqui minha gratidão à Sílvia, minha esposa, pelo amor e companheirismo em mais de duas décadas de caminhada juntos. Que o recente interesse despertado pelas trilhas do Direito lhe traga ainda muitos frutos e novas realizações pessoais.

E a ti Hadassah, minha filhinha amada. Que o Eterno seja, hoje e sempre, o teu farol a guiar-te pelas sendas da retidão e da bondade para com o semelhante. Conserve-te na simplicidade que lhe é peculiar.

Sumário

PARTE I
Teoria Geral da Antropologia Jurídica

Capítulo I
Introdução ao estudo da Antropologia Jurídica

1.1. A gênese da Antropologia: conceitos e fundamentos da Ciência	3
1.2. A Antropologia Jurídica no Brasil	5
1.3. O ensino da Antropologia Jurídica na América do Norte	8
1.4. O despertar da Escola Latino-Americana de Antropologia Legal	9
1.5. Conceito e objeto da Antropologia Jurídica	14
1.6. Terminologias	15
1.7. Os campos de estudo da Antropologia Jurídica	16
1.7.1. O estudo do Direito nas sociedades ágrafas	16
1.7.2. O estudo do Direito em perspectiva cultural-comparativa	17
1.7.3. O estudo do Direito nas sociedades complexas e plurais	17
1.8. Os métodos da Antropologia Jurídica	18
1.9. Relação da Antropologia Jurídica com demais disciplinas	20
1.9.1. Antropologia Jurídica e Sociologia do Direito	20
1.9.2. Antropologia Jurídica e História do Direito	21
1.9.3. Antropologia Jurídica e Filosofia do Direito	22
1.9.4. Antropologia Jurídica e Introdução ao Estudo do Direito	22
1.9.5. Antropologia Jurídica e Direito Comparado	23
1.10. Utilidade do estudo da Antropologia Jurídica	23

Capítulo II
História da Antropologia Jurídica: os autores clássicos

2.1. História da Antropologia Jurídica	27

ANTROPOLOGIA JURÍDICA

2.2. A Escola Britânica: pioneirismo e gênese da Antropologia Jurídica 28

2.3. A Escola Francesa: pluralismo jurídico como linha mestra 41

2.4. A Escola Germânica: o apego às teorias evolucionistas e a preocupação com a definição do método 49

2.5. A Escola Holandesa: arrojo acadêmico e independência científica na interpretação do *Adat* – o Direito Indonésio 52

2.6. A Escola Norte-Americana: predileção pelo estudo dos métodos de solução de controvérsias nas sociedades tradicionais 54

2.7. Dois fulgurantes antropólogos originários da África do Sul: Isaac Shapera e Max Gluckman .. 63

2.8. A lição de Niklas Luhmann sobre direitos ágrafos 67

PARTE II
O Direito nas Sociedades Simples e sem Estado

Capítulo III
A primeira dimensão da Antropologia Jurídica: o Direito nas sociedades ágrafas

3.1. O Direito como fato social e os povos ágrafos 75

3.2. O Direito em perspectiva antropológica 76

Capítulo IV
Direito, cultura e mecanismos de solução de controvérsias nas sociedades simples

4.1. Direito Cherokee: sobrevivência em meio a um "rastro de lágrimas" 83

4.2. Direito Mapuche: o império da lei no coração dos Andes 89

4.3. Direito Inuit ou Esquimó: as percepções jurídicas vindas do Ártico 93

4.4. Direito Cigano: as leis de pureza e impureza 99

PARTE III
Direito e Cultura sob a Ótica do Direito Comparado

Capítulo V
A segunda dimensão da Antropologia Jurídica: os sistemas legais comparados em perspectiva cultural

5.1. Antropologia Legal e Direito Comparado 105

5.2. Sistemas de Direito 106

5.3. As grandes famílias de Direito 107

5.3.1. O Sistema Romano-Germânico (*Civil Law*)	107
5.3.2. O Sistema Anglo-Americano (*Common Law*)	110
5.4. Sistemas orientais tradicionais	113
5.4.1. O sistema chinês de Direito	114
5.4.2. O sistema anglo-indiano de Direito	122
5.4.3. O sistema talmúdico de Direito	127
5.4.4. O sistema islâmico de Direito	139
5.5. Sistemas legais europeus desaparecidos	146
5.5.1. O sistema germânico arcaico de Direito	147
5.5.2. O *Brehon Law* – O antigo sistema legal celta da Irlanda	148

PARTE IV
O Direito nas Sociedades Complexas

Capítulo VI
A terceira dimensão da Antropologia Jurídica: o Direito nas sociedades complexas

6.1. O século XX e o suscitar de novas questões jurídicas	153
6.2. A conquista dos ares e o surgimento do direito aeronáutico	155
6.3. A criação da ONU e o redimensionamento do direito internacional público	158
6.4. A pós-modernidade e a gênese do direito ambiental	161
6.5. As disputas pelo domínio do espaço sideral e a elaboração do direito extra-atmosférico	165
6.6. Direito e a Globalização	168
6.7. A Revolução do Biodireito	175
6.8. A Internet e o Direito na Era da Informação	179

PARTE V
Questões Nacionais da Antropologia Jurídica

Capítulo VII
Os Direitos Indígenas

7.1. Os índios na História do Brasil: os primeiros relatos acerca dos habitantes da Terra e a perspectiva legal frente à dominação imposta pelo cetro lusitano	185
7.2. Os direitos indígenas à luz das Constituições	195

Capítulo VIII
Os Direitos Quilombolas

8.1. Da inocuidade das leis abolicionistas brasileiras à formação dos quilombos 203

8.2. O longo e árido percurso legal para o reconhecimento dos direitos quilombolas no Brasil.... 207

Capítulo IX
Problemas e desafios inerentes ao ensino da Antropologia Jurídica no Brasil

9.1. O ensino da Antropologia Jurídica no Brasil 213

9.2. Alguns desafios interpostos ao ensino da Antropologia Jurídica 214

PARTE VI
As Nações Unidas, o combate à intolerância e a proteção às minorias nacionais, étnicas, religiosas e linguísticas

Capítulo X
As Nações Unidas, o combate à intolerância e a proteção às minorias nacionais, étnicas, religiosas e linguísticas

10.1. A ONU e o combate a qualquer forma de intolerância contra o gênero humano 219

10.2. O direito das minorias... 221

Referências 225

PARTE I

Teoria Geral da Antropologia Jurídica

Capítulo I

Introdução ao estudo da Antropologia Jurídica

1.1. A GÊNESE DA ANTROPOLOGIA: CONCEITOS E FUNDAMENTOS DA CIÊNCIA

O surgimento da Antropologia no cenário acadêmico, na condição de ciência plenamente autônoma teve lugar, inicialmente, na Universidade de Oxford, precisamente no ano de 1883, quando então o eminente professor Edward Burnett Tylor (1832-1917) começa a lecionar a referida matéria no seio daquela afamada instituição.

Não obstante ao pioneirismo britânico no que concerne ao ensino neste terreno, sabe-se que a terminologia que universalmente consagrou a disciplina em tela já existia alhures. Para tanto, basta considerar que o termo em questão vinha sendo utilizado em dois outros países (até mesmo antes da Inglaterra) ainda que de modo esporádico, quais sejam eles, a Holanda e a Alemanha. Como seu próprio sentido etimológico deixa antecipar, trata-se do *estudo do homem*, e, portanto, não destituído de senso, a Antropologia é considerada por muitos a "mãe de todas as demais ciências". Entretanto, como é possível perceber, esta primeira impressão não é suficientemente capaz de trazer à tona todos os deslindes e as nuances teóricas abrangidas por tão vastas possibilidades de estudo. Assim, convém que sejam explicitados, desde pronto, seus *dois grandes campos*, apesar de que o leitor deve estar consciente de que ainda atualmente imperam divergências no que diz respeito a essas mesmas classificações. Sem embargo às controvérsias em questão, adiantamos que buscaremos atender a fins didáticos.

De todo modo, o primeiro viés a despontar no âmbito da ciência em tela é aquele referente à chamada *Antropologia física* ou *biológica*. Esta importante subdivisão da Antropologia, entre outros assuntos, cuida da busca do conhecimento dos mais remotos antepassados do homem através da análise laboratorial de suas ossadas, permitindo, assim, que sejam rastreadas suas mais antigas origens e sua evolução, ou, ainda, que sejam delimitados os contornos de suas características físicas e biológicas. Do mesmo modo, cabe o mérito a este campo da Antropologia de conseguir decifrar as formas de adaptação dos diversos grupos de pessoas ao meio ambiente. Ademais, estuda-se aqui a diversidade étnica existente entre os seres humanos e sua interação, em razão das tantas migrações que ocorrem desde tempos primevos em nossa longa trajetória no planeta. Ora, as referidas pesquisas, diga-se desde pronto, passaram por uma grande revolução desde que se conseguiu mapear o genoma humano a partir de 1990. Assim, os avanços tecnológicos no âmbito da Biomedicina têm contribuído em larga escala para que sejam lançados os fundamentos de novas perspectivas teóricas agora segundo um olhar puramente antropológico. É justamente sob este aspecto que o propósito da Antropologia, com variadas outras *ciências naturais*[1] circundando em sua ampla órbita, demonstra ser bem mais dilatado do que aquele abrangido pela Sociologia, o que as distingue definitivamente, em especial, por ser esta uma esfera na qual as duas disciplinas não se conjugam.

A outra grande vertente a ser analisada consiste na *Antropologia Social e Cultural*. Nesse sentido, nenhuma outra subdivisão da Antropologia mostra-se tão abarcante, pois envolvem estudos de caráter etnográfico, ou seja, a análise descritiva das sociedades e de suas características principais[2]. O escopo é o estudo do homem sob os múltiplos aspectos culturais[3] que o tipificam, como a própria nomenclatura define, tais como as variadas formas de organização social, a religião, o folclore, o idioma, os usos e costumes locais, a economia, a música, as festas tradicionais, a política, a filoso-

---

[1] Para conhecer estas ciências naturais abrangidas pelo universo da Antropologia Física (Paleontologia Humana, Somatologia, Raciologia e Antropometria), consulte a obra de MARCONI, Marina Andrade: PRESOTTO, Zelia Maria. *Antropologia*: uma introdução. 6. ed. São Paulo: Atlas, 2006. p. 4.

[2] Da Antropologia Social e Cultural se sobressaem algumas ramificações importantes que se complementam no estudo das sociedades primitivas, tais como a Etnografia, a Arqueologia e a Etnologia.

[3] "Cultura é o sistema integrado de padrões de comportamento aprendidos, os quais são característicos dos membros de uma sociedade e não o resultado e não o resultado de herança biológica." HOEBEL, E. Adamson; FROST, Everett. *Antropologia cultural e social*. Trad. Euclides Carneiro da Silva. São Paulo: Cultrix, 2006. p. 4.

fia, as danças típicas, a gastronomia de um povo, e, como não poderia ser de modo algum diferente, as percepções jurídicas invariavelmente subjacentes a estas mesmas realidades sociais. Sob esta dimensão, a Antropologia do Direito se constituiria numa ramificação da Antropologia Social e Cultural, inobstante a conquista da autonomia didático-pedagógica que invariavelmente define o perfil da cátedra nos meios acadêmicos.

De qualquer modo, sabe-se que a Antropologia nasce como uma ciência atrelada ao universo do colonialismo imposto a povos não ocidentais, os quais encontravam-se resignados às conquistas que lhes eram infringidas pelo poderio de seus exércitos e a própria dinâmica da expansão territorial ditada pelas metrópoles europeias nos séculos passados. *A priori*, como se sabe, o interesse das potências hegemônicas envolvidas com tais estratégias resumia-se ao jargão de "melhor conhecer para, com mais eficiência, dominar".

Entretanto, a Antropologia foi progressivamente se desprendendo desta mácula inicial daqueles primeiros tempos e, pouco a pouco, começa a cumprir com seu propósito de tornar-se uma ciência verdadeiramente independente.

Consequentemente, neste ínterim, também se desenvolvem os estudos no campo da chamada "Antropologia Jurídica", objeto de nosso livro, graças ao interesse em se decifrar as mentalidades jurídicas resultantes da interação dos hábitos, da cultura, do idioma e dos usos e costumes das gentes nativas espalhadas por outros continentes e cujas percepções da legalidade, progressivamente, iam se descortinando aos olhos do homem europeu[4].

1.2. A Antropologia Jurídica no Brasil

A Resolução n. 9, de 29 de setembro de 2004, que emanou no Conselho Nacional de Educação, e cujo escopo primordial foi, *in casu*, o de estabelecer as novas diretrizes curriculares para os cursos de Direito, muito afortunadamente cuidou de prever também a Antropologia naquele bojo quando estabeleceu o elenco dos conteúdos pertinentes ao chamado *Eixo de formação fundamental*.

Outrossim, imaginamos, particularmente, que a tendência a ser seguida por nossas faculdades de Direito será aquela do estabelecimento de tópicos

---

[4] Neste caso, especialmente nas universidades da Grã-Bretanha, França, Holanda e Alemanha, ou seja, no âmbito dos principais impérios coloniais dos séculos XVIII e XIX.

fundamentais da "Antropologia Jurídica" nas suas novas matrizes curriculares, ou, ainda, nos programas das disciplinas, uma vez que o campo da Antropologia, por si só, mostra-se deveras abrangente para ser oferecido no programa de uma disciplina de 40 ou, até mesmo, de 80 horas-aula.

Destarte, se o conhecimento dos conteúdos relativos à Antropologia do Direito não é rigorosamente novo no Brasil, pelo menos, de fato, é tão somente agora que ela alcançará a devida ênfase no quadro-geral das disciplinas ditas "propedêuticas" ou "basilares". Assim, com a possibilidade aberta à inserção da cátedra no rol maior das matérias dos cursos jurídicos, certamente, fechar-se-á uma enorme lacuna teórica na formação de nossos futuros bacharéis.

Todavia, é mister que se rememore o fato de que alguns centros de excelência como a UNB e a USP, desde muito, já haviam rompido com o estigma do desconhecimento da matéria em destaque. Nestas instituições foram somados inúmeros esforços para a divulgação e a pesquisa neste campo específico das ciências jurídicas e sociais. Porém, não obstante aos esforços empreendidos por alguns, é preciso que se diga que o nosso país, alheio às infinitas possibilidades devidas à inquestionável vocação que a história lhe reservou, quase sempre fez pouco caso da Antropologia Jurídica. Prova maior disso é que ainda somos carecedores de livros específicos sobre a Antropologia do Direito, sem, evidentemente, nos olvidarmos de citar algumas excelentes publicações disponíveis em língua portuguesa, dentre as quais é a pioneira aquela credenciada à estirpe de notáveis como Robert Weaver Shirley. Particularmente, considero que a introdução da disciplina no Brasil se deve, de fato, a este brilhante antropólogo norte-americano, que se radicou no Canadá e que também viveu por longos anos entre nós. Ora, tudo começa no ano de 1977, quando Shirley atende ao convite do jurista Dalmo de Abreu Dallari e então passa a ministrar na Faculdade de Direito da Universidade de São Paulo (entre os meses de maio e junho) um curso básico sobre os principais assuntos abordados pela cátedra.Recorda-se que as palestras renderam, na ocasião, a participação direta de mais de uma centena de alunos. Daí, como parte destes animados colóquios, surgiu a ideia de elaborar um manual elementar sobre os principais assuntos abordados naquele período. O evento foi coroado, alguns anos depois, com a publicação daquele que, por exatas duas décadas, foi o nosso único manual de Antropologia Jurídica. Shirley, infelizmente, veio a falecer

INTRODUÇÃO AO ESTUDO DA ANTROPOLOGIA JURÍDICA

em 2008, mas ainda hoje muito se usufrui do valioso legado que cumpriu a ele nos deixar[5].

Não se quer categoricamente afirmar com isso, é claro, que na atualidade não existam trabalhos acadêmicos dignos de nota entre nós, muito pelo contrário, é sabido que as pesquisas florescem a cada dia. Citar a todos esses estudos seria um convite à injustiça que o mero esquecimento de algum importante nome naturalmente acarretaria. Para tanto, basta considerar a boa notícia que vem do Estado de Santa Catarina. Lá, sob os auspícios da Profa. Thais Luzia Colaço, criou-se, no âmbito do Departamento de Direito da UFSC, o GPAJU (Grupo de Pesquisa em Antropologia Jurídica). O resultado já começa a despontar no horizonte: em 2008 foi publicada uma coletânea de artigos intitulada *Elementos de antropologia jurídica*. E esta seria apenas a primeira dentre os três estudos publicados naquele ano. Nesta mesma época, o Prof. José Manuel de Sacadura Rocha nos brinda com o interessante e oportuno estudo intitulado *Antropologia jurídica: para uma filosofia antropológica do direito*. O terceiro grande trabalho de destaque a marcar um período profícuo recebeu o título de *Ensaios de antropologia e de direito*, de autoria do Dr. Roberto Kant de Lima. O papel fundamental que estudos como estes representam para a cultura jurídica brasileira é difícil de mensurar. Sabe-se que a função primordial que norteia a atividade do antropólogo especializado no direito funda-se na inquestionável arte do "pensar o direito" e não, propriamente, de se resignar a reproduzir interpretações ou discursos próprios de uma percepção dogmática e positivista ditada pelo império da lei. Enfim, "pensar o direito" significa, antes de tudo, investigar seus matizes e rotas mais antigas e profundas na cultura de um povo. Ora, este tipo de análise é realizada com muita propriedade por Kant de Lima. Igualmente, visando suprir a lacuna da ausência de Shirley no mercado editorial, é lançada, em 2007, a obra *Iniciação ao conhecimento da antropologia jurídica: por onde caminha a humanidade*, cuja autoria se deveu ao empenho de outros dois pesquisadores de Florianópolis, Elizete Lanzoni Alves e Sidney Francisco dos Reis dos Santos.

Entretanto, e não obstante estas iniciativas que já começam a render os devidos frutos, cumpre esclarecer àquele que realiza uma primeira leitura

---

[5] SHIRLEY, Robert Weaver. *Antropologia jurídica*. São Paulo: Saraiva, 1987, p. X-XIII.

sobre o tema que o Brasil não é, propriamente, considerado um baluarte no campo da matéria em tela. São muitas as razões que corroboram para este estado de coisas, porém é inequívoco ressaltar o quão limitadora se mostrou a experiência positivista na formação de gerações de nossos bacharéis. Digo "limitadora", porque a ausência da Antropologia Jurídica foi responsável, no passado, por acarretar um déficit teórico evidenciado nas matrizes curriculares dos Cursos de Direito. Assim, unindo-me às vozes que já fazem coro na literatura nacional, venho, agora, por meio desta despretensiosa obra, oferecer apenas um contributo a mais à construção da cátedra e de seus conteúdos em nosso país.

1.3. O ENSINO DA ANTROPOLOGIA JURÍDICA NA AMÉRICA DO NORTE

Nas Américas, o país onde a Antropologia Jurídica mais se desenvolveu foi, sem sombra de dúvidas, os Estados Unidos. Hodiernamente, a Escola norte-americana de antropologia legal assumiu um papel de destaque no mundo inteiro, onde é vanguardista no trato de diversas questões. O incentivo à pesquisa lá propiciou o surgimento de uma estirpe renomada de especialistas no assunto. Roy Franklin Barton foi um dos pioneiros nesse sentido em função do interesse demonstrado pelo direito dos Ifugaos, um povo das Filipinas com o qual manteve contato por longos anos, enquanto que o célebre Franz Boas, em suas incursões pelo Ártico, investigava a mentalidade jurídica dos Inuit. Ainda nesta região, mais especificamente na fronteira com o Canadá, Lewis Henry Morgan estudou o direito dos Iroqueses. Assim, em sequência, aparecem neste cenário o advogado Karl Llewellyn e o antropólogo Adamson Hoebel, que, após a famosa experiência vivida entre os Cheyenne, criaram um novo método de pesquisa antropológica ao iniciar seus estudos a partir do conhecimento do conflito que deu margem à ruptura da estabilidade social e da ordem. Hoebel, por sua vez, ainda continuaria suas investigações deixando importante legado para a descoberta do Direito Comanche. Mais recentemente, destacam-se os nomes de Leopold Pospsil, um grande teórico que desvendou a percepção jurídica dos Kapauku, da Nova Guiné, e Laura Nader, pelo excelente estudo sobre o direito Zapoteca, realizado num vilarejo do México. Ademais, fundaram-se diversos institutos e centros específicos para o estudo do direito costumeiro das nações indígenas e que, dentre os quais, o *Tribal law and policy institute approach to training and techinical assistence*, na Califórnia, serve como uma das melhores referências.

No Canadá, a proeminente figura de Roderick Macdonald (1948-2014), falecido recentemente, tem sido a mais lembrada no campo da Antropologia Jurídica, especialmente, pela abnegada dedicação à defesa dos direitos dos povos nativos de seu país e pela abrangente criação de teorias originais no terreno da legalidade.

1.4. O despertar da Escola Latino-Americana de Antropologia Legal

Na última década, a Antropologia Jurídica tem experimentado um grande crescimento na América Latina, traduzido por extensa produção literária, especialmente nos países de cultura hispânica. Seguindo a natural vocação que pavimentou a pesquisa nos Estados Unidos, por aqui também surgem novos estudos sobre os direitos indígenas, bem como, sobre comunidades rurais diversas, constituídas, mormente, por campesinos e afrodescendentes.

Todos estes movimentos que acabaram alcançando os meios acadêmicos e, por conseguinte, as faculdades de Direito através das lições oferecidas pela Antropologia Jurídica podem ser explicados a partir da concepção de sistemas constitucionais comprometidos com o reconhecimento de um Estado plurinacional, com acentuada participação indígena na regência dos governos locais, que se traduz como uma tendência embalada por algumas ideologias que preconizam uma espécie de resgate da cultura dos nativos, ou seja, um redirecionamento das políticas públicas em prol do que se entende pelo gradual processo de "descolonização", o que, em síntese, se traduz pelo incisivo rechaço a quaisquer influências externas, advindas de matrizes europeias. À luz da política, sabe-se que estas realidades se tornaram mais evidentes, com maior êxito em países como a Bolívia, onde os indígenas representam um contingente populacional bastante significativo. Acerca desta questão, assim destacaram Thais Luzia Colaço e Eloise da Silveira Petter Damázio:

> O movimento Katarista (bolivariano) surgiu a partir dos índios aymarás, ganhou força no final da década de 1960 e início de 1970, mesclava luta sindical agrária com a demanda pelo reconhecimento da identidade indígena. Essa corrente é conhecida como katarista, em homenagem a Tupac Katari, líder de uma grande insurreição indígena do século XVII[6].

---

[6] COLAÇO, Thais Luzia; DAMÁZIO, Eloise da Silveira Petter. *Novas perspectivas para*

Há quem defenda a tese de que os juristas latino-americanos, pelo menos já numa segunda etapa, tornaram-se os verdadeiros responsáveis pelo desenvolvimento e redescoberta da Antropologia Jurídica no mundo todo. É o que ressalta Milka Castro Lucic[7]. Assim, se os europeus foram precursores do ensino da cátedra, o mérito pela retomada do interesse pela disciplina em questão, agora redimensionada teoricamente pela ideia de pluralismo jurídico, é obra dos pensadores do Novo Mundo. Aliás, no Chile, desde o início da década de 1990 é crescente o interesse pelo conhecimento do Direito consuetudinário indígena. Ganha ênfase nas abordagens dos pesquisadores locais o estudo sobre o direito de povos andinos como os Mapuche ou Araucanos. Muitas dessas ideias foram divulgadas em festejado evento que teve lugar no ano de 1995, o II Congresso Chileno de Antropología[8], organizado pelo Colégio de Antropólogos do Chile. Também foram escritas obras específicas sobre o assunto, dentre as quais destaco aquelas produzidas por Eduardo Díaz Del Río[9] – *Los araucanos y el derecho* (2006) – e Manuel Salvat Monguillot[10] – *Notas sobre el derecho y la justicia entre los araucanos* (1965). Além destes, existem outros estudos mais antigos e de inestimável valor científico sobre aquela que é a mais influente nação indígena do Chile: trata-se das obras de Tomás Guevara[11] – *Psicolojía del pueblo araucano* (1908) – e a de Urbina Jeorgina Pedernera[12] – *El derecho penal araucano* (1941), o que

---

[7] *a antropologia jurídica na América Latina*: o direito e o pensamento descolonial. Florianópolis: Universidade Federal de Santa Catarina, 2012. p. 158.

[7] LUCIC, Milka Castro. *Los puentes entre la antropología y el derecho*: orientaciones desde la antropología jurídica. Santiago: Universidad de Chile, 2014. p. 18.

[8] Veja a esse respeito o artigo de AYLWIN, José O. Derecho consuetudinario indígena en el derecho internacional, comparado y en la legislación chilena. In: *Actas del Segundo Congreso Chileno de Antropología*, Tomo I, p. 190-197. Colegio de antropólogos de Chile, 1995.

[9] DÍAZ DEL RÍO, Eduardo. *Los araucanos y el derecho*. Santiago: Editorial Jurídica del Chile, 2006.

[10] MONGUILLOT, Manuel Salvat. Notas sobre el derecho y la justicia entre los araucanos. *Revista Chilena de Historia del Derecho*. Dir. Alamiro de Ávila Martel, n. 4 (1965). Santiago: Editorial Jurídica de Chile, pp. 265-279. (Publicaciones del Seminário de Historia y Filosofia del Derecho de la Faculdad de Ciencias Jurídicas y Sociales de la Universidad del Chile.

[11] GUEVARA, Tomás. *Psicolojía del pueblo araucano*. Santiago: Imprenta Cervantes, 1908.

[12] URBINA, Jeorgina Pedernera. *El derecho penal araucano*. S/l: Valparaízo, 1941.

INTRODUÇÃO AO ESTUDO DA ANTROPOLOGIA JURÍDICA

comprova a tradicional relevância credenciada à referida disciplina neste país. Sobre este mesmo povo, há ainda o livro da professora argentina Isabel Hernández[13] – *Los Mapuche, derechos humanos y aborígenes* (2007).

A Argentina é outro país que tem se destacado bastante no ensino da Antropologia Jurídica no continente. O maior sinal disto é a ampla autonomia concedida à cátedra na grande maioria das faculdades de Direito. Nesse sentido, importante estudo sobre os tupi-guarani foi realizado pelo magistrado Manuel A. J. Moreira[14] – *La cultura jurídica guaraní"* (2005), que esteve entre os Mbya-Guaraní, na Província de Misiones. Do mesmo modo, traduziu-se em grande iniciativa a criação em março de 2003 do *Centro de Estudios en Antropología y Derecho* (CEDEAD), localizado na cidade de Posadas. Necessário também mencionar evento que está se tornando tradicional na Universidade de Buenos Aires, as *Jornadas de Debate y Actualización en Temas de Antropología Jurídica*. O segundo encontro foi coordenado pelas professoras Morita Carrasco, Andrea Lombraña, Natalia Ojeda e Silvina Ramírez. Dentre tantos textos imprescindíveis ao conhecimento da matéria, e já correndo o risco de me olvidar de outros tantos de igual relevância, cito por ora os trabalhos de Beatriz Kalinsky – *Cultura y derecho* – e Nicolás Rodríguez Barón – *Cultura Jurídica en Angentina*: una dinâmica legal diversa a la hegemónica concepción liberal del derecho. Estes e demais textos deram origem à recente compilação publicada recentemente, que se intitula *Antropología jurídica*: diálogos entre antropología y derecho (2015)[15].

Durante muito tempo, o México foi o grande baluarte para a Antropologia jurídica latino-americana. No contexto acadêmico, sabe-se que a UNAM assumiu a dianteira deste processo, tornando-se uma instituição

---

[13] HERNÁNDEZ, Isabel. *Los Mapuche, derechos humanos y aborígenes*. Buenos Aires: Galerna, 2007. (Colección Aborígenas de la Argentina).

[14] MOREIRA, Manuel. *La cultura jurídica guarani: aproximación etnográfica a la justicia Mbya-Guarani*. Buenos Aires: Editorial Antropofagia, 2005 (Centro de Estudios de Antropología y Derecho). Note-se que o presente trabalho acadêmico assume particular importância para o Brasil, na medida em que, praticamente, por aqui é completamente desconhecida a cultura jurídica dos índios Guarani, uma vez que esta é justamente uma das principais nações presentes em nosso imenso território nacional.

[15] CARRASCO, Morita; LOMBRAÑA, Andrea; OJEDA, Natalia e RAMÍREZ, Silvina (coordenadoras). *Antropología jurídica*: diálogos entre Antropología y Derecho. Ciudad Autónoma de Buenos Aires: Eudeba, 2015.

arrojada na divulgação de pesquisas neste campo. Neste país, há uma longa tradição pautada na defesa e promoção dos direitos indígenas, que tornou possível a realização de uma ampla reforma legal no ano de 2001, que contou com o engajamento de renomados juristas na abordagem e trato doutrinário de tais questões, os quais foram os primeiros defensores de tais mudanças perante a opinião pública em geral e diversos setores da sociedade civil mexicana.

Na Colômbia, duas instituições de ensino superior se destacam no que diz respeito ao estudo da Antropologia Jurídica: a Universidade Nacional e a Externado, sendo que nesta última, especificamente, alcançou êxito a pesquisa de campo realizada pela advogada e docente Marcela Gutiérrez, sobre o direito dos Wayúu[16]. Do mesmo modo se interessaram os professores da Venezuela, como o juiz do Estado de Zulia, Dr. Ricardo Colmenares Olívar, pelo estudo da percepção jurídica desta importante nação indígena latino-americana. Tanto é verdade que foi organizado importante seminário sobre o estudo de seu direito consuetudinário em Riohacha, aos 28 de outubro de 1999. Como ocorre no âmbito de outros países latino-americanos, o cerne das produções acadêmicas na Colômbia centra-se basicamente em temáticas relacionadas ao pluralismo jurídico. Neste caso, merece menção o trabalho realizado pelo ILSA (Instituto de Serviços Legais). No que diz respeito ao assunto, sabe-se que lá o nome de Hector León Moncayo alcança bastante evidencia neste contexto[17]. Sobressaem-se também neste universo as antropólogas Esther Sanches Botero, da Universidade de Los Andes, e Isabel Cristina Jaramillo Sierra. As duas assinam um clássico da literatura jurídica neste país: trata-se da obra intitulada *La jurisdición especial indígena*[18], que versa, entre outras matérias, sobre a autonomia concedida às minorias na Colômbia graças ao festejado advento da Constituição de 1991.

---

[16] GUTIÉRREZ, Marcela Q. Pluralismo jurídico y cultural en Colombia, p. 4-6. In: *Revista Derecho del Estado*, número 26, 2011, p. 1-9. (Nueva Serie). Os Wayúu são um povo indígena que habita a Península Guajíra, na Colômbia, e também o nordeste do território da Venezuela, já no Caribe.

[17] LLANO, Jairo Vladimir. Relaciones entre a sociología y la antropología jurídica en Latino-América. In: *Revista Iusta*, volume 2, número 33 (2010), p. 105.

[18] BOTERO, Esther Sanches e SIERRA, Isabel Jaramillo. *La jurisdición especial indígena*. Bogotá, Colômbia: Procuraduria General de La Nación, Imprenta Nacional, 2010 Instituto de Estudios del Ministerio Público.

INTRODUÇÃO AO ESTUDO DA ANTROPOLOGIA JURÍDICA

Difícil seria mensurar com exatidão todo o significado que a Antropologia Jurídica exerce nos meios acadêmicos peruanos, considerada disciplina fundamental à formação dos bacharéis naquele país. Papel especial nesse sentido é aquele desempenhado pela Pontifícia Universidade Católica do Peru. Chama a atenção aqui o grau de diversidade de assuntos elaborados pelos especialistas que se dedicam à matéria. Entretanto, os estudos sobre o direito andino são aqueles que possuem um destaque maior por constituírem-se em verdadeira preciosidade. Dentre tantos autores e trabalhos de excelência que merecem a devida menção, trataremos de sintetizá-los no rol dos seguintes: Jorge Helio Vilchez[19] (*El derecho andino y los jueces de paz del Valle del Mantaro*), Oscar Arana de la Pena[20] (*Derechos humanos*: cosmovisión andina), Guillermo D'Abbraccio Kreutzer[21] (*Los cruces del sendero*: cosmovisión y sistema jurídico de los Emberá-Chamí) e Franklin Pease García Yrigoyen[22] (*Los últimos incas del Cuzco*).

Destarte, apesar de recente a inserção da disciplina e de seus conteúdos nas matrizes curriculares dos cursos de Direito da América do Sul, com o progressivo reconhecimento da autonomia da cátedra nas mais diversas nações do continente, hoje pode-se já afirmar com certa segurança acerca da existência de uma *Escola latino-americana de antropologia legal*, cujo o foco primordial encontra-se orientado para o desenvolvimento de novas teorias no âmbito do pluralismo jurídico. Ademais, esta corrente de pensamento encontra-se, do mesmo modo, profundamente comprometida com a defesa e a promoção do direito consuetudinário dos povos indígenas e dos diversos povos que vivem nas zonas rurais, longe dos centros urbanos, como os campesinos de origem luso-hispânica e os afrodescendentes, que outrora foram submetidos nestes países à mácula da escravidão, e cujos membros, no Brasil, são pertencentes às comunidades chamadas de quilombolas.

---

[19] VILCHEZ, Jorge Helio. El derecho andino y los jueces de paz del Valle del Mantaro. In: *Boletín del Instituto Riva Aguero*, número 28, 2001, p. 433-456.

[20] PENA, Oscar Arana de la. Derechos humanos: cosmovisión andina. In: *Boletín del Instituto Riva Aguero*, número 28, 2001, p. 151.

[21] KREUTZER, Guillermo D'Abbraccio. Los cruces del sendero: cosmovisión y sistema jurídico de los Emberá-Chamí. In: *Boletín del Instituto Riva Aguero*, número 28, 2001, p. 109-115.

[22] YRIGOYEN, Franklin Pease García. Los últimos incas del Cuzco. In: *Boletín del Instituto Riva Aguero*, número 6, 1963, p. 150-192.

1.5. Conceito e objeto da Antropologia Jurídica

Realizadas as considerações preliminares com relação à autonomia alcançada pela disciplina em questão, necessário, por ora, nos parece cuidar de seu viés conceitual. Nesse sentido, ressaltamos que nossa proposta inicial se resume à finalidade precípua de contribuir desde logo e de alguma forma para o incremento dos debates sobre as múltiplas facetas em que se apresenta o vasto e abrangente campo de pesquisa da matéria.

Destarte, pode-se dizer que a chamada "Antropologia Jurídica" ou "Antropologia do Direito" pode ser *conceituada* como uma disciplina autônoma[23], que cuida de investigar o fenômeno jurídico de forma pluralista, buscando prioritariamente investigar sua gênese nas formas mais simples de sociedades (dentre as quais as chamadas "ágrafas" traduzem-se no maior exemplo) ou até mesmo em meio às complexas, como o são aquelas tantas da contemporaneidade, utilizando-se do método comparativo sempre que necessário, como uma ferramenta útil para que sejam determinadas as categorias e os valores intrínsecos às inúmeras culturas existentes no planeta. Do mesmo modo, para aqueles que se dedicam ao estudo da cátedra, constitui-se em perene a preocupação com o conhecimento dos diversos mecanismos de solução de controvérsias adotados em meio à diversidade humana, visando sempre à manutenção da ordem e estabilidade social.

Nesse sentido, o Direito, como *objeto* da investigação, é percebido de modo sistêmico, holístico, e não de forma isolada, formal ou dogmática, porque o próprio conceito de lei[24] deve ser reavaliado nestas mesmas circunstâncias e contexto peculiar. Exatamente por esse motivo é que a Antropologia Jurídica assume destaque especial no rol das disciplinas propedêu-

---

[23] Convém ressaltar que nem todos os autores são unânimes quando se trata de considerar a *autonomia* da cátedra. Para L. Assier-Andrieu a Antropologia Jurídica está mais para uma espécie de "sub-campo", ou, mesmo, uma "subdisciplina" que se encontra circunscrita aos departamentos de Direito ou Antropologia. ASSIER-ANDRIEU, Louis. Dificuldad, necesidad de la antropología del derecho. In: *Revista de Antropología Social*, 2015, n. 24, p. 43. Avalos Magaña e Madrigal Martinez aproximam a missão da Antropologia Jurídica àquela da Antropologia Social, pois ambas englobam o estudo dos "discursos", práticas e representações essenciais para o funcionamento de cada sociedade, mas privilegia, como é obvio, o aspecto jurídico. AVALOS MAGAÑA, Sergio Arturo; MADRIGAL MARTINEZ, César Humberto. Hacia uma Antropología Jurídica de la Modernidad. In: *Episteme*, n. 6, ano 2, Octubre-Deciembre de 2005, p. 1.

[24] Nesse sentido, veja a obra de PIRIE, Fernanda. *The anthropology of law*. Oxford: Oxford University Press, 2013. p. 24-26. (Clarendon Series.)

INTRODUÇÃO AO ESTUDO DA ANTROPOLOGIA JURÍDICA

ticas, tornando-se, por assim dizer, revolucionária. A partir daí quebram-se, então, os parâmetros, refundam-se as teorias, justificativas e hipóteses, destroem-se os paradigmas eventualmente assumidos. E é justamente em função disso que os estudos das sociedades tradicionais, ou seja, as que vivem na ausência da escrita, sempre foram prediletos aos olhos dos antropólogos. O foco inerente a qualquer análise desta natureza está centrado principalmente na simbologia exercida pelas normas de conduta social e seu conteúdo em meio aos seus destinatários, todavia, não somente nisso; mas nos múltiplos artifícios utilizados na solução das disputas entre os indivíduos, que não se servem unicamente da regra de conduta (pelo menos como ela é normalmente concebida), para dirimir seus conflitos e diferenças, mas de uma infinidade de expedientes que reclamam nova postura a ser observada pelos contendores, muito em razão do litígio instaurado. O Direito, deste modo, torna-se apreciado num ambiente em que se encontra conjugado às demais instituições sociais, cujos contornos estão profundamente enraizados no todo complexo e dinâmico representado pelo universo da cultura.

De qualquer modo, sabe-se que os horizontes da disciplina devem ser consideravelmente ampliados já nos próximos anos e, para isso, praticamente não existem quaisquer limites. Sob tal aspecto, a realização de leituras que considerem a vertente política presente nas relações humanas (como bem queria Max Gluckman) parece se traduzir hodiernamente numa inequívoca tendência entre os antropólogos do direito da América Latina. Por certo, levando-se em conta tal perspectiva, caberão aqui diversas outras possibilidades. Poderiam ser desenvolvidos estudos específicos sobre minorias (indígenas, quilombolas, ciganos etc.) ou grupos vulneráveis (idosos, crianças, mulheres, portadores de necessidades especiais, comunidade LGBT ou indigentes).

1.6. TERMINOLOGIAS

As duas acepções terminológicas mais comuns à cátedra nos cursos de Direito no Brasil e também no mundo todo são *Antropologia Jurídica* e *Antropologia do Direito*, todavia, há que se mencionar também, e de forma menos usual, porém igualmente válida, a *Antropologia Geral e Jurídica*.

Entretanto, nada obsta que visitemos outras propostas doutrinárias interessantes. No que concerne à questão, vale notar que o eminente Prof. José Manuel Sacadura Rocha julgou de utilidade estabelecer uma distinção formal entre a chamada *Antropologia do Direito*, aqui entendida como "o estudo da **Ordem** social, das **Regras** e das **Sanções** em sociedades 'simples', não especializado, não diferenciado, não estatizado" e *Antropologia Jurídica,* ou seja, "a observação participante e a comparação entre as modernas instituições do direito do Estado Moderno", tomando, a título ilustrativo, o estudo da polícia, das prisões e da juridicidade dos movimentos sociais[25].

Por outro lado, autores como Elizete Lanzoni Alves e Sidney Francisco Reis dos Santos preferem reconhecer a existência da sinonímia entre a *Antropologia Jurídica* e a *Antropologia do Direito*, conceituando-a "como a ciência humana que estuda os aspectos multiculturais do direito consuetudinário desde as suas origens pré-modernas nas sociedades simples que acompanha o seu desenvolvimento dentro das organizações jurídicas nas sociedades complexas da Globalização"[26].

Deste modo, admoestamos ao leitor que, aqui e acolá, sem embargo às valiosas e oportunas distinções por vezes sugeridas na doutrina, utilizaremos as terminologias acima listadas como sendo sinônimas.

1.7. Os campos de estudo da Antropologia Jurídica

A Antropologia Jurídica, como qualquer outra disciplina de caráter propedêutico, possui campos de estudo ou abordagem teórica que são bastante específicos. *In casu*, basicamente, são três. Tratemos de cada um separadamente logo a seguir:

1.7.1. O estudo do Direito nas sociedades ágrafas

Este primeiro campo de análise constitui-se na razão fundamental que originalmente tornou-se responsável pelo reconhecimento de autonomia concedida à cátedra nos meios acadêmicos. O estudo do direito nas sociedades tradicionais compreende, pois, a apreciação do fenômeno jurídico em meio a todas aquelas sociedades que não desenvolveram nenhuma forma de escrita. Sabe-se que estas são numerosas e vivem na ausência do Estado. Os indivíduos que as compõem encontram-se dispostos em formas e modelos

---

[25] ROCHA, José Manuel Sacadura. *Antropologia jurídica*: para uma filosofia antropológica do direito. São Paulo: Elsevier, 2007. p. 17. Veja, nesse mesmo sentido, a posição de SHIRLEY, Robert Weaver. Op. cit., p. 14.

[26] ALVES, Elizete Lanzoni e SANTOS, Sidney Francisco dos Reis. *Iniciação ao conhecimento da antropologia jurídica*. Florianópolis: Conceito Editorial, 2007. p. 55.

simples de organização social, tais como tribos e clãs, em que os laços de parentela traduzem-se na tônica das relações e expressam o vínculo definitivo entre as pessoas. No contexto em questão, busca a Antropologia Jurídica compreender a gênese dos mecanismos de controle social adotados entre os tais, os quais se afiguram como responsáveis pelo delineamento das instituições jurídicas, que, por sua vez, estão intimamente conectadas ao costume, outra importante fonte neste quadro esquemático.

1.7.2. *O estudo do Direito em perspectiva cultural-comparativa*

Como é notório, existem diferentes sistemas legais na contemporaneidade e estes não se resumem ao universo da *Civil Law* (Sistema Romano-Germânico de Direito) ou da *Common Law* (Sistema Anglo-Americano de Direito) – os mais adotados. É crescente hoje, também, o interesse pelo conhecimento de outras concepções de Direito que não são, necessariamente, ocidentais, as quais não podem ser negligenciadas. Angariam maior destaque neste âmbito os Sistemas Legais Asiáticos, dentre os quais se sobressaem o Islâmico, o Anglo-Indiano e o Chinês. Todavia, sob este aspecto, as possibilidades são infinitas, porquanto, à luz da comparação não existem limites ou qualquer necessidade de justapor entre si apenas aquelas instituições jurídicas dos chamados "grandes sistemas" (os de matriz europeia).

O objetivo aqui, diga-se desde pronto, não é exatamente o mesmo que norteia o Direito Comparado, mas, antes, investigar o impacto dos delineamentos da cultura nas diferentes percepções jurídicas mencionadas, além do que avaliar como elas se formaram no decorrer de todo este longo processo ou, ainda, de que modo as eventuais influências externas deixadas pelo colonizador europeu se projetaram sobre elas hodiernamente

1.7.3. *O estudo do Direito nas sociedades complexas e plurais*

O terceiro grande campo da Antropologia Jurídica é constituído pelo estudo do Direito numa sociedade complexa[27] como a nossa, que vive sob

---

[27] "É assim que a Antropologia volta seus olhos para as formas de Direito das "sociedades complexas", munida de toda essa trajetória crítica. Incrementa-se o exercício da diferença dentro da própria sociedade, refundam-se as classificações sempre etnocêntricas a que está submetida em sociedades modernas, urbanas e industriais, divididas ou não em classes sociais. Refutam-se os adjetivos de "tradicionais", "primitivos", "embrionários", para rotular as formas dominadas de saber existentes nas "sociedades complexas"; mostra-se dinâmica da complementaridade e a lógica

a égide de um Estado. Da mesma forma, aqui as possibilidades tornam-se praticamente inumeráveis. Podem ser estudadas diversas questões relacionadas a uma miríade de assuntos: gênero, subsistemas de direito existentes nas grandes cidades em detrimento do direito oficial, minorias, imigrantes e os diferentes processos de assimilação cultural, a condição legal de grupos vulneráveis. Particularmente elegemos, nesta obra, algumas temáticas específicas, qual sejam elas, o impacto dos avanços tecnológicos experimentados no século XX no mundo jurídico; as questões ambientais e o universo das relações internacionais.

1.8. Os métodos da Antropologia Jurídica

As Ciências Sociais devem muito crédito aos antropólogos no que concerne à delimitação de um método de pesquisa próprio. Saliente-se que os primeiros estudos realizados em meio às sociedades autóctones da África e da Ásia foram produzidos na ausência do antropólogo *in loco*. Este se incumbia apenas de analisar os questionários-tipo que continham detalhadas informações sobre o cotidiano e os aspectos gerais da cultura dos nativos. Os formulários em questão se tornaram populares no século XIX e caíram bem ao gosto de pensadores como Hermann Post[28]. Depois de se debruçarem num imenso rol de notícias cuidadosamente colhidas nas distantes colônias, compunha-se um relatório final que buscava diag-

---

paradoxal da construção das identidades em sociedade divididas. Questiona-se o mito da centralização e progressiva racionalização das práticas de poder, que oculta sua capacidade de inscrição e homogeneização de unidades sociais, súbita e surpreendentemente identificadas com "indivíduos" erigidos em sujeitos de direitos e obrigações. Põe-se a nu os paradoxos encerrados na percepção do Estado como "organizações" e sua imagem de todo homogêneo e centralizador: quanto mais complexa a sociedade, tanto mais centralizada, mas tanto mais camadas de regras, e mais adjacentes, numerosas e diversas as jurisdições, instâncias e campos autônomos. À aparência de centralização e controle racional corresponde uma efetiva delegação no governo e na administração, constituindo-se mais áreas de discrição e semi-autonomia mas assim constituídas subpartes da sociedade, sejam formais ou informais". KANT DE LIMA, Roberto. *Ensaios de antropologia do direito*: acesso à justiça e processos institucionais de administração de conflitos e produção da verdade jurídica em uma perspectiva comparada. Rio de Janeiro: Lumen Juris, 2008. p. 11-12.

[28] Albert Hermann Post (1839-1895) foi um célebre antropólogo que, a partir de 1890, distribuiu às populações da África que se encontravam sob o domínio alemão uma série de questionários-padrão contendo um elenco vasto de proposições e tratando de diversos aspectos da cultura dos nativos, a fim de melhor conhecê-las.

INTRODUÇÃO AO ESTUDO DA ANTROPOLOGIA JURÍDICA

nosticar os traços julgados mais significativos de um povo, tribo ou clã em particular. Ocorre que este método se mostrava muito precário e limitado por sua própria natureza, pois prescindia do contato direto do pesquisador com seu objeto de estudo.

Todavia este método inicialmente empregado, dada sua falibilidade, torna-se completamente ultrapassado a partir das pesquisas desenvolvidas por Bronislaw Malinowski. O celebrado professor britânico, assim, promoveu uma verdadeira revolução ao defender a opinião de que era absolutamente necessária a presença do antropólogo nos lugares onde iriam ser conduzidos estes estudos. Mais do que isso, ele mesmo tomou a iniciativa de fazê-lo. Com o tempo, tornou-se bastante festejada sua permanência entre os Trobriandeses[29], especialmente após a publicação do clássico *Crime e costume na sociedade selvagem* (1926). Nesse sentido, os pontos de vista com a teoria acerca da "observação participante"[30] apresentados por Malinowski nos meios acadêmicos foram recepcionados, a princípio, com alguma resistência. Entretanto, sua obra revestiu-se de vigor e suas observações com relação ao método a ser adotado exprimem a devida preocupação do intelectual com os rigores naturalmente exigíveis a qualquer ciência.

Não muito tempo depois, um antropólogo (Adamson Hoebel) e um advogado (Karl Llewellyn), ao conjugarem mutuamente esforços, trouxeram consigo uma interessante proposta metodológica, qual seja a de conhecer determinada sociedade ágrafa tendo como ponto crucial a apreciação do conflito (*case law*)[31]. O foco para o conhecimento das percepções jurídicas de determinada gente agora eram as motivações que causaram a ruptura da ordem, bem como as soluções encontradas por esta mesma sociedade em prol da restauração da harmonia perdida no âmbito do grupo. Ganha destaque neste cenário o livro *The Cheyenne Way* (1941).

---

[29] Trobriandeses são os nativos das Ilhas Trobriand, na Papua Nova Guiné.

[30] "A observação participante consiste em o próprio sociólogo participar do fenômeno a analisar, indo, por exemplo, residir por algum tempo na área de estudo. Surgiu com os etnólogos ou antropólogos, que tinham necessidade de viver entre as tribos primitivas para melhor estudá-las." MACHADO NETO, Antônio Luís; MACHADO NETO, Zahidé. *Sociologia básica*. São Paulo: Saraiva, 1978. p. 6.

[31] Sobre o método em questão confira o clássico assinado por LLEWELLYN, Karl; HOEBEL, E. Adamson. *The Cheyenne Way*: conflict and case law in primitive jurisprudence. 4. ed. Oklahoma: University of Oklahoma Press, 1967. p. XII-X e 20-40.

Poucos, todavia, atingiram a profundidade de Radcliffe-Brown[32] na busca pela definição de um método de estudo dos povos que vivem na ausência da escrita. O antropólogo inglês propôs uma análise holística da sociedade, jamais considerando suas instituições de forma isolada como fizeram muitos outros antes dele, mas avaliando, com acuidade e atenção, as diversas relações que são produzidas em razão desta mesma interação. A sociedade é um organismo vivo, latente. Cada unidade participante no corpo possui uma função peculiar em razão da dinâmica traduzida por esta imensa teia que caracteriza em essência a relação, e este liame, que a tudo e a todos invariavelmente conecta, é o principal objeto de estudo a ser considerado nesta abordagem metodológica.

Max Gluckman, até certa medida, seguiu na esteira de outros pensadores que o influenciaram em larga medida, como Evans-Pritchard e Radcliffe-Brown. Entretanto, sua proposta tornou-o um expoente no âmbito de uma nova corrente de pensamento – a Escola de Manchester. O antropólogo sul-africano se dedicou ao estudo de casos (como também o fizeram Hoebel e Llewellyn) e à delimitação dos contornos das instituições jurídicas das sociedades ágrafas como os Barotse, por exemplo (do mesmo modo que havia feito Henry Sumner Maine, a quem admirava), porém inovou em alguns aspectos. Gluckman começou a dar ênfase ao estudo dos rituais, pois estes revelam através de sua simbologia as múltiplas facetas dos modelos de organização familiar e, por conseguinte, as instituições jurídicas que florescem em meio a qualquer sociedade. Outra novidade neste método de estudo consiste em considerar as complexas vaiáveis resultantes do componente político na dinâmica de poder que catalisa as relações no grupo.

Igualmente, há que se salientar a importância devida ao método comparativo no âmbito dos estudos antropológicos, sendo este utilizado com redobrada frequência no contexto em questão. Como se sabe, a comparação das instituições jurídicas ocidentais com aquelas dos povos ágrafos foi uma constante em diversos estudos.

1.9. Relação da Antropologia Jurídica com demais disciplinas

1.9.1. Antropologia Jurídica e Sociologia do Direito

Ministrada nos primeiros semestres de curso, a disciplina propedêutica intitulada Sociologia do Direito possui estreito vínculo com a Antropologia

---

[32] RADCLIFFE-BROWN, Alfred Reginald. *Estrutura e função na sociedade primitiva*. Lisboa: Edições 70, 1989. p. 221-222.

Jurídica. Aliás, sob muitos aspectos, seus conteúdos se equivalem. A primeira cuida da investigação do Direito como um "fato social", portanto um fenômeno ocorrente em qualquer sociedade, buscando determinar não somente o contexto em que se insere a vigência da lei, mas também, sua eficácia. Portanto, ao estudar o Direito no meio social, as duas se aproximam indefinidamente, sendo difícil a missão de tentar diferenciá-las. Ocorre que a Antropologia – traduzida como o estudo do homem sob múltiplas dimensões (físicas ou biológicas, culturais e sociais) torna-se apta a ir um pouco mais além, graças ao ferramental teórico que lhe é acessível. Assim, a Sociologia do Direito, ao contrário da Antropologia Jurídica, conhece limitações quando se depara, por exemplo, com todo o aporte de caráter etnográfico acessível a esta segunda. A Antropologia Jurídica, pois, se esforça por remexer as raízes mais profundas imersas na natureza humana e que levaram determinado grupo social, em algum momento de sua experiência civilizatória, vir espontaneamente a se dotar de regras de conduta que fossem capazes de garantir sua coesão e estabilidade. Da mesma forma preocuparam-se os antropólogos do Direito em conhecer os diversos modos de solução de controvérsias inerentes ao cotidiano nas sociedades ágrafas ou tradicionais. Não se quer dizer com isso que a Sociologia do Direito esteja impedida de fazê-lo, apenas, este não é o mote da grande maioria dos sociólogos. A Antropologia Jurídica, ademais, pretende conhecer os diversos elementos e símbolos que retratam a essência do fenômeno jurídico em determinada cultura, e, por conseguinte, melhor avaliar os diferentes mecanismos de controle social por ela adotados.

1.9.2. *Antropologia Jurídica e História do Direito*

A História do Direito, em essência, ocupa-se das muitas manifestações do fenômeno jurídico em perspectiva histórica. Assim, são analisados os eventos políticos, sociais e econômicos que concorreram para a gênese da norma. A Antropologia Jurídica, por sua vez, investiga em maior escala os aspectos culturais que contribuíram para o estabelecimento de certas regras de conduta em meio a um grupo social específico como forma de alcançar a manutenção de sua estabilidade. Os eventos históricos não são, pois, o foco central da abordagem teórica que será realizada. Essas questões para o antropólogo são muitas vezes acessórias, considerando-se que o elemento cronológico ou temporal não se constitui no objeto que necessariamente direciona qualquer pesquisa do gênero. Todavia, não se pretende dizer que tais elementos não sejam importantes. Os fatores históricos certamente são relevantes, entretanto, eles o são na medida em que se mostram úteis ao caso concreto que motivou o interesse inaugural do antropólogo. Contudo, há pelo menos um tema originalmente da Antropologia Jurídica que tem despertado cada vez mais interesse por parte dos historiadores: trata-se do "direito nas sociedades ágrafas" ou "tradicionais". Do mesmo modo, convém lembrar que a Antropologia Jurídica em países como a França foi considerada uma disciplina a gozar da autonomia graças a um movimento advindo dos juristas originalmente dedicados ao ensino da História do Direito.

1.9.3. *Antropologia Jurídica e Filosofia do Direito*

A Filosofia do Direito estuda o fenômeno jurídico em perspectiva eminentemente axiológica. A aproximação que se estabelece neste contexto entre as duas disciplinas diz respeito ao fato de que a Antropologia Jurídica, ao mergulhar profundamente no conhecimento das características culturais e representações simbólicas de determinado povo, também se preocupa em conhecer os valores mais íntimos que lhes são intrínsecos. As formas de pensar são dinâmicas e o Direito segue nesta mesma trilha caminhando *pari passu*. As maneiras de agir, falar, a ética pessoal dos povos ágrafos são temas constantes nos estudos de caráter antropológico. Estes assuntos se tornam mais evidentes quando se procede com a análise e o elenco dos provérbios e adágios populares, pois estes exprimem a verdadeira natureza, a "alma de um povo", como diria o Coronel Rattray[33], e, no caso específico das sociedades ágrafas, como veremos, os ditados se traduzem numa fonte jurídica por excelência. Na atualidade, a Filosofia do Direito e a Antropologia Jurídica se interpenetram irrestritamente. A primeira se ocupa da delimitação dos valores em si mesmos, enquanto que a segunda busca conhecer as razões ancestrais e psicossociais em meio à diversidade humana que permitiram que uma cultura em particular viesse a cultivar certos sistemas e modelos éticos.

1.9.4. *Antropologia Jurídica e Introdução ao Estudo do Direito*

A "Introdução ao Estudo do Direito", como a própria definição contida na nomenclatura aduz, é uma disciplina propedêutica de teor abrangente, mi-

---

[33] Veja a obra intitulada *Ashanti proverbs*: the primitive ethics of a savage people. Pref. Sir Hugh Clifford. Oxford: Clarendon Press, 1916, do autor em questão.

nistrada logo nos primeiros semestres de curso. A matéria objetiva oferecer aos estudantes os pressupostos teóricos necessários rumo ao conhecimento das inúmeros facetas em que o Direito se apresenta. Nesse sentido, sabe-se que a conexão com a Antropologia Jurídica é quase que automática, apesar de que os antropólogos não se preocupam em conhecer o dogmatismo inerente às formas e estrutura da norma em si, ou mesmo, as características do processo legislativo estatal que propugnaram por sua gênese. A Antropologia Jurídica, por sua vez, busca, antes de tudo, explicar o nascimento do fenômeno jurídico nas sociedades simples que vivem na ausência da escrita e do Estado, estabelecendo, contudo, novas hipóteses em função desta linha de investigação que revolucionaram a própria Ciência do Direito.

1.9.5. *Antropologia Jurídica e Direito Comparado*

A disciplina chamada "Direito Comparado" conheceu sua gênese nas arcadas das universidades francesas. A preocupação inicial da cátedra que ganhou autonomia alhures tinha como escopo inicial realizar o estudo dos diferentes sistemas legais, tendo como prioridade estabelecer a distinção prática entre o *Commom Law* e o *Civil Law*[34]. Assim, a Antropologia Jurídica e o Direito Comparado se tocam na medida em que a primeira também se utiliza do método comparativo para determinar os contornos de qualquer sociedade que seja objeto de sua análise. Todavia, enquanto o Direito Comparado cuida de investigar as diversas formas de organização judiciária, além das características das instituições jurídicas em cada sistema, os antropólogos encontram-se mais interessados em conhecer o direito ágrafo, justapondo-o, sempre que se julgar oportuno fazê-lo, ao direito moderno. A esse respeito, vale lembrar que Max Gluckman, em suas análises, comparou o Direito Barotse ao Direito Inglês. Karl Llewellyn e Adamsom Hoebel, por sua vez, fizeram o mesmo em se tratando do Direito Cheyenne e do Direito Norte-Americano.

1.10. Utilidade do estudo da Antropologia Jurídica

De tão extenso e imensurável valor que se reveste o estudo antropológico do Direito, nos arriscamos a opinar que não nos parece ser de modo al-

---

[34] ROULAND, Norbert. *Antropologie juridique*. Paris: Presses Universitaires de France, 1990 (Colletion "Que Sais-Je?"). p. 10.

gum possível o estabelecimento da exata compreensão teórica das diversas dimensões reveladas pelo fenômeno jurídico na ausência do conhecimento dos diversos trabalhos acadêmicos desenvolvidos neste campo[35]. Por isso mesmo, mui afortunada consistiu a decisão do Conselho Nacional de Educação, através de sua Resolução n. 9 (2004), de vir a instar a devida previsão dos conteúdos de Antropologia nos cursos de Direito no Brasil, ainda que algumas instituições de ensino, por vezes, optem por credenciar à ministração da disciplina o mínimo de horas necessário ao bom logro do aprendizado.

Primeiramente, os arautos da florescente Antropologia Jurídica tornaram-se responsáveis pela quebra de diversos paradigmas no campo da própria Teoria do Direito. Até o início do século XX, acreditava-se que as sociedades ágrafas eram capazes tão somente de produzir em seu seio regras de matéria criminal, em que apenas os delitos mais elementares, por se constituírem numa real ameaça à estabilidade social, eram aqueles tidos como passíveis de punições. O autor de *Crime e costume na sociedade selvagem* (1926), todavia, ofereceu ao mundo um interessante retrato da sofisticação alcançada pelo direito civil entre os nativos do arquipélago de Trobriand. Ao estudar o sistema de trocas que instava os indivíduos a naturalmente cumprir as obrigações assumidas num ambiente marcado pela reciprocidade, o antropólogo britânico Bronislaw Malinowski deixa desvelar diante de nossos olhos a gênese propulsora de uma incipiente, porém, inquestionável

---

[35] Sobre a relevância e utilidade da Antropologia Jurídica, eis algumas opiniões dignas de nota: "Além do ensino e da pesquisa, a Antropologia pode revelar o grau dos verdadeiros problemas na sociedade e talvez oferecer algumas sugestões de aprimoramento, além de publicizar as injustiças e arbitrariedades cometidas". COLAÇO, Thais Luzia. O despertar da Antropologia. In: COLAÇO, Thais Luzia (org.). *Elementos de Antropologia Jurídica.* Florianópolis: Conceito Editorial, 2008, p. 13-40. "A contribuição que se pode esperar da Antropologia para a pesquisa jurídica no Brasil será evidentemente vinculada à sua tradição de pesquisa. Desde logo há a advertir que o estranhamento familiar é um processo doloroso e esquizofrênico e que certamente não estão habituadas as pessoas que se movem no terreno das certezas e dos valores absolutos. A própria tradição do saber jurídico no Brasil, dogmático, normativo, formal, codificado e apoiado numa concepção profundamente hierarquizada e elitista da sociedade refletida numa hierarquia rígida de valores autodemonstráveis, aponta para o caráter extremamente etnocêntrico de sua produção, distribuição, repartição e consumo". KANT DE LIMA, Roberto. Op. cit., p. 13.

Introdução ao estudo da Antropologia Jurídica

forma de contratar. Ademais, o objetivo da Antropologia mostra-se bastante abrangente quando se trata de *pluralismo jurídico*. Ora, a drástica ruptura com o etnocentrismo favoreceu sobremaneira o desenvolvimento de novas percepções da legalidade. Pouco a pouco, desponta uma nova tendência comprometida em jamais vir a desmerecer outras experiências de povos detentores de culturas consideradas exóticas aos olhos ocidentais. No contexto em questão, os sistemas legais europeus perderam a primazia acadêmica em função do aumento do interesse pelo estudo dos direitos africanos, asiáticos, ou mesmo de outros continentes como a Oceania.

A Antropologia Jurídica servirá de ferramenta essencial ao conhecimento dos direitos consuetudinários das nações indígenas brasileiras, sem embargo ao intenso processo de assimilação já instaurado há séculos entre elas. Ora, sabe-se que o nosso país, ao contrário de nossos vizinhos hispânicos, é um dos poucos a não possuir trabalhos científicos sobre a percepção legal de seus primeiros habitantes. Esta realidade precisa ser urgentemente alterada, e a criação de uma matéria específica a tratar deste imenso rol de assuntos (independentemente das possibilidades agora abertas), segundo nossa opinião, é o caminho mais sensato a ser seguido. Além disso, a disciplina poderá ser igualmente de grande valia ao pavimentar o caminho em prol de uma melhor compreensão das realidades jurídicas nacionais, que nem sempre estão em voga no ambiente acadêmico. Este argumento serve de baliza também para o estudo das numerosas comunidades quilombolas que se encontram dispersas pelas diversas unidades da Federação, as quais, ao lado das já mencionadas indígenas, foram as duas minorias a que se referiu expressamente o legislador de 1988.

Por fim, os conteúdos relacionados à matéria serão especialmente úteis num país como o Brasil, que ainda se encontra preso às amarras históricas acarretadas pelo culto exacerbado à lei (estatal), em completa desconsideração por quaisquer outras concepções que não estejam comprometidas com percepções jurídicas positivistas, tradicionalmente orientadas pelas mais anacrônicas formas teóricas do dogmatismo legal.

Capítulo II

História da Antropologia Jurídica: os autores clássicos

2.1. HISTÓRIA DA ANTROPOLOGIA JURÍDICA

O desenvolvimento da Antropologia Jurídica está intimamente ligado ao intenso processo colonizador que as potências hegemônicas do século XIX imprimiram às nações subjugadas. Nesse contexto, destacam-se, com muita evidência, a Inglaterra e a França e, em menor escala, também a Holanda. Destes países surgiram os estudos pioneiros na área. É bem verdade que o intento primeiro não era o de dotar a academia de estudos científicos valiosos, mas, antes, o de melhor preparar o terreno para a adequação do modelo civilizatório ocidental em terras estrangeiras. Na verdade, caberia a profissionais de destaque em seus lugares de origem a duvidosa tarefa de realizar estas novas pesquisas nos mais diversos campos do conhecimento humano. Convém observar que estes eram, na maioria das vezes, professores renomados nas áreas das ciências humanas e biológicas, os quais foram instados a assim proceder. A missão concluía-se com o encaminhamento das conclusões e do imenso rol de informações colhido à metrópole. Sob este aspecto, toda e qualquer notícia sobre os nativos se fazia útil aos interesses governamentais, afinal o controle das populações autóctones exigia a implementação de um plano de ação sólido e concreto, que capaz de atenuar a necessidade do envio de maiores contingentes militares para exercer o controle de imensos contingentes humanos. Mas afinal como isto poderia se tornar realidade? Ora, através da gradual aproximação aos nativos, tática esta que foi melhor desempenhada pelos ingleses. Como o objetivo maior de Londres era o de consolidar sua prática mercantilista e, assim, estender seu domínio sobre os quatro cantos do planeta, antes se buscou, de modo engenhosamente estratégico, pela não intervenção direta na cultura de cada povo conquistado. Em síntese, os europeus mantinham as jurisdições locais para tratar de assuntos de interesse privado, especialmente, no terreno dos direitos de família e sucessões; permitia-se livremente a continuidade dos cultos e credos religiosos; servia-se do auxílio de representantes locais para governar os mais recentes "súditos da Coroa" e, ainda, conservava-se um aparente respeito aos costumes imemoriais. É fato que essa maneira de colonizar não era *sui generis*, pois os romanos adotaram este mesmo sistema, em contraposição ao modelo assumido pelos impérios da Antiguidade Oriental, dentre os quais destaco os babilônios, os assírios e egípcios. Entretanto, sem dúvida, esta era uma maneira muito mais aprimorada de se buscar atrair a confiança do populacho. Os portugueses e espanhóis, por ocasião de sua percepção de imperialismo dos séculos XV, XVI e XVII, não consideravam válida tal perspectiva de colonização. Antes cuidavam de impor, a ferro e fogo, suas vontades e, àqueles que não aderissem ao insurgente modelo ibérico de dominação, reservava-se o extermínio. Não por acaso, superados estes primeiros tempos, foram os ingleses os responsáveis por se levantar contra o ímpeto escravocrata que norteava alguns Estados europeus em sua relação com os nativos de suas possessões coloniais.

Todavia, é justamente no século XIX, e, não obstante à mácula colonialista fundadora a guiar o espírito das primeiras investidas pretensamente científicas neste campo, que surge, de fato, a Antropologia Jurídica.

2.2. A Escola Britânica: pioneirismo e gênese da Antropologia Jurídica

No limiar do século XIX era lugar-comum se dizer orgulhosamente por todos os arredores da esfuziante Londres que nos limites territoriais pertencentes ao Império Britânico "o sol não se põe" (porquanto, sendo já noite na Inglaterra, ainda era dia na Austrália, no hemisfério sul, que era à época, como se sabe, uma das possessões sujeitas ao cetro real). Considerando-se a validade desta premissa após tentar destituí-la do inconveniente discurso popular de caráter ufanista, naturalmente regado pelo nacionalismo típico das potências colonizadoras europeias daqueles tempos (daí a necessidade de situar o leitor no período específico em que o dito provérbio se origina), não seria estranho admitir que a história da própria Antropologia (como já dissemos anteriormente) e, também, mais particularmente, da disciplina intitulada "Antropologia Jurídica", pelo menos nos primórdios, acabará se confundindo com a trajetória hegemônica e política desta nação. Assim, ainda que,

HISTÓRIA DA ANTROPOLOGIA JURÍDICA: OS AUTORES CLÁSSICOS

com o passar do tempo, se descubra que *Sir* Henry Sumner Maine (1822-1888), eventualmente, possa não ter sido o primeiro estudioso a produzir um trabalho original e pioneiro no campo da matéria em questão, creio que seria com imensa dificuldade que se construiria algum argumento sólido, retirando-se da chamada "Escola Britânica", as justas credenciais que a tornam responsável por pavimentar o terreno para o posterior desenvolvimento da cátedra a que por ora nos ocupamos. Deste modo, parece inconteste admitir que, graças ao nobre inglês supracitado, foram estabelecidos os primeiros esforços no sentido de construir conceitos e teorias objetivando-se promover a investigação sistêmica dos direitos tribais[1]. Assim, quase que simultaneamente ao lançamento da obra de seu compatriota Charles Darwin – *A origem das espécies* (1859), Maine publica aquele que seria seu maior clássico – *O direito antigo* (1861), que desde seu lançamento praticamente se tornou um clássico mundial. A trajetória do jurista britânico incentivou as novas gerações a se dedicarem ao estudo do direito nas sociedades sem-escrita, uma vez que seu ponto de vista sobre o papel da lei e da ordem entre os nativos, como se verificaria, posteriormente, não poderia ser definitivo e tampouco suficiente para esclarecer a complexidade das relações que nos ditos grupos humanos se instauram. Segundo Maine, a história do Direito não estaria completa se fossem desprezados os estudos do direito dos povos ágrafos[2].

A gama de conhecimentos do professor britânico, a essa época, já era consideravelmente extensa no campo jurídico, pois abrangia, pelo menos, tópicos relativos aos Direitos Civil, Romano e Internacional. A prevalência do *pensamento eurocentrista* nos círculos acadêmicos não se constituiu em

---

[1] "Direito tribal" foi uma das primeiras terminologias a surgir entre os autores de Antropologia Legal. Ainda recentemente, a expressão foi largamente adotada por teóricos como Max Gluckman. Veja GLUCKMAN, Max. *The ideas in Barotse jurisprudence*. New Harven/London: Yale University Press, 1965 (The Institute for African Studies, University of Zambia).

[2] MAINE, *Sir* Henry Sumner. *El derecho antiguo*: parte general. Trad. A. Guera. Madrid: Tipografia de Alfredo Alonso, 1893. p. 85. "Na Inglaterra, o trabalho de *Sir* Henry Maine, *Ancient law* (Direito antigo, 1879), é ainda um dos mais cuidadosos e refletidos estudos sobre um tópico muito importante, a evolução do direito. Maine era mais do que um historiador, ele trabalhou muitos anos na Índia e tinha um vasto conhecimento das leis de outros povos; é por esta razão que seu trabalho parece tão moderno ainda hoje, cem anos depois." SHIRLEY, Robert Weaver. *Antropologia jurídica*. São Paulo: Saraiva, 1987. p. 21.

fator impeditivo para que o ilustre catedrático inglês viesse a investigar os traços estruturais comuns da legalidade entre as sociedades ágrafas, apesar de que os modelos esquemáticos das instituições jurídicas fundamentais foram tomados de empréstimo, aqui e acolá, de bases conceituais romanas, portanto, já concebidas previamente pelo autor como o esquema a ser seguido, o que se verificaria um óbice à conveniência da aplicação de um método próprio. Por outro lado, se consideramos a incipiência, à época, de estudos da natureza daquele produzido pela magistral pena de Maine, quando ainda muito se valorizava as criações intelectuais da civilização ocidental, perceberemos com maior extensão a incontestável relevância científica da publicação do *Direito antigo*. O mais importante a ressaltar é que Maine utilizou um método específico – o estudo da família e das instituições de direito privado decorrentes dessas relações – e, assim como Fustel de Coulanges, que priorizou inicialmente o trato da antiga religião entre os gregos e romanos, para daí poder destrinchar as sendas do orbe jurídico, também o jurista inglês buscou dar os primeiros passos numa trilha previamente estabelecida. Maine não descartou sua fecunda experiência como catedrático de Direito Romano para tentar fazer uma leitura jurídica do contexto no qual estavam inseridas as gentes ágrafas, e, talvez, é exatamente aí que ele comete um equívoco maior ao tentar generalizá-las. Sua análise se fundamenta na apreciação das formas de organização familiar das sociedades 'arcaicas', uma vez que "a agregação patriarcal" é o "umbral do direito primitivo"[3]. Ocorre que, como se sabe, nem todas as sociedades do mundo são estruturadas conforme o núcleo familiar romano, típico do homem do Mediterrâneo Central. Tentar compreender o complexo e extenso universo cultural que perfaz o gênero humano sob o viés das civilizações clássicas fatalmente conduzirá a erros de avaliação. De qualquer forma, o nobre britânico[4], desde então, não é sem razão considerado o "Pai da Antropologia Jurídica".

Ocorre que, decorrido o tempo, nenhum outro cientista social britânico causaria tanto furor nos meios acadêmicos de sua época como Bronislaw Malinowski. Nascido no ano de 1884, na cidade de Cracóvia, na Polônia, este ilustríssimo professor deixou sua pátria natal e, por conseguinte, sua

---

[3] MAINE, *Sir* Henry Sumner. Op. cit., p. 94.

[4] Sumner Maine ou *Sir* Henry James Sumner Maine possuía um título nobiliárquico.

antiga cidadania, naturalizando-se súdito da Coroa britânica. Sua primeira formação, curiosamente, foi no campo das Ciências Exatas, tendo conquistado em 1908, inclusive, o título de Doutor em Física e Matemática. A incursão no universo da Antropologia, entretanto, não tardaria a acontecer, uma vez revelada ao mundo uma genialidade desconcertante. Sua ascensão numa área totalmente diversa do conhecimento original, da qual ainda não estava inteiramente familiarizado, é justamente o que mais impressiona em sua meteórica trajetória:

> Em menos de três anos, Malinowski já era reconhecido como antropólogo promissor e de grandes qualidades intelectuais, tendo publicado três artigos e um livro. Em 1913, começou sua carreira docente, tendo ministrado, entre esse ano e o seguinte, dois cursos na *London Schoool of Economics*, como *Lecturer on Special Subjects*. Nesse mesmo período travou relações com os maiores antropólogos da época, como Seligman, Haddon, Rivers, Frazer e Marett. Com Seligman, particularmente, mantinha contato muito estreito, o mesmo acontecendo também com Westermarck, que prefaciou seu primeiro livro, *The Family Among the Australian Aborgines*[5].

O antropólogo britânico, igualmente, foi um dos maiores expoentes do Funcionalismo. Ele questionou enfaticamente a validade dos métodos empregados por alguns de seus antecessores, os quais, embalados pelo roteiro colonizador estabelecido pelos senhores da metrópole, formavam suas convicções sobre o objeto de estudo (as sociedades ágrafas), tendo por fulcro os dados colhidos nos formulários-tipo ou padrão apresentados a eles por intermédio da tradução dos guias locais. Estes questionários – como veremos a seguir[6] – tornaram-se muito populares desde que as lições do antropólogo suíço Albert Post se espraiaram entre seus colegas. Malinowski ressaltava, acima de tudo, ser este um método precário, insatisfatório e pouco confiável, que poderia conduzir facilmente a equívocos na leitura da sociedade que se pretende pesquisar. Em função disso passou, desde pronto, a advogar a necessidade da efetiva participação do antropólogo no processo

---

[5] Cf. MALINOWSKI, Bronislaw. *Argonautas do Pacífico ocidental*: um relato do empreendimento e da aventura dos nativos nos arquipélagos da Nova Guiné Melanésia. Pref. Sir James George Frazer. Trad. Anton P. Carr e Lígia Aparecida Cardieri Mendonça. 2. ed. São Paulo: Abril Cultural, 1978. p. IX.

[6] Voltaremos à questão dos "questionários" ao tratarmos da Escola Germânica de Antropologia Legal.

investigativo de observação *in loco* da população autóctone. A definição de um método próprio para Antropologia será uma constante em seu discurso: "Os resultados da pesquisa científica, em qualquer ramo do conhecimento humano, devem ser apresentados de maneira clara e absolutamente honesta. Ninguém sonharia em fazer uma contribuição às ciências físicas ou químicas sem apresentar um relato detalhado de todos os arranjos experimentais, uma descrição exata dos aparelhos utilizados, a maneira pela qual se conduziram as observações, o tempo a elas devotado e, finalmente, o grau de aproximação com que se realizou cada uma de suas medidas. Nas ciências menos exatas como a biologia e a geologia, isso não se pode fazer com igual rigor; mas os estudiosos dessas ciências não medem esforços no sentido de fornecer ao leitor todos os dados e condições em que se processou o experimento e se fizeram as observações"[7]. E alhures arremata nesse mesmo sentido: "Nas ciências históricas, como já foi dito, ninguém pode ser visto com seriedade se fizer mistério sobre suas fontes e falar do passado como se o conhecesse por adivinhação. Na etnografia, o autor é, ao mesmo tempo, o seu próprio cronista e historiador; suas fontes de informação são, indubitavelmente, bastante acessíveis, mas também extremamente enganosas e complexas, não estão incorporadas a documentos materiais fixos, mas sim ao comportamento e memória de seres humanos"[8].

Malinoswski, do começo ao fim de um de seus maiores clássicos, cumpre em desmontar paradigmas ainda reinantes em seu tempo. Suas conclusões são extraídas da experiência de convivência com os nativos das Ilhas Trobriand[9], na Nova Guiné. A obra intitulada *Crime e costume na sociedade selvagem*" (1926) constitui-se num verdadeiro marco para a Antropologia Jurídica, apesar de o próprio autor tê-la chamado, em seu prefácio, de

---

[7] Cf. MALINOWSKI, Bronislaw. Op. cit., p. 18.

[8] Cf. MALINOWSKI, Bronislaw. Op. cit., p. 18.

[9] Eis as ditas ilhas na descrição de Malinoswski: "O arquipélago das Trobriand, habitado pela mencionada comunidade melanésia, está situado a nordeste da Nova Guiné e consiste em um grupo de ilhas de coral planas, em torno de uma ampla laguna. As planícies de terra são cobertas de solo fértil, e a laguna tem peixes em abundância; ambas são meios fáceis de intercomunicação para os habitantes. Assim, essas ilhas sustentam uma densa população, envolvida principalmente na agricultura e na pesca, mas também especializada em diversas artes e ofícios, e perspicaz no comércio e no intercâmbio". MALINOWSKI, Bronislaw. *Crime e costume na sociedade selvagem*. Trad. Maria Clara Corrêa Dias. Brasília: UnB; São Paulo: Imprensa Oficial do Estado, 2003. p. 21.

HISTÓRIA DA ANTROPOLOGIA JURÍDICA: OS AUTORES CLÁSSICOS

"livrinho"[10]. Um dos temas mais importantes na abordagem do autor diz respeito à economia primitiva dos povos do arquipélago, o que o faz descartar por completo as teses em voga entre muitos antropólogos da época que vislumbravam a possibilidade da existência de uma espécie de "comunismo primitivo" entre as sociedades simples. Para chegar a tais conclusões, Malinowski critica enfaticamente as posições defendidas pelo Dr. Rivers, o qual chegou a aventar a prevalência de uma espécie de 'comunismo primitivo' em sociedades como aquelas da Melanésia: "Nada poderia estar mais equivocado do que essas generalizações. Há uma rigorosa distinção e definição dos direitos de cada um e isso faz que a posse da propriedade seja qualquer coisa, menos comunista. Temos na Melanésia um sistema composto e complexo de propriedade que de modo algum partilha a natureza do "socialismo" ou do "comunismo". Se assim fosse, uma cooperativa moderna analogamente poderia muito bem ser chamada de "empresa comunista". Para falar a verdade, qualquer descrição de instituições selvagens em termos do "comunismo", "capitalismo" ou "cooperativismo", tirada das condições econômicas ou da controvérsia política de hoje, só poderia ser ilusória"[11].

Sabe-se que as constatações de Malinowski não pararam por aí. Até então, estava disseminada a crença de que as sociedades simples haviam desenvolvido pouco ou quase nada de regras de Direito Civil. Suas acuradas observações provaram ser esse mais um engano vigente entre os especialistas. Vejamos uma de suas esclarecedoras lições: "Começamos a ver como o dogma da obediência mecânica à lei impediria que o observador

---

[10] MALINOWSKI, Bronislaw. Op. cit., p. 7. Sobre a obra em questão, assim se pronuncia Robert W. Shirley: "Entretanto, por volta de 1930, a antropologia britânica começa a tomar novos rumos, sob a influência de Malinowski. Em 1926, ele publicou *Crime and custom in savage society* (Crime e costume na sociedade selvagem), um dos primeiros estudos do "direito primitivo", uma análise exclusivamente científica da teoria do direito em sociedade, sem nenhuma pretensão e qualquer utilidade colonial. De fato, poder-se-ia chamar este trabalho de base da moderna antropologia legal científica. A partir daí, os antropólogos britânicos concentraram-se cada vez mais nas questões teóricas da filosofia legal e nas ciências sociais, e menos nas compilações práticas de regulamentos para os administradores coloniais. Esta mudança foi devida, provavelmente, não tanto à influência do livro em si e sim à presença marcante do próprio Malinowski, como professor e principal antropólogo britânico de seu tempo". SHIRLEY, Robert Weaver. Op. cit., p. 17.

[11] MALINOWSKI, Bronislaw. Op. cit., p. 22.

enxergasse os fatos realmente pertinentes da organização legal primitiva. Compreendemos agora como as regras da lei, regras de caráter inequivocamente obrigatório, sobressaem às regras simples dos costumes. Podemos também ver que a lei civil, consistindo em disposições categóricas, é muito mais desenvolvida do que o conjunto das simples proibições e que o estudo exclusivo da lei criminal entre os selvagens omite os fenômenos mais importantes de sua vida legal"[12].

Nesse complexo sistema de trocas e permutas, consoante a conclusão de Malinowski, favorecia-se a acomodação natural das regras que se apresentavam "elásticas e ajustáveis", muito em função do sistema de reciprocidade que valorizava a generosidade – valor de capital importância na mentalidade do homem de Trobriand. O nativo, nesse sistema, se porventura se via favorecido num dia, logo sabia, consoante a esta realidade, que estava obrigado também a favorecer, em razão da reciprocidade, aquele que se mostrou benfazejo para com ele numa outra situação[13]. Sobre o assunto, o antropólogo britânico novamente enfatiza: "Em todos os fatos descritos, o elemento ou o aspecto da lei de efetiva coação social consiste nos complexos arranjos que fazem as pessoas se aterem a suas obrigações. Entre eles, o mais importante é o modo como muitas transações estão ligadas em cadeias e serviços mútuos, cada um dos quais terá de ser pago mais adiante. A feição pública e cerimonial sob a qual essas transações são realizadas, aliadas à grande ambição e a vaidade dos melanésios, também aumenta a força da salvaguarda da lei"[14].

Por constatações que deram novo fôlego à Antropologia e, *in casu*, à Antropologia Jurídica, Bronislaw Malinowski figura no rol dos mais brilhantes cientistas sociais e naturais de todos os tempos. Simplesmente, não há como falar de direitos primitivos sem mencioná-lo. Como bem ressaltou Laplantine: "Ninguém antes dele tinha se esforçado em penetrar tanto, como ele fez no decorrer de duas estadias sucessivas nas Ilhas Trobriand, na mentalidade dos outros, e em compreender de dentro, por uma verdadeira busca de despersonalização, o que sentem os homens e as mulheres que

---

[12] MALINOWSKI, Bronislaw. Op. cit., p. 30.

[13] MALINOWSKI, Bronislaw. Op. cit., p. 30.

[14] MALINOWSKI, Bronislaw. Op. cit., p. 31.

História da Antropologia Jurídica: os autores clássicos

pertencem a uma cultura que não é a nossa"[15]. Por fim, se 1922 foi, quiçá, o melhor ano da história da ciência antropológica – pois o período é assinalado por duas grandes publicações – *Argonautas do Pacífico ocidental*, de Bronislaw Malinowski, e *The Andaman islanders*[16], de Radcliffe-Brown – 1942, por sua vez, foi sem dúvida o período mais trágico, quando o meio acadêmico lamentou, além da perda do primeiro, também a de Franz Boas, de quem falaremos quando estivermos a tratar da Escola norte-americana de Antropologia Jurídica.

Aliás, Radcliffe Brown (1881-1955), ao lado de Malinowski, é o grande nome da Escola Funcionalista na Grã-Bretanha, apesar de ter negado isso durante o decurso de sua vida. Em função disso, talvez seja melhor acomodá-lo como o grande expoente e fundador de uma visão "estrutural-funcionalista". De qualquer modo, a influência que este recebeu de Émile Durkheim mostra-se bastante saliente em todo o conjunto de sua obra. Dentre seus trabalhos destacam-se como de maior relevo para o estudo da Antropologia do Direito a obra intitulada *Estrutura e função na sociedade primitiva* (1952). Por meio dela, Radcliffe Brown apresenta detalhadamente suas convicções teóricas e particulares de como uma sociedade deve ser concebida. O exame de situações é realizado com extrema profundidade, especialmente no que concerne à importância de se buscar os *significados*, ou seja, as concepções particulares das instituições[17], e, por conseguinte, do papel que estas exercem em sociedade quando se tangenciam. Vale notar, contudo, e é justamente aí que seu pensamento torna-se cada vez mais original, que estas unidades não podem ser jamais concebidas de forma isolada ou particular, mas como partes componentes de um todo complexo – o *organismo*[18] – , em constante estado de intera-

---

[15] LAPLANTINE, François. *Aprender Antropologia*. 20. ed. Trad. Marie Agnes Cheuvel. Brasília: Brasiliense, 1988. p. 80.

[16] A referida obra permanece sem publicação no Brasil.

[17] "É engano supor que podemos compreender as instituições da sociedade estudando-as isoladas, sem considerar as demais instituições com as quais elas coexistam e com as quais pode estar relacionadas." RADCLIFFE-BROWN, Alfred Reginald. *Estrutura e função na sociedade primitiva*. Lisboa: Edições 70, 1989. p. 221.

[18] "O organismo não é em si a estrutura, é um acúmulo de unidades (células e moléculas) dispostas numa estrutura." RADCLIFFE-BROWN, Alfred Reginald. Op. cit., p. 221.

ção, segundo suas múltiplas particularidades e conveniências, o que traduz nesta teia sua ideia de *função*[19].

Outro capítulo de extrema importância para a Antropologia britânica foi escrito por Robert Sutherland Ratray (1881-1931) – um dos maiores especialistas em culturas africanas que o mundo já conheceu. Nascido na Índia, o Coronel Rattray, como se tornou conhecido, centrou seus esforços na recuperação da história dos Ashanti, uma das mais numerosas e influentes nações do continente[20], que ofereceu feroz resistência ao avanço e dominação inglesa no âmbito do que seria atualmente o atual território de Gana. Ao contrário de outros que não tardaram a sucumbir diante do ímpeto do colonizador, a conquista deste povo se processou de forma lenta, gradual e bastante dificultosa, levando algumas décadas para se consumar, tendo sido responsável pela instauração de, pelo menos, quatro grandes conflitos entre os anos de 1824 e 1901. O evento em questão passou à história como *As guerras Anglo-Ashanti*. Nesse sentido, cremos que os dois mais importantes trabalhos[21] de Rattray foram *Provérbios Ashanti* (1916) e *Direito Ashanti e Constituição* (1929). Os estudos do militar não estão isentos de críticas, considerando-se, pensamos, o contexto em que foram produzidos. O interesse britânico naqueles dias de "melhor conhecer para, com mais facilidade, subjugar" era evidente à época, e Rattray era, sem dúvida, como demonstra sua própria patente, parte desta imensa engrenagem. Entretanto, não se pode contestar a qualidade das informações obtidas e analisadas com muita acuidade por seu autor. Elas são numerosas, abundantes, esclarecedoras e valiosas. A relevância destes estudos assume dimensão ainda maior quando levamos em conta que o povo Ashanti, na atualidade, encontra-se em franco processo de assimilação cultural. Ademais, como bem notou McCaskie, "aqueles que possuem um conhecimento acurado são homens e mulheres de idade avançada, que possuem algum contato com estrangeiros; vivem afastados em aldeias remotas e mostram-se ignorantes

---

[19] Para Raddcliffe-Brown a "função" pode ser definida como "estrutura constituída de uma série de relações entre entidades unidades, sendo mantida a continuidade da estrutura por um processo vital constituído das atividades das unidades integrantes". RADCLIFFE-BROWN, Alfred Reginald. Op. cit., p. 223.

[20] Os Ashanti, no passado, chegaram a constituir um grande e extenso império.

[21] As duas obras não foram publicadas em português. Seus títulos originais são, respectivamente, *Ashanti Proverbs* (1916) e *Ashanti Law and Constitution* (1929).

ou indiferentes acerca das transformações sociais e religiosas trazidas com os europeus"[22]. Destarte, não se constituiria em qualquer exagero admitir que os escritos de Rattray tornaram-se material de consulta indispensável até hoje, não somente para quem decide enveredar pelas trilhas da Antropologia Social e Cultural (e também pela Antropologia Jurídica), mas igualmente a todos africanistas, ou, ainda, àqueles em busca de maior conhecimento sobre a trajetória daquele imenso continente e de suas gentes. Em síntese, trata-se de um "monumento da etnografia colonial, e manifestadamente, uma fonte maior – para ser mastigada e revisitada, para ser digerida e destilada, para ser recortada e dividida a partir das notas de rodapé que dão suporte ou refutam algum argumento, e, ainda na atualidade, para serem retomadas novamente"[23].

Charles King Meek (1895-1965) também foi outro britânico a serviço da empresa colonizadora. Desempenhou suas funções tendo como campo de atuação a África, mais especificamente, entre alguns povos da Nigéria, como os Igbo e os Jukun. Dentre os estudos que desenvolveu, não obstante outras publicações do gênero, aquela de maior interesse para nossa cátedra foi, certamente, a obra chamada *Direito e autoridade numa tribo da Nigéria* (1937). Grande parte das críticas dirigidas ao trabalho de C. K. Meek está diretamente relacionada ao inequívoco comprometimento deste com a causa imperial. Ora, isto realmente é um fato. Entretanto, seus escritos não podem ser descartados tão facilmente, pois representam um manancial de conhecimentos históricos e até mesmo etnográficos que, por sua extensão, traduzem muito bem o período em que foram produzidos. Ademais, os estudos de C. K. Meek contribuíram para que se lançasse luz ao conhecimento sobre o universo dos costumes, das tradições e da rica cultura do povo Igbo, desmistificando-a por completo e, assim, colocando por terra as presunçosas opiniões dos olhos ocidentais a seu respeito. O próprio Lorde Lugard[24], ao fazer a introdução de sua obra, ressalta os diversos preconceitos que os ingleses nutriam acerca desta numerosa nação africana. Para os

---

[22] McCASKIE, T. C. R. S. Rattray and Construction of Ashanti History: An Appraisal. History of Africa, v. 10, 1983. p. 187. [Nossa tradução.]

[23] McCASKIE, T. C. R. S. Op. cit., p. 187. [Nossa tradução.]

[24] MEEK C. K.; ARNETT, E. J. Law and Authority in a Nigerian Tribe. *Journal of Royal African Society*. Volume 37, n. 146 (Jan. 1938), p. 115-118.

europeus em geral, estes não passavam de uma gente "truculenta" e "selvagem", dotada de uma "difícil língua caracterizada pela existência de muitos dialetos" e, sob a ótica da política, caracterizada pela "ausência de chefes que possuíam real autoridade" (o que deveria estar trazendo sérios transtornos para a gestão colonial). No terreno das crenças, a opinião do homem do Velho Mundo não se mostrava de modo algum diferente: dizia o nobre que seus compatriotas ficaram pasmados diante de um povo imerso numa "variedade de religiões estranhas" e da generalizada "crença em bruxas", da influência de diversas "sociedades secretas" e de "oráculos sagrados".

Contudo, as dificuldades para a compreensão dos Igbo não pararam aí. Os colonizadores estranharam o preponderante papel desempenhado pelas mulheres no seio daquela sociedade. Como bem preveniu Ester Boserup, as certezas advindas dos valores cultivados numa sociedade vitoriana, anglicana e ortodoxa, como era a inglesa naqueles dias, se chocaram frontalmente com as reivindicações apresentadas pelas africanas aos governantes locais. Em vez de darem vazão às vozes que se erguiam em meio a uma inumerável multidão, simplesmente preferiram as autoridades considerar o comportamento destas mulheres como "aberrante"[25]. Obedecendo aos liames de sua cultura milenar, elas reclamavam, sobretudo, de maior participação política naquele cenário, onde o modelo administrativo lhes era ditado e imposto pela força do estrangeiro. Se esta era uma realidade inexorável, a obedecer à voluptuosidade da marcha dos tempos, sempre sujeita a interesses hegemônicos, cumpre notar que as pesquisas elaboradas por C. K. Meek, pelo menos, serviram para que o universo da alteridade fosse revelado ao mais forte, abrindo-se caminho para que as tensões fossem gradualmente arrefecidas entre os dois grupos.

A história da Antropologia Jurídica britânica não estaria completa sem que citássemos o nome de E. E. Evans-Pritchard (1902-1973). Entre os anos de 1946 e 1970 ele fez carreira na Universidade de Oxford. Como bem o admite em um de seus principais trabalhos, suas maiores influências advieram das lições extraídas junto a seus grandes mentores, quais sejam Charles.

---

[25] BORSERUP, Ester. The Economics of Polygamy. In: GRINKER, Roy Richard; LUBKEMAN, Stephen C. and STEINER, Christopher B. *Perspectives on Africa*: a reader in culture, history, and representation. 2. ed. Singapore: Blackwell Publishing, 2010. p. 407. Veja também sobre o assunto a obra de UGBABE, Ahebi. *The female king of colonial Nigeria*. Bloomington, Indiana: Indiana University Press, 2011.

G. Seligman e A. R. Radcliff-Brown[26]. Seus estudos concentraram-se sobre o cotidiano dos povos que viviam às margens do rio Nilo, tais como os Azande e, com muito destaque, os Nuer, os quais se encontravam baseados no que seriam os atuais territórios do Sudão do Sul[27] e da Etiópia, na junção entre o Sobat e o Bahr El Ghazal. A estes, Evans-Pritchard dedicou três obras específicas: *Os Nuer do sul do Sudão* (1940) e *Os Nuer*: uma descrição dos modos de vida e das instituições políticas de um povo do Nilo (1940) e *Parentesco e comunidade local entre os Nuer*: teorias de uma religião primitiva (1965). O estilo de vida bastante simples dos Nuer, consagrado à criação de gado e cultivo do milho, sem aparentes instituições políticas ou regras, inseriu as obras do antropólogo no centro das discussões acadêmicas na Inglaterra e por toda a Europa por anos a fio. Suas observações empíricas levaram-no a concluir que os Nuer não possuíam, propriamente, o que entendemos por "governo" e que a palavra que utilizavam para "chefe" não encontrava paralelo semântico na cultura ocidental, porquanto este personagem, apesar de existir, não passava de alguém, *in casu*, um homem sagrado (dentre os quais Evans-Pritchard[28] identificou apenas dois tipos, ou seja, os "chefes que trajavam peles de leopardo" ou "profetas") destituído, todavia, de qualquer autoridade política. A este estado de coisas chamou de "anarquia ordenada". Outra curiosidade diz respeito ao fato de que o antropólogo inglês não viu sinais muito claros que atestassem qualquer forma de estratificação social no âmbito das tribos, mas tão somente percebeu uma ligeira diferenciação de *status quo* entre os membros de algum clã dominante. Provavelmente, há quem tenha pensado que Evans-Pritchard tenha defendido a tese de que

---

[26] EVANS-PRITCHARD, E.E. *The Nuer*: a description of the modes of Livelihood and political institutions of a nilotic people. Oxford: Clarendon Press, 1940. p. VIII. Charles Gabriel Seligman foi um formidável antropólogo britânico, professor de Evans-Pritchard e Malinowski. Seus estudos se sobressaíram particularmente no terreno da Etnografia. Ao viver entre os Shilluk, Seligman antecedeu Evans-Pritchard na pesquisa de campo entre os povos que habitam às margens do Nilo, no território do Sudão. Evidentemente que as lições e experiências absorvidas por Seligman serviram não somente de inspiração, mas também de instrução segura a seus muitos discípulos. Duas de suas obras tratam das populações desta região e, sob este aspecto, aproximam-no de Evans-Pritchard: *Alguns aspectos do problema hamítico no Sudão anglo-egípcio* (1913) e *As tribos pagãs do Sudão nilótico* (1932).

[27] No ano de 2011 o Sudão do Sul tornou-se um Estado independente.

[28] EVANS-PRITCHARD, E.E. Op. cit., p. 5-6.

entre os Nuer não exista qualquer sombra do fenômeno jurídico, em função de uma suposta e eventual 'ausência de leis'. De fato, aparentemente, o autor advoga certa ideia de que esta população do Nilo (constituída por cerca de 200 mil almas segundo seu cálculo à época)[29] estava sujeita a um completo estado de *anomia*. Entretanto, esta não corresponde a uma interpretação adequada. O próprio Evans-Pritchard, quiçá imaginando que sua afirmação seria mal compreendida, se apressa em dizer que a inexistência de direito ou regras (*lack law*) refere-se à falta de "julgamentos conduzidos por uma autoridade independente e imparcial, que também possui o poder de fazer valer suas decisões"[30].

Não restam dúvidas de que o papel dos britânicos foi fundamental para o desenvolvimento da Antropologia Jurídica, possibilitando que a disciplina em questão alcançasse a devida autonomia nas academias. No exato contexto em questão, não seria exagerado ressaltar que a partir de Henry Sumner Maine pavimenta-se o caminho para o surgimento de novos estudos que tinham por escopo investigar as raízes mais profundas do fenômeno jurídico e o papel exercido pelas regras de conduta no seio de determinada civilização. Por estarem presentes em praticamente todos os continentes, habilitaram-se os súditos da Coroa Britânica a compor esplêndidos trabalhos científicos. Se for verdade a premissa de que estas primeiras informações coletadas estavam comprometidas (e, portanto, maculadas) com o modelo colonizador ditado pelos projetos da metrópole, igualmente não é menos fatual que a recolha de informações tão ricamente variadas e detalhadas sobre culturas distantes e deveras estranhas aos olhos europeus trazia consigo uma nova perspectiva sobre o outro e possibilitava, a partir

---

[29] Evans-Pritchard iniciou seus trabalhos às margens do Nilo no ano de 1930. Portanto, torna-se evidente que estes números precisariam ser atualizados por quem se dedica ao estudo deste povo em particular.

[30] EVANS-PRITCHARD, E.E. Op. cit., p. 5-6 [Nossa tradução]. A presença do elemento jurídico, como típico fenômeno social, é uma constante na trajetória de qualquer sociedade. Nesse sentido não se pode de modo algum negar a existência do Direito e o cotidiano dos Nuer não se constitui numa exceção. Sobre as obras de Evans-Pritchard, veja-se a seguir o comentário de Adamson Hoebel e Everett Frost: "De acordo com a análise de Evans-Pritchard, a hostilidade e a ameaça de hostilidade eram mecanismos legais por meio dos quais se mantinha o cumprimento das normas. A violação de uma norma poderia dar origem a hostilidades entre duas linhagens". HOEBEL, Adamson; FROST, Everett. *Antropologia cultural e social*. Trad. Euclides Carneiro da Silva. São Paulo: Cultrix, 2006. p. 315.

HISTÓRIA DA ANTROPOLOGIA JURÍDICA: OS AUTORES CLÁSSICOS

de então, a construção de novas teorias sobre o próprio Direito, uma nova maneira de concebê-lo, interpretá-lo ou avaliá-lo como fenômeno social.

2.3. A Escola Francesa: pluralismo jurídico como linha mestra

Quanto ao papel desempenhado por esta escola ao desenvolvimento de nossa disciplina, as opiniões divergem em muitos aspectos. Para o italiano Rodolfo Sacco, a "pátria da antropologia jurídica por excelência é a França", pois "com os franceses, o equilíbrio entre o dado experimental, a verificação dos dados com meios interdisciplinares e a elaboração teórica alcançam o nível mais alto"[31]. Já de acordo com a posição de outros juristas de destaque no cenário acadêmico europeu, como o próprio Norbert Rouland, "embora a França conte com grandes antropólogos, sobretudo africanistas (M. Griaule foi um dos mais conhecidos) e possa se orgulhar da obra de Claude Lévi-Strauss, ela sobressaiu muito tempo por seu silêncio em matéria de antropologia jurídica. Durkheim recorre com bastante frequência aos 'direitos primitivos', mas temos de esperar meados do século para que alguns historiadores do direito (H. Levy-Bruhl, M. Alliot, R. Verdier, E. Le Roy, J. Poirier faz figura de *outsider*) fundem realmente a disciplina"[32]. Robert Weaver Shirley, por sua vez, comungando da opinião de Rouland quanto à mesma questão, apresenta suas razões ao comparar o modelo de dominação britânica e o francês, justapondo-os segundo suas diferentes nuances, o que pode ter influenciado os caminhos que a pesquisa gradualmente tomou nos dois países "Em contraste [ao imperialismo britânico], o imperialismo francês afigurava-se bem diferente. Os colonos eram considerados franceses, diretamente subordinados ao direito francês – o Código Napoleão. Isto pode explicar em parte porque a antropologia jurídica era pouco desenvolvida na França até recentemente"[33]. De qualquer modo, os próprios franceses admitem que estas investidas são recentes. Contudo, deixemos as divergências à parte ao menos por enquanto, para que as obras em destaque

---

[31] SACCO, Rodolfo. *Antropologia jurídica*: uma contribuição para a macro-história do direito. Trad. Carlo Alberto Datoli. São Paulo: Martins Fontes, 2013. p. 33.

[32] ROULAND, Norbert. *Nos confins do direito*: antropologia jurídica da Modernidade. Trad. Maria Ermantina de Almeida Prado Galvão. São Paulo: Martins Fontes, 2003. p. 74.

[33] SHIRLEY, Robert Weaver. Op. cit., p. 16.

nos parágrafos que logo se seguem, cuidem de falar por si próprias. No final deste tópico, emitiremos nosso despretensioso juízo a respeito.

Apesar de Fustel de Coulanges (1830-1889) ser sempre lembrado como um dos mais notáveis historiadores do direito de que já se teve notícia, somos favoráveis, por uma razão bem simples, a decidirmos por sua inclusão também entre os grandes nomes da Antropologia Jurídica, afinal, os estudos apresentados no clássico *A cidade antiga* (1864) fornecem a mais completa e preciosa contribuição ao conhecimento da civilização greco-romana ainda em seus primórdios (que se constitui na via mais trabalhosa).

Um dos métodos empregados pelo famoso professor da Universidade de Sorbonne é o comparativo, ferramenta esta que se mostra bem peculiar ao universo da Antropologia. Coulanges não se debruça na apreciação sistemática de direitos já positivados, de regras já escritas, antes, procura investigar as condições socioculturais responsáveis pelo delineamento das instituições jurídicas num período deveras nebuloso da história de Roma e da Grécia, o que faz com maestria ímpar. O ponto de partida de Coulanges é o sistema religioso da Antiguidade Clássica, especialmente, o culto aos mortos[34] e a consequente projeção deste no universo do jurídico: "Desde os tempos mais remotos, essas crenças deram lugar a normas de conduta. Uma vez que o morto necessitava de alimento e bebida, pensou-se ser dever dos vivos satisfazer-lhe essa necessidade. O cuidado de levar aos mortos os alimentos não foi deixado ao sabor do capricho ou dos sentimentos mutáveis dos homens; foi obrigatório. Desse modo se estabeleceu uma verdadeira religião da morte, cujos dogmas cedo desapareceram, perdurando, no entanto, os seus ritos até o triunfo do cristianismo"[35]. Nesse ínterim, outra observação do autor se faz relevante segundo uma perspectiva antropológico-jurídica: a justaposição dos aspectos religiosos de culturas distintas como a romana, helênica e indiana revelou a Coulanges, por vezes, uma curiosíssima similaridade: "O culto na Índia era o mesmo que na Grécia e na Itália"[36].

A religião, como bem ressaltou Coulanges, era o eixo-motriz, o fator condicionante a influenciar a composição dos mais diversos institutos jurídicos, como se vê, por exemplo, no caso da propriedade: "A ideia da pro-

---

[34] Segundo o autor, o culto aos mortos tinha lugar entre os helenos, latinos, sabinos, etruscos e árias da Índia. Veja FUSTEL DE COULANGES. *A cidade* antiga. Trad. Jean Maelville. São Paulo: Martin Claret, 2006. p. 23.

[35] FUSTEL DE COULANGES. Op. cit., p. 21.

[36] FUSTEL DE COULANGES. Op. cit., p. 21.

priedade estava implícita na própria religião. Cada família tinha o seu lar e os seus antepassados. Esses deuses podiam ser adorados pela família e só ela protegiam; eram sua propriedade"[37]. E logo adiante confirma: "Por isso, a família que fica por dever e por religião agrupada em volta de seu altar fixa-se ao solo tanto como o próprio altar. Daí a ideia de domicílio surge espontaneamente. A família está vinculada ao lar, e este, fortemente ligado à terra; estabeleceu-se, portanto, uma estreita relação entre o solo e a família. Aí deve se fixar a sua residência permanente, a que ele jamais abandonará, a não ser quando a isso for obrigado por alguma força superior. Assim como o lar, a família ocupará sempre esse lugar. O lugar lhe pertence: é sua propriedade, e não de uma só homem, mas de uma família, cujos diferentes membros devem, um após os outros, nascer e morrer ali"[38].

Destarte, prestou-nos Coulanges grande favor ao abrir as portas para um conhecimento mais profundo dos Direitos helênicos e, principalmente, do próprio Direito Romano numa fase ainda nebulosa e pouco explorada. Sua obra, nesse sentido, dificilmente será superada. Decorridos quase cento e cinquenta anos da publicação de *A cidade antiga*, seus estudos continuam atuais e de imprescindível leitura para todos aqueles que se dedicam a diferentes campos das Ciências Sociais, tais como a História, o Direito e, por que não, também a Antropologia.

Marcel Mauss (1872-1950), a seu turno, foi considerado por muitos como o verdadeiro precursor da Antropologia na França. Foi sobrinho e, para muitos, o discípulo maior de Émile Durkheim. Seus estudos buscaram averiguar as diversas nuances em que se apresenta o sistema de trocas nas sociedades primitivas, ao que, para isso, retoma os apontamentos e muitas das conclusões extraídas das celebrizadas experiências vividas pelo próprio Bronislaw Malinowski nas Ilhas Trobriand. Não se olvide, igualmente, que o Prof. Mauss era, ao mesmo tempo, profundamente versado em todos os assuntos relacionados à história das religiões e à etnologia, o que lhe conferia uma impressionante capacidade de interpretação intelectual dos fatos sociais. Sua principal obra – *Sociologia e antropologia* (1960) – condensa as diversas facetas de uma prodigiosa maneira de pensar, onde se pode conhecer sua teoria sobre a "dádiva" – o elemento-chave na leitura conceitual de

---

[37] FUSTEL DE COULANGES. Op. cit., p. 66.
[38] FUSTEL DE COULANGES. Op. cit., p. 67.

determinado grupo social ágrafo, que se caracteriza pela consciência coletiva da necessidade da retribuição ou compensação.

Seguindo na esteira do pensamento de outros destacados antropólogos, Mauss explica que julgou ser de utilidade o estudo das sociedades primitivas, pois estas são imprescindíveis à pesquisa da evolução social humana em dado estágio temporal e específico. Assim, elementos como a economia e o jurídico precisam ser analisados primeiramente no contexto dessas mesmas sociedades arcaicas, no qual podem ser encontradas instituições sociais similares às nossas, ainda que numa condição embrionária[39]. Ademais, para Mauss, a "Sociologia é exclusivamente antropológica". Sua predileção, portanto, consiste no trato das formas organizacionais humanas, o que o faz divergir de seus colegas Ribaud e Pierón, que têm por objeto estudar o que chamam de "sociedades dos animais", ou seja, "toda a escala animal". Nessa linha de pensamento, argumenta que aquilo que distingue o homem social dos animais é sua capacidade de se comunicar e expor suas ideias num sentido lógico e racional através da linguagem e de construir diversas formas e modelos de associações segundo as conveniências grupais. O homem, igualmente, tem se mostrado vocacionado a se projetar por meio das artes e naturalmente inclinado ao sagrado. Destarte, não existem provas plausíveis que garantam que estas características inerentes às sociedades humanas se repitam do mesmo modo no reino animal[40]. Vale ressaltar que o conhecimento de diversas sociedades antigas despertou o interesse direto de Mauss, o qual ofereceu importantes ensaios sobre a constituição cultural do homem europeu. Neste ínterim, ele declarou que, ao ler o *Havamál*, famoso poema escandinavo medieval, logo veio a concluir que "na civilização escandinava e em muitas outras, as trocas e os contratos se fazem sob a forma de presentes, em teoria voluntários, na verdade obrigatoriamente dados e retribuídos"[41]. Estas formas de transação originadas da "dádiva", chamadas por Mauss de "fenômeno social total", permitem o en-

---

[39] MAUSS, Marcel. *Sociologia e antropologia*. Trad. Paulo Neves. São Paulo: Cosac & Naify, 2003. p. 265.

[40] MAUSS, Marcel. Op. cit., p. 320.

[41] MAUSS, Marcel. Op. cit., p. 187. Sobre o antigo direito consuetudinário escandinavo, veja PALMA, Rodrigo Freitas. O Direito entre os povos na chamada Era *Viking* (séculos VIII a XI). *Consilium – Revista do Curso de Direito do Centro Universitário Euro-Americano*, n. 2, 2004, p. 1-13.

HISTÓRIA DA ANTROPOLOGIA JURÍDICA: OS AUTORES CLÁSSICOS

tendimento sobre o processo de constituição de instituições religiosas, jurídicas e morais modernas[42]. Aquela forma de prestação total a qual o estudioso francês mais se dedicou foi chamada de *potlatch*, por ele traduzido como "nutrir" – um típico sistema de retribuição adotado pelos índios canadenses que viviam do "Vancouver ao Alasca"[43]. Por último, mas não menos importante, convém notar, todavia, que os estudos de Mauss não se restringiram a elaborar uma teoria circunscrita unicamente aos aspectos gerais que traduzem a essência do direito obrigacional nas sociedades primitivas. Ele, igualmente, continuou a se dedicar ardorosamente à busca dos vestígios do funcionamento do sistema de trocas particularmente existentes entre povos indo-europeus, dentre os quais destacou os antigos Direitos Romano, Hindu, Celta e Germânico[44].

A partir da década de 1960 a Antropologia Jurídica na França conhece um novo momento, que poderia ser considerado seu 'divisor de águas'. Para isso contribuíram as iniciativas de M. Alliot, ao fundar o *Laboratório de Antropologia Jurídica de Paris*, em 1965, e de dois outros juristas, F. Le Roy e R. Verdier, que criaram o *Centro de Direito e Cultura*, em Paris X. As pesquisas produzidas foram responsáveis pela publicação de um periódico científico de mesmo título no ano de 1981, que alcançou na atualidade grande destaque internacional[45].

Nos últimos anos despontou o nome de Alain Supiot (1949) para a grande fortuna da Antropologia Jurídica francesa. Apesar de sua carreira ter sido em grande parte construída em função de suas pesquisas no campo do Direito do Trabalho e da Seguridade Social, este professor da Universidade de Nantes escreveu uma formidável obra sobre a matéria de que nos ocupamos por hora: trata-se de *Homo juridicus: ensaio sobre a função antropologica do Direito* (2007), que, não obstante a proposta vigente em seu título e graças a sua densidade teórica, se constitui em leitura obrigatória para todos aqueles que se dedicam também à Filosofia do Direito e à Teoria Geral do Estado. O livro em questão trata, entre outras coisas, da tendência inerente ao gêne-

---

[42] MAUSS, Marcel. Op. cit., p. 187.

[43] MAUSS, Marcel. Op. cit., p. 191.

[44] MAUSS, Marcel. Op. cit., p. 265-292.

[45] Sobre o desenvolvimento da Antropologia Jurídica na França, imprescindível se faz a leitura da obra de ROULAND, Norbert. *L'Anthropologie juridique*. Paris: Presses Universitaires de France, 1990 (Colletion "Ques Sais-Je?"). p. 12.

ro humano de se sujeitar ao "império da lei", de seu apego aos "contratos", como se estes possuíssem, critica o autor, uma espécie de "missão civilizadora"[46]. Também estabelece uma clara contestação aos autores que resumem o significado do Direito "ao puro instrumento a serviço da força", pois esta teoria "foi a marca distintiva de todos os totalitarismos"[47]. Como bem define Supiot, o Direito, nessa mesma perspectiva, não se desvencilha assim tão facilmente de seu ideário de fundo axiológico. Cabe aos juristas, pois, se preocupar um pouco menos com as formas da técnica jurídica e mais com os "os desafios morais, culturais, econômicos e sociais que dão sentido" a ela. Para ele o "erro profundo – e o irrealismo fundamental – dos juristas que acham realista expulsar considerações de justiça da análise do Direito é esquecer que o homem é um ser bidimensional, cuja vida social se desenvolve a um só tempo no terreno do ser e no dever-ser"[48]. O Direito, conforme expõe Supiot, serviu de instrumento de dominação colonial, um produto e ferramenta utilizada pelo "fundamentalismo ocidental" em que "pretendendo uniformizar o mundo, arruína-se toda a possibilidade de unificá-lo"[49].

O crescimento da Antropologia do Direito na atualidade se deve, em muitos aspectos, aos esforços empreendidos naquele país por Norbert Rou-

---

[46] "Na esteira das Luzes, instalou-se assim a ideia de que esse processo de emancipação mediante o contrato tinha um alcance universal e um dia se estenderia a todos os povos ainda na infância. Assim que foram descolonizados, esses povos foram convidados a juntar-se às instituições internacionais que garantem a liberdade de contratar acima das fronteiras. Ter acesso à cultura do contrato tornou-se a condição de acesso à modernidade e à união das nações. Foi o que aconteceu no Japão da era Meiji, que, para escapar do jugo dos 'tratados desiguais', teve que se dotar de um direito dos contratos cuja filosofia era-lhe por natureza essencialmente estranha. É o que acontece hoje com certos antigos países comunistas, cujos dissabores na economia de mercado explicam-se largamente pelo fato de o contrato não estar arraigado em sua cultura. Essa crença na missão civilizadora do contrato é um dos mais potentes motores do direito contemporâneo. Mas é também feitura estritamente ocidental, como o mostra o direito comparado, se aceitarmos não reduzir o estudo da *common law* e voltar-se – aqui também – para o Oriente, que sempre teve a virtude de desorientar o Ocidente e abalar suas ideias acatadas." SUPIOT, Alain. *Homo juridicus*: ensaio sobre a função antropológica do direito. Trad. Maria Ermantina de Almeida Prado Galvão. São Paulo: Martins Fontes, 2007. p. 99.

[47] SUPIOT, Alain. Op. cit., p. XXII e XIII.

[48] SUPIOT, Alain. Op. cit., p. XIV.

[49] SUPIOT, Alain. Op. cit., p. XXIX.

HISTÓRIA DA ANTROPOLOGIA JURÍDICA: OS AUTORES CLÁSSICOS

land (1948), professor na Universidade Aix-Marseille III. Sua vasta bibliografia demonstra o perfil assumido pela cátedra alhures, que vai além da dimensão teórica caracterizada pela imprescindível revisão dos clássicos, mas direcionada ao pluralismo jurídico, ao estudo das minorias e das populações autóctones na era pós-colonial. Seus principais estudos refletem uma formação sólida, que conjuga conhecimentos de História do Direito, da Filosofia do Direito, Ciência Política e do Direito Romano. Dentre as publicações de sua lavra, duas merecem maior destaque: *Antropologia jurídica* (1988) e *Nos confins do direito*: antropologia jurídica da modernidade (1991). A primeira é um manual para aqueles que ingressam no estudo da disciplina, um ponto de partida para os iniciantes. A segunda é mais densa e profunda, tendo se tornado um clássico traduzido para diversos idiomas. Por meio deste livro, Rouland destaca que a superação das ideias positivistas enunciadas pela Escola de Viena gerou incondicional ganho para a Antropologia Jurídica. Por isso mesmo, o autor trata desta questão, não por acaso, como a "tumba de Hans Kelsen". Para Rouland, teses como aquelas expostas na *Teoria pura do direito* devem ser radicalmente confrontadas no âmbito acadêmico, pois representam uma perspectiva que se afigura como "radicalmente diferente daquilo que a antropologia jurídica pode ensinar. Ela está mesmo no lado oposto, já que recusa qualquer abordagem intercultural, permanece alheia a qualquer ideia de pluralismo e milita em favor de uma identificação entre o Direito e o Estado. No entanto, apesar de seu sucesso, essas ideias não me parecem ter resistido às provas do tempo nem às dos fatos"[50]. Por essas mesmas razões, alude o autor, o estudo do direito das sociedades ágrafas (como pesquisa científica) não deve ser jamais negligenciado. Há a necessidade imperiosa, na visão do professor francês, de se falar de "uma aurora do direito" considerando que "está amplamente demonstrado que as sociedades tradicionais podem, sem ser nem um pouco atrapalhadas pela oralidade, construir sistemas jurídicos tão perfeitos quanto os das civilizações da escrita". Outro ponto importante a se destacar nas observações do mestre francês é que a religião não se constitui em empecilho para o estudo do Direito, nem tampouco, o diminui em sua essência. Para tanto, vale notar que o "direito ocidental, também ele, apoiou-se muito tempo na lei divina. O antigo direito romano é essencialmente religioso, e os primeiros juristas são sacerdotes. Depois o direito romano clássico se

---

[50] ROULAND, Norbert. Op. cit., p. 403-404.

separa da religião, antes de voltar a ele sob o império cristão"[51]. Por fim, mas não menos importante, convém destacar que Rouland traça um retrato do direito nas sociedades contemporâneas, complexas como a nossa, ilustrando as interações entre o Estado e os indivíduos que gravitam em seu meio. Nesse contexto destacam-se outros temas como "violência e Direito"[52] e "direitos humanos" em perspectiva "transcultural"[53].

Realmente, o despertar para a Antropologia do Direito na França, como vimos, é tardio, especialmente quando comparado ao mesmo interesse suscitado entre outros países europeus, como ocorreu na Grã-Bretanha, Holanda ou na própria Alemanha[54]. Nesse sentido, os próprios especialistas franceses admitem isso, não obstante a precocidade, a originalidade e o brilhantismo de obras como aquela de Fustel de Coulanges. Entretanto, convém notar que o *background teórico* para a construção das principais teorias no campo da matéria em destaque são devidas a nomes como o de Émile Durkheim, Marcel Mauss ou Lévi-Strauss (entre outros tantos que poderiam ser igualmente listados). As concepções das formas de organização social apresentadas por antropólogos ingleses como Radcliffe-Brown refletem, com muita ênfase, esse aspecto. Entretanto, dentre as nações acima mencionadas, foram justamente os antropólogos franceses os primeiros a demonstrar ao mundo o reconhecimento às teorias calcadas no pluralismo jurídico (o que só foi possível graças ao desprendimento de seus professores aos vínculos que os uniam às teses reinantes do Positivismo jurídico tradicional da Paris do século XIX[55]). E, sob este prisma em específico, graças à tendência assumida por sua escola, dificilmente a França será superada.

---

[51] ROULAND, Norbert. Op. cit., p. 62.

[52] ROULAND, Norbert. Op. cit., p. 95-153.

[53] Veja a esse respeito ROULAND, Norbert. Op. cit., p. 289.

[54] Ocorre, como bem previne Rouland, que, apesar de terem vindo a lume alguns estudos de natureza antropológica (ainda na metade do século XIX) entre autores como P. Huvelin e E. Levy, estes não foram a campo fazer suas pesquisas, tendo ficado restritos apenas a seus "gabinetes". Os primeiros trabalhos de Antropologia Jurídica surgem na França a partir do interesse dos historiadores do Direito. ROULAND, Norbert. Op. cit., p. 11-12.

[55] De acordo com Rouland, "essa construção foi aclimatada na França por Carré de Malberg. Inspirou as diretrizes dadas por M. Debré aos redatores da Constituição de 1958 e deixou uma marca profunda nos juristas". ROULAND, Norbert. Op. cit., p. 403.

2.4. A ESCOLA GERMÂNICA: O APEGO ÀS TEORIAS EVOLUCIONISTAS E A PREO-CUPAÇÃO COM A DEFINIÇÃO DO MÉTODO

Sem embargo às controvérsias resultantes ao pioneirismo (no que diz respeito aos estudos desenvolvidos no campo da Antropologia Jurídica[56]), sabe-se que, sob este aspecto em específico, a Escola Germânica[57] acabou não sendo considerada vanguardista pela doutrina tradicional. Sob este aspecto os britânicos reinam sozinhos, pois Sumner Maine é, até hoje, considerado o "Pai da Antropologia Jurídica". Do mesmo modo, tampouco mostrou-se tão profícua como aquelas correntes de pensamento surgidas na França e nos Países Baixos. Contudo, durante o período marcado pela expansão colonial europeia pelos territórios da África e da Ásia, diversos autores de língua alemã interessaram-se grandemente pelo estudo do direito nas sociedades ágrafas, e, da mesma maneira que seus consortes de outras nações, estes iniciaram bastante cedo suas investigações nesse campo. Tanto é verdade que entre os autores dos países "continentais" (ou seja, não incluídos aqui neste bojo os britânicos) os de origem germânica, conforme acentua Rodolfo Sacco, foram desde pronto "os primeiros a se destacar"[58]. Os mais proeminentes antropólogos a merecerem destaque foram Bachofen, Post, Thurnwald e Köhler.

Curiosamente, e remontando ao mesmo ano de lançamento da obra clássica de Sumner Maine – *O direito antigo* – eis que outra publicação de Antropologia Jurídica chamou a atenção da comunidade acadêmica. Trata-se de um estudo intitulado *Das Muterrecht* ou *O direito matriarcal* (1861), de Johann Jakob Bachofen (1815-1887). Com a dita pesquisa, o mestre suíço-alemão buscou demonstrar, documentalmente, que a superioridade masculina não foi ocorrente em todas as sociedades. Sabe-se que a impor-

---

[56] Sem asseverar se os britânicos ou os germanos podem ser considerados os "precursores" das primeiras lições de Antropologia Jurídica, Rouland prefere definir o ano de 1861 como o momento para essa gênese, ressaltando que não somente a obra inaugural de Sumner Maine – *O direito antigo* – foi publicada na aludida época, mas também aquela de Johann Jakob Bachofen, qual seja *O direito matriarcal*. Sobre o assunto em questão, confira ROULAND, Norbert. Op. cit., p. 10.

[57] A Escola Germânica de Antropologia Legal aqui considerada como tal não é constituída necessariamente por autores de cidadania alemã, mas também, por outros pensadores naturais da Áustria ou Suíça. Alguns autores, impropriamente, cremos, a tem como "Escola Alemã".

[58] SACCO, Rodolfo. Op. cit., p. 32.

tância do lastro deixado por suas ideias e posições não pode ser historicamente desconsiderada. Com Bachofen cunhou-se a palavra *hetairismo*, para se referir a uma suposta indicativa que assinala a promiscuidade do gênero humano em tempos ainda primevos. De acordo com o professor helvético, esta fase é sucedida por uma nova era, a qual teria sido logo marcada pela superação deste estágio embrionário comportamental, onde despontam formas incipientes de organização sociais caracterizadas pela prevalência do matriarcado; pelo redimensionamento dos costumes e também das normas; bem como, pela evidência e explicações inerentes às origens dos cultos idolátricos prestados às divindades femininas. Aliás, o ingresso no terreno da *Antropologia da Religião* seria, a partir de Bachofen uma constante no itinerário dos escritos dos autores germânicos. O austríaco Richard Thurnwald (1869-1954), por exemplo, seria um dos mais dedicados ao trato das origens das crenças nos mais diversos grupos humanos, segundo seu modelo de organização social. Mircea Eliade[59], nesse sentido, sintetizou como ninguém as conclusões extraídas dos estudos do referido pensador vienense, fazendo-as dignas de nota em sua obra. Assim, para ele, entre os povos coletores havia a tendência de acreditar na sacralidade dos animais, enquanto que o totemismo era próprio de culturas ligadas à caça. Em continuidade, a agricultura estava atrelada à personificação de divindades através do "animismo", por exemplo. A crença em "deuses altos" era algo bastante específico que estaria, pois, relacionado ao *modus vivendi* de povos dedicados exclusivamente ao pastoreio.

Albert Hermann Post (1839-1895), o segundo nome a figurar nesta listagem, seguiu a carreira da magistratura, tendo sido um famoso juiz na cidade de Bremen. O jurista em questão tornou-se um nome de destaque no cenário da então nascente 'Antropologia do Direito' graças à constante preocupação em definir um método adequado para a pesquisa no campo das ciências sociais. Esta temática é recorrente em praticamente todas as suas obras. Eis as principais: *Introdução a uma ciência da lei* (1872) – [*Einleitung in eine naturewissenschaft des rechts*]; *A origem da lei* (1876) – [*Der ursprung des rechts*]; e *Os alicerces da lei* (1884) – [*Die grundlagen des rechts*]. Para o mestre alemão, todos os povos do planeta possuem origens comuns

---

[59] ELIADE, Mircea. *The quest history and meaning in religion.* Chicago/London: The University of Chicago Press, 1969. p. 26. Entretanto, sabe-se que as teses de Thurnwald sobre tais questões de caráter religioso podem ser hoje facilmente refutadas.

História da Antropologia Jurídica: os autores clássicos

e estes pontos de similaridade e contato podem ser percebidos através das diversas concepções jurídicas similares entre eles. Seguindo as trilhas dos sociólogos clássicos, e também, dos primeiros romanistas[60], Post, do mesmo modo, atesta que não existe sociedade capaz de existir na ausência de, pelo menos, os rudimentos mais elementares da lei e do direito[61].

Desde logo, ocuparam-se também os autores alemães em estabelecer o *método*[62] julgado por eles como sendo o mais adequado para o estudo das sociedades ágrafas. Post foi um do mais entusiasmados nesse sentido. O antropólogo chegou a compor um disputado questionário destinado a ser aplicado entre as populações autóctones no intuito de melhor conhecê-las. O elenco das perguntas serviu de referência e uso para diversos colonizadores de distintas nacionalidades durante décadas a fio. Obviamente que se trata de uma forma de estudo considerada hoje completamente ultrapassada e precária, pois prescinde tão necessária pesquisa de campo da observação, da presença *in loco* do cientista social. Apesar de ter sido uma técnica sepultada por antropólogos, como Bronislaw Malinowski na década de 1920, o célebre questionário apresentado por Post, não obstante ser parte de um *modus operandi* ingênuo, como bem observa Lyall, "suas respostas proporcionaram em muitos dos casos a única evidência escrita do período nas sociedades estudadas"[63], ou seja, aquelas oriundas de Camarões, Mali, o sul da África Ocidental, Madagascar, Ilhas Salomão e Marshall.

O terceiro grande nome a figurar nesta lista é o de Josef Köhler (1849-1919). E, muito provavelmente, tornou-se este o jurista mais festejado entre seus pares graças, talvez, a sua grande "versatilidade"[64] ou presença mar-

---

[60] No século XIII, o brocardo latino "*ubi societas ibi jus*" consagrado no *Corpus Iuris Civilis* de Justiniano já era bem conhecido nos estudiosos da Escola de Bolonha.

[61] POST, Albert Hermann. *The foundation of law*. Boston: Adamant Media Corporation, 2003, p. I, 11.

[62] A prática do uso de questionários para o conhecimento das sociedades ágrafas desde logo se popularizou graças, em grande parte, à influência dos autores da Escola Germânica, especialmente Albert Post. Entretanto, no que concerne ao "método", pode-se dizer que outros nomes ainda poderiam figurar na listagem, tais como os de Trimborn, M. Schmidt e Graebner.

[63] LYALL, Andrew. *Early german legal anthropology*: Albert Post and his questionnaire. Journal of Africa Law, 52, 1 (2008), p. 114.

[64] BORCHART, Edwin. *Jurisprudence in Germany*. Yale: Yale School Legal Scholarship

cante entre os filósofos do Direito, especialistas em direito comercial ou privatistas em geral. Por isso mesmo, não se pode dizer que Köhler foi um adepto da Antropologia Legal na verdadeira acepção do termo, ainda que seus trabalhos tenham sido igualmente importantes neste campo. Sua visão sobre o universo jurídico era um tanto que idealística, romântica, fundada no evolucionismo, pois cultivava no império da lei a firme crença de que a humanidade poderia atingir os anseios mais caros utilizando-se deste mecanismo para a *preservação* de seus valores e alcance da *estabilidade* social[65]. Como bem nota Mautner[66], a lei, sob este aspecto, existiria apenas para "facilitar a realização desta vocação humana".

Após longas décadas prestando relevante contribuição ao campo da Antropologia Jurídica, conheceu a Escola Germânica sua decadência. Neste caso, diversos fatores de ordem política contribuíram para isso. O mais importante deles, a meu ver, coincide com a perda da hegemonia regional alemã no continente europeu, não por acaso, logo a partir de sua derrota na Primeira Guerra Mundial (1914-1918), que teve como consequência marcante, o fim de seu domínio sobre os territórios africanos (e, consequentemente, o natural abandono ao interesse pelo estudo de questões afetas ao campo da Antropologia Jurídica). Como diria o mestre Rouland sobre o assunto a "escola de antropologia jurídica alemã desaba" quando "o Tratado de Versalhes priva a Alemanha de suas poucas colônias, onde poderia ter continuado o trabalho *in loco*, sua escola de antropologia jurídica esvanece, em parte por causa do nazismo, pouco inclinado ao estudo de 'sub--homens'"[67].

2.5. A Escola Holandesa: arrojo acadêmico e independência científica na interpretação do *Adat* – o Direito Indonésio

Os domínios asiáticos pertencentes aos Países Baixos constituíram um verdadeiro império ultramarino entre os séculos XVI e XVIII, graças, principalmente, às investidas comerciais capitaneadas pela célebre *Companhia*

Repositary (Yale School of Law), Faculty Scholarship Series, Paper 3467. p. 318.

[65] MAUTNER, Menachen. Three approaches law and culture. In: *Cornell Law Review*, volume 96, Issue 4, May 2011, p. 848.

[66] MAUTNER, Menachen. Op. cit., p. 848.

[67] ROULAND, Norbert. Op. cit., p. 74.

das Índias Orientais. Assim, parece natural que desde logo tenha sido suscitado em meio a este povo o interesse pelo conhecimento de outras culturas. Não por acaso, Robert Shirley considera a Escola Holandesa, ao lado da Britânica e da Norte-Americana, uma das "três grandes"[68] existentes no mundo. Entretanto, durante muito tempo, a língua foi um empecilho para a divulgação e popularização destes estudos nas academias europeias. De todo modo, cumpriu a Escola Holandesa com o papel a ela reservado pelo destino de vir a quebrar paradigmas e de construir no campo da Antropologia Jurídica um legado ainda bastante difícil de ser mensurado.

Dentre os tantos pesquisadores que brotaram do seio desta nação, um dos mais proeminentes nomes a despontar foi, certamente, aquele de Barend Ter Haar (1892-1941), autor de *O direito Adat na Indonésia* (1948). Ele foi o responsável por conferir certo ar de cientificidade ao estudo do direito ágrafo dos indonésios[69], pavimentando o caminho para que as cortes e tribunais criados pela própria administração holandesa naqueles territórios (ou seja, cuja representação máxima se dá pelos juízes togados) levassem em consideração estes princípios e percepções jurídicas comuns àquela população autóctone asiática, especialmente, ao aplicar a lei no processo de solução das lides, tornando, deste modo, a ocupação menos incisiva e estranha aos olhos dos subjugados.

Não obstante isso, sabe-se que poucas obras escritas originalmente em holandês chegaram a ser traduzidas para outros idiomas, ainda que a produção tenha sido de certo modo considerável até o final do século XIX. Ademais, nem todo o material compilado chegou a ser efetivamente publicado, o que dificultou sobremaneira a divulgação dos excelentes estudos por lá desenvolvidos. Sobre o assunto, Benda-Beckmann destacou que "em termos de quantidade e qualidade, a informação reunida e processada durante as três primeiras décadas do século vinte foi única"[70]. Assim, pode-se dizer que

---

[68] SHIRLEY, Robert Weaver. Op. cit., p. 15. Obviamente que nem todos os autores comungam desta opinião. Para o italiano Rodolfo Sacco, por exemplo, a *Escola Francesa de Antropologia Jurídica*, por sua grandeza, não poderia ser esquecida em qualquer listagem. Confira a esse respeito, SACCO, Rodolfo. Op. cit., p. 33.

[69] Ou seja, o *Adat*.

[70] BENDA-BECKMANN, Franz and Keebet von. The social of living law. In: HERTOG, Marc. *Living law*: reconsidering Eugen Ehrlich. Oxford and Portland, Oregon: Hart Publishings, 2009. p. 180. [Nossa tradução].

toda a experiência de campo colhida pelo esforço dos holandeses gira em torno das abundantes conclusões extraídas junto às percepções jurídicas da Indonésia. Este conjunto de direitos tradicionais analisados pelos holandeses, devido à sua longa estada entre os nativos do arquipélago, recebeu o nome de *Adat*, e as diversas conclusões a que se chegou serviram de base teórica e fundamental para o desenvolvimento de novas e arrojadas teorias do Direito. Dentre os pioneiros desta tradição de estudos, encontra-se, seguramente, o nome de Cornelis van Vollenhoven (1874-1933), o qual, a Universidade de Leiden cuidou de honrar ao fundar seu Instituto. Seus questionamentos sobre o "direito vivo", ou seja, "dinâmico", em constante mutação dos nativos da Indonésia colocaram em xeque até mesmo as teorias clássicas sobre o direito consuetudinário. Nesse sentido, essas teses foram defendidas por vultos como Kelsen, Savigny, Suarez, Puchta[71], entre outros, e aceitas pela comunidade cientíifica durante décadas como sendo de teor "irrefutável". Contudo, a acuidade, extensão, influência e profundidade de todo o conhecimento teórico expresso em seus estudos fazem de Vollenhoven, em nossa opinião, simplesmente, o maior nome da Antropologia Jurídica daquele país. Três espessos volumes foram produzidos sobre o direito indonésio entre os anos de 1914 e 1936. De tão extenso que era todo este material deixado por Vollenhoven, muitos de seus discípulos sentiram a necessidade de, no ano de 1955, proceder-se com a publicação da monumental obra, a qual, e não acidentalmente, foi sem a menor pretensão chamada de *Pandecten van het Adatrecht*[72]. Por fim, como bem disse Rodolfo Sacco acerca da notável contribuição desta escola de Antropologia Jurídica, os "holandeses ligaram seus nomes à ideia pluralista de Direito"[73].

2.6. A Escola Norte-Americana: predileção pelo estudo dos métodos de solução de controvérsias nas sociedades tradicionais

Na atualidade, as universidades dos Estados Unidos da América e do Canadá despontam como centros de excelência em se tratando da produção de estudos no campo da Antropologia Jurídica. O grande foco de pes-

---

[71] BENDA-BECKMANN, Franz and Keebet von. Op. cit., p. 180.

[72] Trata-se de uma franca alusão à magnitude da obra do imperador Justiniano, que no *Digestum* ou *Pandectas* sintetizava séculos de experiência romana no campo do Direito.

[73] SACCO, Rodolfo. Op. cit., p. 33.

quisas desta escola gira em torno dos métodos utilizados para a solução de controvérsias nas sociedades ágrafas. Nesse sentido, como bem acentua Rouland, ela "reina soberana"[74]. No que concerne especificamente ao assunto em questão, deve-se considerar que o *ápice* de pesquisas do gênero se dá com a publicação de uma célebre obra intitulada *The Cheyenne way* (1941) e sobre a qual falaremos oportunamente um pouco mais adiante ainda neste tópico. Mas a história do próprio desenvolvimento dessa escola conserva características próprias quando comparada à sistemática hegemônica empreendida pelas potências europeias do século XIX. Sobre o assunto, Shirley salienta que as "origens da escola americana de antropologia legal são mais complexas. Pode-se dizer, seguramente, que os Estados Unidos têm sido sempre um país imperialista; sua expansão para o oeste já implicava a conquista de muitas tribos nativas, como também, de regiões do México. Contudo, os Estados Unidos estavam interessados na conquista de terras e não de pessoas. Os povos nativos da América do Norte, flagelados pelas doenças europeias e assim com populações reduzidas, nunca foram uma verdadeira ameaça à expansão americana. Além disso, com muito poucas exceções, os norte-americanos não estavam interessados nos indígenas para o trabalho. A mão de obra dos Estados Unidos foi importada da Europa, África e até mesmo Ásia. As populações locais eram quase sempre simplesmente eliminadas ou postas em reservas"[75].

O primeiro nome da Antropologia Jurídica a despontar na trajetória desta nação é, certamente, o de Lewis Henry Morgan (1818-1881), que se tornou um dos maiores especialistas no conhecimento da cultura indígena norte-americana, sendo evidente que suas descobertas adentram no orbe do direito. Seus estudos no campo da Antropologia Jurídica centraram-se entre os *iroqueses*[76], nação esta que habitava a região dos *Grandes Lagos*, nas fronteiras do Canadá e dos Estados Unidos da América. É bem verdade que estas populações indígenas já haviam sido estudadas anteriormente pelo padre Joseph-François Lafitau. Entretanto, a pesquisa de Morgan, além de ser indiscutivelmente mais abrangente, trata de um viés totalmente negligenciado pelo jesuíta, qual seja, aquele referente ao aspecto jurídico. A for-

---

[74] ROULAND, Norbert. Op. cit., p. 35.

[75] SHIRLEY, Robert Weaver. Op. cit., p. 19.

[76] Do francês *Iroquois*.

ça do pensamento de Lewis, que chegou a influenciar Engels[77], mas que teria mais tarde suas teorias incisivamente criticadas por Malinowski, pode ser conhecida no livro *Sociedade antiga* (1877), no qual é detalhadamente exposto pelo autor, segundo sua retórica evolucionista, o que considerou serem os três estágios básicos vividos pela humanidade, a saber, a *selvageria*, a *barbárie* e a *civilização*. Da mesma forma que Maine e Coulanges, seus antecessores, o célebre advogado nova-iorquino se prestou, igualmente, à adoção de um conhecido expediente metodológico, que era o de fazer paralelos comparativos entre as sociedades indígenas e as primeiras formas de organização familiar da civilização greco-romana. Por fim, pode-se arriscar a dizer que Morgan foi o primeiro grande expoente da conhecida *Escola Norte-Americana de Antropologia Legal*.

Entretanto, se Morgan representa o ponto de partida para a Antropologia nos Estados Unidos, Franz Boas (1858-1942) é o retrato mais nítido de sua vívida continuidade, todavia agora pautada sob o signo de certa renovação teórica[78]. Nascido na cidade de Minden, na Alemanha, Boas, que era de origem judaica, como também o foram seus notáveis colegas sul-africanos Isaac Shapera e Max Gluckman (e dos quais falaremos logo no próximo tópico), decidiu abandonar sua terra natal aos vinte e nove anos (e é justamente por essa razão que temos aqui elencado seu nome no âmbito da Escola Norte-Americana). Sua carreira teve início ainda na Universidade de Clark, tendo posteriormente se transformado num expoente da Universidade de Colúmbia. O fato é que este pensador teuto-americano contribuiu para o desmantelamento de algumas ideias herdadas do etnocentrismo que ainda dominavam em larga escala os trabalhos de muitos antropólogos de seu tempo, não obstante ainda ter conservado nos textos que produziu, aqui e acolá, o constante e indevido hábito de utilizar algumas terminologias que hoje, à luz da epistemologia, podem ser consideradas ultrapassadas, porquanto, encontram-se carregadas de preconceitos em relação ao *outro*, o objeto da pesquisa. Alguns desses termos impróprios podem ser desde pronto percebidos de trabalhos como *A mente do homem primitivo*

---

[77] Sobre o assunto consulte ROULAND, Norbert. Op. cit., p. 35.

[78] Franz Boas não somente se interessou pela Antropologia Social e Cultural, mas trilhou também os caminhos da Antropologia Física ou Biológica, o que pode ser percebido com muito destaque na obra *mind of primitive man*, de 1911.

HISTÓRIA DA ANTROPOLOGIA JURÍDICA: OS AUTORES CLÁSSICOS

(1911), em cujas páginas eles desfilam indeterminadamente, sem qualquer atenuante ou autocrítica, o que pode ser explicado através dos discursos próprios de uma época marcada por recalcitrantes doutrinas eurocentristas a impregnar a retórica de muitos trabalhos semelhantes na forma e conteúdo, inobstante, *in casu*, a boa intenção de seu autor. Desta forma, o comentário mais emblemático expresso em tão poucas linhas parece ser aquele em que Boas defenda a ideia de que "os ancestrais das raças que se encontram hoje entre *as mais civilizadas* não eram de modo algum *superiores* àquelas do *homem primitivo* como as encontramos agora em regiões que vieram a ter contato com a *moderna civilização*"[79]. Do mesmo modo, alhures, ao comparar, por exemplo, as civilizações do "Velho Mundo" com as do "Novo", admite pontualmente que inexistam quaisquer diferenças entre elas que possam fazer de uma superior a outra, exceto o fato de que o "tempo" proporcionou certo estágio a mais de "progresso" para a primeira, e que este lapso pode ser inclusive demarcado em um período histórico demarcada por, basicamente (pasme-se), "três ou quatro milênios"[80]. Para a Antropologia Jurídica, em especial, creio que um de seus grandes legados tenha se constituído em fornecer informações sobre o estilo de vida e os costumes de povos que vivem no Ártico, como Inuit (os Esquimós) e, nada mais do que isto. Por fim, vale notar que o presente estudo só foi possível graças à participação do antropólogo numa excursão realizada na Ilha de Baffin, no Canadá, entre os anos de 1883 e 1884, quando ainda não havia cuidado de se estabelecer na América.

Outro grande cientista social a construir uma relevante trajetória neste contexto foi Roy Franklin Barton (1883-1947)[81]. Este etnógrafo norte-ameri-

---

[79] BOAS, Franz. *The mind of primitive man*. New York: The Macmillan Company, 1938. p. 7. [Nossa tradução e grifo].

[80] BOAS, Franz. Op. cit., p. 7.

[81] Este notório antropólogo norte-americano teve uma vida insólita. Sobre o assunto em questão, Shirley assim destacou: "Roy Barton foi um professor primário que, aos vinte e três anos de idade, ofereceu-se como voluntário para lecionar nas ilhas Filipinas, atendendo a pedido do governo dos Estados Unidos, que queriam instituir um sistema moderno e americano de educação nas ilhas recentemente conquistadas da Espanha, e estavam contratando americanos com este propósito. Barton chegou em 1906 e foi designado para lecionar ao povo Ifugao, no interior da Ilha de Luzon. Os Ifugaos eram (e ainda são) um povo agressivo e guerreiro. Caçadores de cabeças que nunca aceitaram o domínio de nenhum Estado, espanhol ou americano. O professor que tinha sido designado aos Ifugaos antes da chegada de Barton foi mandado de

cano publicou memoráveis estudos no campo da Antropologia Legal, sendo aquele de maior expressão para nós, no momento, o chamado *Direito ifugao* (1919), onde são esmiuçados, pelo menos, três campos distintos da percepção legal deste povo: os *direitos de família, propriedade* e *penal*. Os *ifugaos*, a propósito, sempre viveram na parte setentrional da Cordilheira Filipina e se dedicam até os dias atuais, intensamente, ao cultivo de arroz. Vale dizer que do ponto de vista da ciência criminal Barton conseguiu identificar, de modo curioso, apenas duas formas de pena entre os nativos, quais sejam a capital e a multa[82]. Seria válido ressaltar que o antropólogo demonstrou existir uma preocupação bem presente entre sociedades tradicionais como esta (objeto da pesquisa) em regulamentar adequadamente (ou seja, sob a ótica do direito e da legalidade) a questão da propriedade, num período histórico em que muitos acreditavam que esta instituição sequer existia no âmbito das sociedades ágrafas, onde se cria imperar uma forma de "comunismo primitivo"[83]. Sabe-se que os *ifugaos* também criaram regras e mecanismos pormenorizados para justificar as facetas assumidas pela poligamia e também a manutenção do casamento, que se aproximava de uma espécie de "acordo civil", bem aos moldes das sociedades modernas[84].

Karl Llewellyn (1893-1962) foi um dos mais brilhantes juristas a marcar a história dos Estados Unidos da América[85] e, também, nas palavras de

---

volta em duas semanas, quase morto, ferido por uma lança. Barton ficou oito anos. Quando chegou à terra dos Ifugaos, ele abriu suas portas a todos e começou a aprender a língua e os costumes deles. Gostava profundamente dos Ifugaos e este sentimento era recíproco. Entretanto, finalmente, Barton foi substituído e retornou aos Estados Unidos, onde trabalhou como dentista e em tempo parcial como professor de antropologia na Universidade da Califórnia. Publicou três livros sobre os Ifugaos e os povos vizinhos: *Ifugao law* (1919); *The half way sun* (1930), sobre o conflito entre o direito americano e o Ifugao; e *The Kalingas, their institutions and custom law* (1949). Em 1930, ele se divorciou e mudou-se para a União Soviética, onde lecionou no Instituto de Etnologia e publicou numerosos artigos em russo. Porém, em 1940, quando começou a guerra no Pacífico, retornou rapidamente às Filipinas para tentar ajudar os Ifugaos na luta contra o Japão. Lá foi capturado e passou quatro anos num campo de concentração. Voltou aos Estados Unidos fatalmente enfermo e morreu em 1947". SHIRLEY, Robert Weaver. Op. cit., p. 19.

[82] BARTON, Roy Franklin. *Ifugao law*. Berkeley: University of California, 1969. p. 54.

[83] A propriedade familiar *ifugao* era constituída por terras de cultivo de arroz, terras cobertas por florestas e heranças em geral. *Vide* BARTON, Roy Franklin. Op. cit., p. 54.

[84] Roy Franklin. Op. cit., p. 10.

[85] Há um interessante livro sobre a trajetória profissional de Roscoe Poud e K.

HISTÓRIA DA ANTROPOLOGIA JURÍDICA: OS AUTORES CLÁSSICOS

Gluckman[86], um dos mais "modernos e criativos" a surgir naquele país. Advogado notável, Llewellyn tornou-se o maior expoente de um movimento chamado *American Legal Realism,* que tomou corpo nas Universidades de Yale e Columbia. O eixo-motriz determinante das ideias proclamadas pelos defensores dessa corrente de pensamento estabelecia que os juízes, não raro, ao prolatarem suas sentenças, estavam mais comprometidos com suas concepções particulares de justiça do que, propriamente, com aquilo que era preconizado pelo ordenamento jurídico vigente (este fundado, portanto, numa construção coletiva, algo inerente à profunda consciência nacional). Sabe-se, a partir daí, que as convicções arvoradas pelo *Realismo Legal* ganham considerável força nos meios acadêmicos entre as décadas de 1920 e 1930 e granjeiam fama ao seu maior representante. Entretanto, a maior contribuição de Llewellyn à Antropologia Jurídica consistiu num trabalho escrito em parceria com Adamson Hoebel, que se intitulou *The Cheyenne way* (1941) – designado por Shirley "o primeiro grande estudo realizado entre um povo americano nativo"[87]. A familiaridade de Llewellyn com os métodos indispensáveis ao estudo da jurisprudência credenciou a obra ao sucesso imediato e permitiu que fossem reveladas ao público as percepções daquela sociedade indígena, bem como de seu sofisticado modo de solução de controvérsias. Mais do que isso, seus autores definiram um método original de investigação: o de estudar as sociedades ágrafas a partir de casos concretos de disputas (*trouble cases*) e, tendo como parâmetro inicial, a compreensão dos fatores que levaram as partes a litigar, identificar logo em seguida não somente os modos de solução de controvérsias adotados para a resolução do conflito que se instaurou, mas também, proceder com o delineamento das instituições jurídicas e regras que giram em torno da situação em tela. A tribo dos índios Cheyenne que agora vivia alocada numa *reserva*[88], às margens do rio Tongue, em Lame Deer, Estado de Montana,

---

Llewellyn que indicaremos aqui: Trata-se da obra de HULL, N. E. H. *Roscoe Pound and Karl Llewellyn*: searching for an american jurisprudence. Chicago: University of Chicago, 1997, p. 232.

[86] GLUCKMAN, Max. Op. cit., p. 2.

[87] SHIRLEY, Robert Weaver. Op. cit., p. 19.

[88] "O estabelecimento de reservas durante o período da expansão branca teve como objetivo manter os Índios totalmente fora da sociedade branca, esperando-se que, com o correr do tempo, a marginalização da cultura nativa apressasse a sua assimilação pela sociedade dominante. A ideia de criar zonas só para índios foi inspirada

era, do ponto de vista da etnografia, completamente desconhecida naqueles dias, o que reveste o trabalho realizado por Llewellyn e Hoebel de maior significância ainda. Vale notar que as notícias desta cultura à disposição à época eram extremamente precárias e distorcidas. Elas eram compostas apenas por um amontoado de relatos feitos por viajantes, colonos ou militares, ou seja, de gente que normalmente enfrentou os nativos por disputas territoriais e os subjugou, resignando-os àquela infame condição. Tradicionalmente, a economia destes índios concentrava-se na caça ao búfalo e na *criação de cavalos*[89]. Como dissemos, tendo por bússola um determinado caso concreto, iniciava-se a busca pelo conhecimento do direito Cheyenne. Assim, o homicídio nestas sociedades levava ao exílio do infrator. Não se olvide, previnem os autores, do grande peso psicológico que esta pena de banimento exerce no imaginário do indivíduo nestas formas de organização social coletivistas, e muitas vezes se assemelhando na prática a uma "sentença capital".

Como dissemos, o colega de Llewellyn na produção do clássico sobre o estilo de vida dos referidos nativos americanos foi o célebre antropólogo Adamson Hoebel (1906-1993), um destacado professor de Antropologia nas Universidades de Minnesota, Nova York, Utah e Columbia. Como já dissemos, Hoebel atuou com seu colega Llewellyn no desenvolvimento de um "método de estudo de casos" que se mostrou deveras útil na sistematização do processo de conhecimento do direito Cheyenne. Além disso, ele

---

nas 'cidades de oração' do século XVII, e as primeiras reservas, no sentido mais moderno, foram criadas no Nordeste, logo após a independência dos Estados Unidos. Em princípio eram parcelas do antigo território de cada tribo, mas, à medida que a procura branca de terrenos aumentou, as autoridades nunca mais pensaram em preservar essa integridade. Milhares de anos de adaptação a determinados meios ambientes foram anulados em poucas décadas, com a instalação de povos da floresta ou de agricultores em terrenos que lhes eram estranhos, em geral áreas marginais." BROWN, Dee. *Enterrem meu coração na curva do rio*, p. 19.

[89] "Os índios, que pensavam que o cavalo era uma oferta maravilhosa dos espíritos, chamavam-lhe o 'cão espírito' ou 'cão-medicina', pois, como escreveu em 1541 um espanhol que acompanhou o pesquisador de ouro Francisco de Coronado nas suas viagens, os índios das planícies recorriam aos cães para transportar os seus produtos numa espécie de padiola, por estes puxada, a que os franceses chamavam *travois*, formada por dois postes compridos, ligados um ao outro, sobre os quais colocavam a carga." BROWN, Dee. *Enterrem meu coração na curva do rio*. Trad. Geraldo Galvão Ferraz. São Paulo: Círculo do Livro, 1970. p. 49.

ainda produziria obras memoráveis, como *The law of primitive man* (1954), tendo se dedicado também ao estudo do direito de diversas outras nações indígenas como a dos Comanches e a dos Pueblos. Do mesmo modo, não pode ser descartada sua experiência no Paquistão durante os anos 1960, quando passa a investigar o sistema legal desse país. As descobertas de Hoebel se mostraram extremamente favoráveis à consolidação da Antropologia Jurídica. Para ele, a lei possuía três características essenciais que a distinguia do "costume" ou da "moralidade" de determinado povo:

(a) O uso legítimo da privação econômica ou coerção física;

(b) A designação da autoridade oficial e

(c) O elemento de regularidade, ao qual chamou de "consistência"[90].

As "funções da lei"[91] igualmente não escaparam de seu crivo: Hoebel também comparou os direitos Comanche e Cheyenne, tendo considerado este último mais equilibrado e maduro que o primeiro[92]. Juntamente com Ernest Wallace, seu colega, chamava os comanches de "espartanos das planícies"[93]. Tratava-se de uma sociedade naturalmente inclinada à beligerância, onde fatalmente se pavimentava "o caminho para a glória militar"[94].

Outrossim, ao estudá-los, o antropólogo norte-americano acaba por perceber pelo menos nove diferentes espécies de delitos específicos:

(1) o adultério;

(2) a fuga com uma mulher casada;

(3) a violação dos privilégios do levirato;

(4) matar um cavalo favorito;

(5) a feitiçaria;

(6) incentivar o suicídio (tida entre os comanches como uma forma de homicídio, conforme esclarece Hoebel);

(7) a não observância de um contrato e, finalmente;

---

[90] HOEBEL, Adamson; FROST, Everett L. Op. cit., p.303-305.

[91] HOEBEL, Adamson; FROST, Everett L. Op. cit., p.306.

[92] WALLACE, Ernest; HOEBEL, Adamson. *The comanches*: lords of the South Plains. Oklahoma: University of Oklahoma Press, 1986. p. 3. (The Civilization of the American Indians Series, vol.34).

[93] WALLACE, Ernest and HOEBEL, Adamson. Op. cit., p. 224. (The Civilization of the American Indians Series, vol.34).

[94] HOEBEL, Adamson; FROST, Everett L. Op. cit., p. 314.

(8) o roubo[95].

Eis as maneiras pelas quais os crimes em questão eram punidos:

"O homicídio exigia a morte do assassino pelo parente do ofendido morto. Era uma penalidade legal verdadeira, porque o costume impedia que o parente do assassino executado se vingasse"[96].

O adultério e o roubo das mulheres eram tratados de vários modos, mas em todos os casos a pessoa ofendida era forçada pela opinião pública a agir. Ele podia proceder diretamente contra a mulher que errou, matando-a, cortando--lhe o nariz, ou mutilando o seu corpo infeliz, e muitas vezes o fazia. Este era privilégio legal do marido. Ou, se preferisse, podia cobrar perdas e danos do ofensor masculino. Isso seria feito por uma demanda direta. Conseguir o que ele pretendesse primeiro dependia da coragem do réu. Se o marido ofendido não era forte, ou bastante valente, podia chamar seus amigos ou parentes para demandar por ele, mas, então, "os advogados levavam a melhor", porque os auxiliares ficavam com toda a paga das perdas e danos para si. Ora, não haven-do parentes ou amigos, ele podia convocar algum guerreiro valente para de-mandar por ele. Os grandes guerreiros valentes queriam, por razões de presti-gio, sempre ajudar, sem qualquer recompensa material[97].

Ao falecer, no início dos anos 1990, Hoebel já figurava no rol dos mais notáveis antropólogos do século XX. A Escola Norte-Americana de Antro-pologia Jurídica, certamente, muito deve aos esforços de uma vida de abne-gação, dedicada ao ensino e conhecimento das sociedades tradicionais.

Recentemente, assumiu tremenda notoriedade nos Estados Unidos o labor incansável de Leopold Jaroslav Pospisil (1923) em prol da propaga-ção de diversos estudos no campo da Antropologia Jurídica. Assim, se Ma-linowski um dia deixou a Polônia para se estabelecer na Inglaterra e Franz Boas fez o mesmo, só que para se instalar no Novo Mundo, também este professor de origem tcheca, nascido em Olomuc, por razões acadêmicas e políticas, transferir-se-ia para a América, considerando que a invasão de sua terra natal pelas tropas nazistas tinha tornado a vida insustentável para inúmeros cidadãos daquele país. Seu campo de investigação é bastante vas-to, mas se sobressai nesta trajetória o trabalho realizado junto aos Kapauku

---

[95] HOEBEL, Adamson; FROST, Everett L. Op. cit., p. 314.

[96] HOEBEL, Adamson; FROST, Everett L. Op. cit., p. 314.

[97] HOEBEL, Adamson; FROST, Everett L. Op. cit., p. 314.

(*Kapauku Papuans and their laws*, 1958), um povo da Nova Guiné. Sem embargo, os livros respectivamente intitulados *Antropologia do Direito* e *Etnologia do Direito* tornaram-se obras de referência no mundo inteiro e serviram para projetar mais ainda a Universidade de Yale no âmbito da Antropologia Jurídica. Não por acaso, Rebecca French[98] lembra a todos que o papel desempenhado por Pospisil no processo de reconhecimento da autonomia da matéria em questão nos Estados Unidos, durante a década de 1950, não pode ser facilmente esquecido. Hoje, seus manuais introdutórios ao estudo da Antropologia Jurídica servem de doutrina básica para quem leciona a disciplina nos Estados Unidos da América.

Por fim, mais recentemente despontou o nome de Laura Nader (1930). Ela é, sem sombra de dúvidas, uma das maiores antropólogas da contemporaneidade. Seu campo de publicações é extremamente vasto, envolvendo, por assim dizer, várias matérias de relevo para a Antropologia Jurídica, especialmente aquelas relativas ao campo da Etnografia Jurídica. Dentre tantas, há que se mencionar a experiência vivida numa aldeia zapoteca, no México, que resultaria na obra *Harmony and ideology*: justice and control in a Zapotec mountain village (1990)[99], além, é claro, do estudo realizado conjuntamente com Harry F. Todd, *The disputing process*: law in ten societies (1978)[100], bem como do recente trabalho *Law and culture in society*" (1997)[101].

2.7. Dois fulgurantes antropólogos originários da África do Sul: Isaac Shapera e Max Gluckman

Apesar do grande desenvolvimento da Antropologia Jurídica na África do Sul nestes últimos anos, talvez não seja possível considerar ainda que esta nação tenha legado ao mundo alguma "escola" ou "corrente de ideias abundantes ou específicas" neste campo. Aqui, mais uma vez, creio que o

---

[98] FRENCH, Rebecca. Leopold J. Pospisil and the anthropology of law. In: *Political and legal anthropology review*, volume 16, num. 2, 1993. p. 1-8.

[99] NADER, Laura. *Harmony and ideology*: justice and control in a Zapotec mountain village. Palo Alto, CA: Stanford University, 1991.

[100] NADER, Laura. *The disputing process*: law in ten societies. New York: Columbia University Press, 1978.

[101] NADER, Laura. *Law and culture in society*. Berkeley, CA: University of California Press, 1997.

presente fenômeno ocorreu menos pela falta de interesse dos pesquisadores, do que por razões de cunho político. Obviamente, como sabemos, esbarramos no nefasto impacto gerado pelo regime do *apartheid* no processo de produção do conhecimento nas universidades daquele país, em que, grosso modo, estudos de natureza antropológica (segundo o rigor epistemológico requerido), pelo menos até onde sabemos, não foram muito encorajados em décadas passadas[102]. Entretanto, dois notáveis antropólogos surgem neste cenário. Isaac Shapera (1905-2003) e Max Gluckman (1911-1975). Falemos um pouco do primeiro. Professor de Antropologia na *London School of Economics*, o nome de Shapera destaca-se, além do pioneirismo em sua pátria natal, pela sua esplêndida contribuição ao conhecimento do direito das tribos sul-africanas. Não obstante o fato de uma de suas publicações – *A handbook of Tswana law and custom* (1938) – ter sido usada sob o pretexto de dominação (muito em razão da riqueza de informações), o trabalho deste autor demonstra que sua preocupação sempre foi eminentemente científica. Prova disso são as outras tantas obras de inestimável valor antropológico, tais como *Married life in an african tribe* (1940), *Migrant labour and tribal life* (1948) e *Government and politics in tribal societies* (1956). Com vasta produção literária, o autor deixa inquestionável legado ao desenvolvimento da Antropologia Jurídica, pois seus estudos são abrangentes e abarcam vários aspectos do fenômeno jurídico entre os nativos de Tswana – foco maior de sua observação. Os Tswana investigados eram de origem bantu e viviam no Protetorado de Bechuanaland, à época, sob os auspícios dos ingleses. Dentre todos os seus estudos, é justamente aquele intitulado *A handbook of Tswana law and custom* o que mais subsídios fornece para o conhecimento do direito ágrafo. No capítulo inicial[103], como convém, Shapera faz uma análise detalhada do funcionamento da organização social das tribos de Tswana, para, logo a seguir, investigar as características, a natureza e as fontes de seu direito. O passo seguinte foi o de categorizar as leis e costumes de Tswana segundo seu teor criminal ou civil. Desde pronto, o

---

[102] O regime do *Apartheid* é definitivamente sepultado no ano de 1996, quando ocorre a promulgação de uma nova Constituição, agora de caráter democrático, fruto da intensa e perene luta de Nelson Mandela (entre outros) a condenar qualquer forma de tirania causada pela discriminação racial ou social.

[103] SHAPERA, Isaac. *A handbook of Tswuana law and custom*. Oxford: James Currey Plublishers, 2004. p. 1-34.

HISTÓRIA DA ANTROPOLOGIA JURÍDICA: OS AUTORES CLÁSSICOS

autor percebe que as preocupações dos africanos com questões legais parecem ser bem evidentes. Entre os tais, elas começam logo na tenra meninice, quando os pais instruem seus filhos sobre o comportamento adequado e as atitudes a serem evitadas[104]. Essa inquietação com a observância das regras sociais acompanha os nativos para o resto de suas vidas. A confirmação das regras de comportamento geral vão sendo progressivamente incorporadas no imaginário do indivíduo à medida que suas obrigações crescem, tornando-se mais evidentes, em especial, conforme ensinou Shapera, nas chamadas "cerimônias de iniciação"[105]. A percepção da totalidade do sistema de regras instituído pela tradição se completa com a fase adulta, ocasião em que o papel do sujeito na sociedade se torna mais claro[106]. As sanções são aplicadas em razão da violação às regras que velam pela manutenção da estabilidade do grupo social e Shapera não se olvida de descrevê-las. Entre os tswana havia um senso de gradação da pena de acordo com a gravidade do delito praticado. O receio da perda da estima do grupo; a mera possibilidade de ser tratado com desprezo ou, quiçá, de ser ridicularizado por seus pares como ocorre em meio a outras sociedades como os Inuit (os esquimós que vivem no Ártico), por exemplo, funcionava como um efetivo meio de controle social[107].

Todavia, seguindo na esteira da maioria dos antropólogos, também o estudo das regras de direito civil entre os Tswana não é negligenciado. São analisadas diversas instituições, destacando-se, nesse contexto, o casamento e a propriedade. Shapera percebeu também a existência de um diversificado direito contratual entre aqueles nativos (ainda que os tais ajustes não estivessem na sua forma escrita, como sabemos). Estas formas mais comuns de acordo (*tumalanô kgôloganô*) eram as seguintes: (a) alienação da propriedade por doação, permuta ou venda; (b) permissão de uso da propriedade; e (c) serviço. As mulheres e crianças, a seu turno, só poderiam contratar com a anuência de seu guardião[108]. A tendência de estudar profundamente

---

[104] SHAPERA, Isaac. Op. cit., p. 36.

[105] SHAPERA, Isaac. Op. cit., p. 36.

[106] SHAPERA, Isaac. Op. cit., p. 36.

[107] SHAPERA, Isaac. Op. cit., p. 36.

[108] SHAPERA, Isaac. Op. cit., p. 236-239.

o sistema de obrigações nas sociedades primitivas foi seguida fielmente por Shapera, o qual, sob este aspecto, segue bem de perto os passos de Malinowski (entre outros).

Max Gluckman, por sua vez, assim como seu compatriota Isaac Shapera, foi um notório antropólogo sul-africano de origem judaica. Foi aluno de Evans-Pritchard e Radcliff-Brown, todavia, é difícil rastrear todo o lastro de influências deixado por seus mentores na construção de suas concepções teóricas, tendo-se em vista seu ecletismo. Na Universidade de Manchester, onde se tornou o precursor e fundador da *Escola de Antropologia de Manchester*[109], consolidou uma bem-sucedida carreira. Aliás, a solidez de suas convicções políticas não tardaria a levá-lo para longe de sua terra natal: a funesta vigência do *Apartheid* lhe constituía uma afronta da qual não estaria disposto a tolerar. Por isso mesmo, a despeito do que ocorreu com Malinowski, não haveria problema algum em considerar Gluckman personagem importante da Antropologia britânica, mesmo porque sua próspera trajetória acadêmica foi construída na Inglaterra. Como ativista político, atuou corajosamente contra o sistema colonialista e a segregação racial durante a primeira metade do século XX. Seguiu na esteira do pensamento de Radcliffe-Brown (seu antigo professor) e Isaac Shapera (seu compatriota)[110], apesar de ter abordado com maior profundidade que estes aquelas temáticas importantes como o modo de solução de controvérsias nas sociedades primitivas a partir de um caso concreto, conjugando em suas análises a importância de fatores de ordem *política* no processo de identificação dos significados trazidos com os rituais, símbolos ou as próprias formas de organização a formar uma teia complexa e ordenada. Pois bem, é justamente aí que seu pensamento se reveste de originalidade, reservando-lhe impor-

---

[109] Esta corrente de pensamento surgida na Inglaterra utilizou como campo de pesquisas os territórios na África que tradicionalmente estiveram sob o domínio britânico e que agora se encontravam às portas da independência política. Gluckman foi, certamente, o maior expoente da chamada "Escola de Manchester". As investigações centravam-se nos conflitos instaurados entre as pessoas, os arranjos adotados para sua solução e a insatisfação particular do indivíduo com a ordem jurídica estabelecida e consolidada no seio do grupo. Nesse sentido, Gluckman e seus discípulos estavam um passo à frente dos americanos Llewellyn e Hoebel.

[110] Veja a esse respeito COCKS, Paul. Max Gluckman and the Critique of Segregation in South African Anthropology, 1921-1940. *Journal of South Africa Studies*, vol.27, n. 4, December 2001 [739-756].

tante papel teórico. Nesse sentido, aproximava-se por inspiração acadêmica do método utilizado por americanos como Karl Llewellyn e Adamson Hoebel (que estudaram conjuntamente os modos de solução de controvérsias adotados pelos Cheyenne), e deste último em específico, de quem era amigo particular e dizia abertamente que "concordava em quase todos os pontos"[111]. Ao cuidar de estudar o Direito entre os Barotse (um povo composto por vinte e cinco tribos que vive no território da Zâmbia), Max Gluckman, como faria o próprio *Sir* Henry Maine, não hesitou em fundamentar suas observações tomando como ponto de partida as instituições jurídicas africanas agora em franca comparação ao direito Inglês[112]. Analisaram-se, assim, questões relacionadas ao poder político local (direito constitucional), apesar de que seu foco foi direcionado posteriormente à busca de uma melhor compreensão de matérias relacionadas ao direito privado, dentre as quais se destacam em sua obra obrigações e contratos, móveis e imóveis, direito das pessoas e responsabilidade civil. O conjunto da obra Gluckman é extenso, porém, para os anais da Antropologia Jurídica, sobressaem-se, fundamentalmente, três obras: *Costume e conflito na África* (1956), *Rituais de rebelião no sudoeste africano* (1954) e *As ideias na jurisprudência Barotse* (1965).

2.8. A LIÇÃO DE NIKLAS LUHMANN SOBRE DIREITOS ÁGRAFOS

Entre os chamados "jus-sociólogos pós-modernos", Niklas Luhmann (1927-1998) é, talvez, aquele a alcançar hodiernamente maior número de adeptos. Nascido na Alemanha, na cidade de Lüneburg, ele desenvolveu sua carreira como docente em seu próprio país até morrer, atuando nas Universidades de Frankfurt e Bielefeld.

Luhmann, seguindo na esteira dos antropólogos do direito, considerou igualmente útil e de extrema validade considerar em sua obra maior, *Sociologia do Direito I e II* (1972), o estudo dos chamados "direitos primitivos"[113], ressaltando, desde pronto, a multiplicidade de ordenamentos jurídicos existentes em face da heterogeneidade que perfaz as sociedades humanas.

---

[111] GLUCKMAN, Max. *Rituals, of rebellion in South Africa*. Manchester: Manchester University Press, 1952. p. XIX.

[112] Conforme ele mesmo admite. Confira a esse respeito GLUCKMAN, Max. Op. cit., p. XIX.

[113] Sob este aspecto, Sociologia e Antropologia se comunicam irrestritamente.

Nesse sentido, o elemento cronológico é o que menos importa, pois até mesmo as sociedades contemporâneas poderão ter características próprias das culturas tradicionais ou ágrafas. Desta forma, o mais coerente seria dividir o assunto em três abordagens distintas, quais sejam aqueles referentes ao *direito arcaico*, e, em seguida, ao *direito nas culturas jurídicas antigas* e ao *direito positivo das sociedades modernas*. Normalmente, como sabemos, a chave conceitual para a determinação de uma sociedade como sendo de fato "primitiva" reside no reconhecimento da ausência de qualquer forma de escrita. Luhmann, no entanto, prefere analisar o grau de complexidade que define as relações que se processam em seu meio através da consideração dos laços de parentesco entre os indivíduos. O parentesco, segundo sua constatação, não impedirá o grupo de desenvolver sistemas consuetudinários autônomos e concepções legais bastante diversificadas e amplas, afinal, "o parentesco não determina o seu conteúdo", apesar de que as ditas sociedades, nesta condição, graças, justamente, a essa mesma consanguinidade, encontram-se dimensionadas segundo "uma complexidade relativamente reduzida e que no essencial não pode ser ampliada mas apenas repetida"[114].

A análise do funcionamento das sociedades ágrafas permitirá, pois, conhecer a gênese do direito que "surge inicialmente na frustração e na reação do frustrado, ou seja, eclosão imediata da cólera, a partir daí ligando-se àquela estreita relação com a força física anteriormente caracterizada. Sem a defesa própria do atingido e sua parentela, sem sua disposição de usar a força, não seria possível separar as expectativas cognitivas das normativas; ninguém saberia quais expectativas deveriam ser mantidas e quais deveriam acomodar-se às frustrações. As instituições do direito arcaico da defesa própria violenta, da vindita, do juramento e do amaldiçoamento, típicas em sociedades segmentares, não se referem à "imposição" do direito (como se para tanto não valesse a pena manter uma polícia, podendo qualquer um assumir essa função), mas sem a salvaguarda das próprias expectativas, à sua manutenção frente eventos adversos. A função expressa da afirmação de expectativas tem preferência à função instrumental da imposição. Daquela depende imediatamente a diferenciação das expectativas normativas, a própria constituição do direito. Por causa dessa vantagem, diversas consequências funcionais desse sistema jurídico são aceitas como menos inevitáveis"[115].

---

[114]LUHMANN, Nilklas. *Sociologia do Direito I*. Trad. Gustavo Bayer. Rio de Janeiro: Edições Tempo Brasileiro, 1983. p. 182-185.

[115]LUHMANN, Nilklas. Op. cit., p. 186.

Luhmann, igualmente, observa que a mera transgressão à lei e à ordem estabelecida no âmbito de determinada tribo ou clã não será capaz de excluir o indivíduo do grupo social no qual se encontra inserido, pois os laços de sangue falam mais alto nestes casos, estando a parentela sempre mais inclinada a defender um dos seus, mesmo quando se tratar da prática de um claro ilícito. A única exceção, nas próprias palavras do pensador alemão, é quando o acusado torna-se um conhecido "malfeitor"[116]. Por outro lado, consoante sua abalizada lição, o "direito da tribo é sentido como o único direito possível, como o direito em si. As pessoas estranhas, as tribos do ambiente e com as quais não existe relação de ascendência em comum parecem não possuir direito"[117].

Outra interessante posição de Luhmann, que contradiz seriamente diversos paradigmas arvorados por sociólogos e, inclusive, por antropólogos de destaque, diz respeito a uma redução do papel do sagrado no direito das sociedades primitivas. Os historiadores do direito, nas suas análises, também entendem que o elemento sagrado está intimamente adstrito à ideia cultural construída por cada sociedade. Luhmann, porém, combate frontalmente tal premissa ao advogar a tese de que "a fundamentação mágico-transcendental do direito arcaico não leva à concepção de um direito enviado por Deus (pois criação significa contingência, ou seja, escolha entre outras possibilidades). As forças sobrenaturais protegem o direito, elas penalizam e restituem, mas não geram nem modificam o direito. O direito vincula os deuses da mesma forma que vincula os homens"[118]. Ao contrário de Gilissen, Luhmann ressalta que uma das características mais evidentes dos direitos arcaicos é o "baixo grau de abstração e de detalhamento do direito"[119].

As formas mais comuns de vingança primitiva também chamaram a atenção de Luhmann, pois a "represália" é sustentada pelo desejo maior da sociedade em se recobrar do dano sofrido, e, assim, de vir a nutrir sua ex-

---

[116]LUHMANN, Nilklas. Op. cit., p. 186. Estas conclusões nos remetem, invariavelmente, ao famoso caso relatado a Adamson Hoebel e Karl Llewellyn e registrado na obra de sua autoria intitulada *The cheyenne way*, em que um índio da nação *cheyenne* era conhecido entre os seus por um contumaz comportamento inconveniente. A "gota d'água" que gerou seu banimento foi a descoberta da prática de furto de cavalos.

[117]LUHMANN, Nilklas. Op. cit., p. 187.

[118]LUHMANN, Nilklas. Op. cit., p. 188.

[119]LUHMANN, Nilklas. Op. cit., p. 193.

pectativa com relação à restauração da ordem, o que lhe confere um real sentido jurídico. De acordo com esta linha de argumentação, a "represália" torna-se, de fato, a "generalização elementar do direito", como bem lecionou o autor. Nesse sentido, a lei de Talião deve ser compreendida dentro da proporcionalidade do rechaço que a legitima e não mais, propriamente, no aspecto geral da *vendetta* que a dita fórmula naturalmente também cuida de autorizar. Não se pode estranhar com esta imposição de limites e o arrefecimento de condutas e posturas mais exaltadas e indesejáveis, tanto por parte de indivíduos, como de grupos, que a referida pena, no dizer do próprio Luhmann, veio a traduzir-se numa "conquista evolutiva das sociedades arcaicas tardias"[120]. A tendência, a partir daí, será a previsão de mecanismos simples, contudo eficazes quando o propósito é o de dirimir alguma controvérsia. As formas mais recorrentes a despontar neste contexto são aqueles modos mais conhecidos de mediações e arbitragens, as quais cumprem com uma finalidade primeira que não se refere, especificamente, à solução da lide que se instaurou entre as partes, mas a de "interromper, atrasar ou evitar atos violentos"[121].

O direito experimentará saliente e dinâmica evolução no contexto das sociedades arcaicas quando se desenvolver o comércio, o que exigirá, fatalmente, o esboço mais aprimorado de regras para disciplinar as novas relações que se interpuserem neste quadro. Então a vingança privada, não raro, passará logo a ser substituída por um sistema de compensações notadamente de caráter pecuniário e a distinção entre normas de cunho civil e criminal se tornam, além de necessárias, também mais evidentes. O desenvolvimento político e econômico, por outro lado, na tese de Luhmann, redundaria no incremento da criminalidade[122].

A segunda etapa do desenvolvimento do direito é marcada por um grau maior de evolução da sociedade, onde já existe o predomínio da escrita. Trata-se do direito nas culturas antigas, dentre as quais são consideradas por Luhmann como tais as civilizações chinesa, hindu, islâmica, greco-romana,

---

[120]LUHMANN, Nilklas. Op. cit., p. 190. A pena ou lei de Talião, com fórmulas diferenciadas, porém análogas quanto ao seu propósito maior, veio a alcançar previsão legal entre babilônios, israelitas, romanos e, mais recentemente, no mundo islâmico através do Alcorão.

[121]LUHMANN, Nilklas. Op. cit., p. 194.

[122]LUHMANN, Nilklas. Op. cit., p. 199.

HISTÓRIA DA ANTROPOLOGIA JURÍDICA: OS AUTORES CLÁSSICOS

anglo-saxã e também aquela do restante do continente europeu. Nelas a religião se institucionalizou e os direitos foram consagrados na legislação à maneira dos cânones. Mas de acordo com a presente linha de entendimento, a religião não ofereceria os recursos típicos da problematização que permitiram o notável desenvolvimento técnico-científico do direito romano. De outro modo, nas sociedades em questão, mesmo o direito comercial não estaria livre da interferência e projeção do sagrado, que estipula e define suas fronteiras[123]. Consequentemente, a delimitação das funções vividas por cada pessoa no âmbito de cidades-estados e a hierarquização de seus papéis acabam consolidando o processo de formação das classes sociais e, por conseguinte, da estrutura piramidal típica, o que redimensionará o direito por completo. Em função dessas mudanças, estabelece-se um ordenamento jurídico compatível às necessidades e o influxo dos novos tempos, o que não seria possível ou perceptível numa sociedade simples ou arcaica, que possui baixo nível de abstração e cujo cotidiano mais ou menos estável pela força da tradição não requer a utilização de formulações jurídicas complexas e detalhadamente concebidas. Mas quais indivíduos submeteriam os demais? Luhmann responde que aquele que "domina politicamente tem que ser rico também, tem que ser considerado sábio, tem que ser de linhagem notável, tem que habitar a melhor casa e ter o maior número de serviçais, tem que exercer o comando militar, ou seja: tem que se sobressair em quase todos os sentidos". Neste itinerário, o próximo passo será dado quando ocorrer a institucionalização dos procedimentos judiciais, o que Luhmann considera ser "a conquista decisiva", pois o "desenvolvimento do direito realiza-se através do desenvolvimento de complexos sistemas processuais"[124].

---

[123]LUHMANN, Nilklas. Op. cit., p. 202.

[124]LUHMANN, Nilklas. Op. cit., p. 206-7.

PARTE II

O Direito nas Sociedades Simples e sem Estado

Capítulo III

A primeira dimensão da Antropologia Jurídica: o Direito nas sociedades ágrafas

3.1. O Direito como fato social e os povos ágrafos

O ser humano é gregário segundo sua natureza mais íntima. Do mesmo modo, ao ser naturalmente compelido a viver em sociedade, como consequência imediata de sua essência, surge, quase que espontaneamente, a necessidade do estabelecimento de regras de conduta para reger essas mesmas relações. Assim, nesta perspectiva, o Direito constitui-se "fato social", pois se trata de fenômeno ocorrente em toda e qualquer sociedade. Portanto, alude razão ao célebre brocardo latino outrora estatuído no Lácio pelos romanos ao inferir que "onde há sociedade há direito" (*ubi societas ibi ius*), ou, basicamente, como bem registra Rouland, "qualquer sociedade conhece o direito, mesmo que varie o conteúdo dele, e que cada uma delas não concede a mesma importância à regulação jurídica"[1].

Nesta perspectiva, em termos de utilidade, o Direito muitas vezes cumpre com sua missão apaziguadora, especialmente quando se propõe a arrefecer o ânimo daqueles que são mais exaltados e inclinados àquilo que é considerado por determinada cultura como um ato "ilícito". Assim, o Direito vigente, pois, em essência se propõe a restaurar a ordem e o equilíbrio uma vez rompidos pelos excessos de alguns. Mas, nas sociedades simples e

---

[1] ROULAND, Norbert. *Nos confins do direito*: antropologia jurídica da modernidade. Trad. Maria Ermantina de Almeida Prado Galvão. São Paulo: Martins Fontes, 2003. p. 3.

tradicionais, ou seja, aquelas que vivem na ausência formal da escrita[2] ou de um Estado constituído ou institucionalizado, as regras são definidoras do mais conveniente comportamento estabelecido (não somente entre os homens na mutualidade de seus contatos diários), mas também nas relações estabelecidas com o universo do sagrado, que no imaginário local funciona como uma espécie de fonte primordial da revelação. Obviamente, as sanções são muitas vezes difusas e embebidas em preceitos de caráter religioso, cujo condão maior são os ritos. Por isso mesmo, as formas de solução dos conflitos, no contexto em questão, são bastante diversificadas. Ora, todas essas percepções ensejam estudos bastante específicos, que se mostraram de extremo valor ao gradual aprimoramento da Ciência Jurídica.

3.2. O Direito em perspectiva antropológica

O estudo do Direito nas sociedades ágrafas (sem escrita), por vezes reputadas pela literatura antropológica especializada como "arcaicas", "primitivas" ou "tradicionais", recebeu particular atenção dos antropólogos, como vimos nos dois primeiros capítulos desta obra. Ocorre que, no processo de produção dos primeiros trabalhos acadêmicos sobre a matéria, logo se notou que em qualquer análise não havia como se desvencilhar tão facilmente do elemento jurídico, que se mostrava primordial ao desenvolvimento de uma compreensão mais acurada acerca do *modus vivendi* de determinada sociedade, objeto da investigação científica. O escopo das pesquisas pioneiras consistia em avaliar as diferentes percepções da legalidade existentes entre povos não dotados de códigos legais escritos, bem como, o de conhecer os variados mecanismos de solução de controvérsias de que se serviam as sociedades que rapidamente se descortinavam aos olhos ocidentais. Evidentemente que, nestes estágios iniciais, se desconfiou do escopo apresentado como justificativa

---

[2] "Os antropólogos chamam de 'primitivos' os povos, as culturas ou as sociedades que não adquiriram a escrita; portanto são pré-letrados, em sentido evolucionista, ou não letrados. Todas as culturas que existiram antes da invenção da escrita eram pré-letradas e pré-históricas. Como se verá depois, a propagação da escrita e a maneira urbana de vida que se lhe seguiu foram constantes e inexoráveis, apesar de lentas. Há somente quinhentos anos, a grande maioria de todas as culturas não possuía escrita, e eram, portanto, primitivas. Até o momento das descobertas realizadas por viajantes e exploradores procedentes das civilizações oriental e ocidental, elas permaneciam pré-letradas e pré-históricas." HOEBEL, E. Adamson; FROST, Everett L. *Antropologia cultural e social*. Trad. Euclides Carneiro da Silva. São Paulo: Cultrix, 2006. p. 8.

A PRIMEIRA DIMENSÃO DA ANTROPOLOGIA JURÍDICA...

pelos arautos das potências colonialistas europeias, porquanto, como é sabido, se encontravam maculados pelo intento do colonizador comprometido, unicamente, com o propósito de lograr o êxito com a efetivação da conquista a ser empreendida. Com o decurso do tempo substituiu-se este desiderato gradualmente pela motivação maior de fundo epistemológico. Com isso, pode-se dizer que surgiram (mormente e, não por acaso, entre os autores de língua inglesa, francesa, holandesa ou alemã) algumas obras específicas de Antropologia Jurídica, nas quais o elemento cultural era a peça indispensável a descortinar realidades jurídicas originais.

O novo olhar a pairar sobre o fenômeno jurídico, neste estágio, com a contribuição de caráter antropológico, assume novos e importantes contornos. Como bem lembrou Rodolfo Sacco "A antropologia supre a (pouco cultivada) pré-história. A antropologia familiariza o jurista com a ideia de que nem sempre existiu um jurista, nem sempre houve um poder político centralizado, capaz de garantir o respeito pela norma jurídica"[3]. Ainda sob tal prisma, convém admitir que a própria Teoria do Direito nunca mais se mostrou a mesma, pois muitos daqueles paradigmas reinantes até então foram gradualmente quebrados. E não se olvide que a contribuição da Antropologia às Ciências Jurídicas, graças as suas inúmeras ferramentas de caráter etnológico, foi muito além da Sociologia do Direito, ainda que esta tenha pavimentado o caminho para aquela. Como exemplo, citamos novamente os estudos desenvolvidos por Bronislaw Malinowski nas Ilhas Trobriand. Como vimos anteriormente (Capítulo II), até o aparecimento do pensador britânico, divulgava-se, nos meios acadêmicos, a crença de que as sociedades ágrafas eram capazes tão somente de produzir regras de caráter criminal e que o "direito civil ou privado" entre elas era praticamente inexistente. Como se sabe, porém, o antropólogo em questão provou ser esta tese (entre outras mais) completamente infundada[4]. Mais do que isso, no decorrer do ano de 1926, Malinowski ofereceu, pela primeira vez na história, uma "leitura antropológica da lei civil" ao tê-la como "lei formal que rege todas as fases da vida

---

[3] SACCO, Rodolfo. *Antropologia jurídica*: uma contribuição para a macro-história do direito. Trad. Carlo Alberto Datoli. São Paulo: Martins Fontes, 2013. p. 19.

[4] MALINOWSKI, Bronislaw. *Crime e costume na sociedade selvagem*. Trad. Maria Clara Corrêa Dias. Brasília: UnB; São Paulo: Imprensa Oficial do Estado, 2003. p. 30 e 74.

tribal", e que esta "consiste de um conjunto de obrigações consideradas corretas por um grupo e reconhecidas como dever pelo outro, mantida em vigor por um mecanismo detalhado de reciprocidade e publicidade inerente à estrutura de sua sociedade. Essas regras da lei civil são elásticas e têm certa amplitude. Elas não apenas apresentam penalidades pelas falhas, mas prêmios pelo excesso no seu cumprimento. Seu rigor é assegurado pela avaliação racional de causa e efeito pelos nativos, aliada a uma série de sentimentos sociais e pessoais, como ambição, a vaidade, o orgulho, o desejo de aperfeiçoamento pessoal pela exibição, além de apego, amizade, dedicação e lealdade aos parentes"[5]. Ademais, com o avanço das pesquisas tornou-se possível rediscutir novas funções do universo das normas, principalmente no que concerne à manutenção da estabilidade e do equilíbrio em qualquer grupo social humano.

Nos estudos que se seguiram, o costume[6], que havia perdido prestígio em meio ao positivismo legal dominante na cultura jurídica europeia, como nunca antes, tornou-se uma das fontes por excelência a orientar os estudos antropológicos. Havia, pois, a necessidade imperiosa de melhor delimitá--lo, de agora conectá-lo a antigas tradições perpassadas geração após geração, tendo-se em vista melhor definir sua essência, enfim, de perscrutá-lo de uma forma holística.

Nesse ínterim, o direito ágrafo, imerso no pluralismo que tipifica sua essência consuetudinária, revelou-se um produto imediato da cultura humana e, como ela se caracteriza como sendo rica e diversificada; também o

---

[5] MALINOWSKI, Bronislaw. Op. cit., p. 48.

[6] Fugindo daquelas conceituações dogmáticas, que normalmente pontilham os manuais de introdução ao estudo do Direito, assim coube a Louis Assier-Andrieu conceituar o costume: "Expressão direta da consciência comum, repertório normativo espontâneo dos grupos e dos povos, direito imediatamente conectado com as necessidades sociais, o costume se manifesta tanto como princípio de ordem quanto dá provas de uma ordem imanente. Supõe-se que ele preexista à lei, prossiga seu curso histórico à sombra desta lei, complemente-a, ou ainda anule seu efeito em benefício das forças surdas da tradição. Toda ação é, sob seu domínio, sujeita a um duplo estatuto: a um só tempo sinal de obediência ao costume e parte interessada no processo pelo qual o costume supostamente se cria". ASSIER-ANDRIEU, Louis. *O direito nas sociedades humanas.* São Paulo: Martins Fontes, 2006, p. 26. A tendência em desconsiderar a importância do costume na compreensão do fenômeno jurídico tem início no século XVIII, *a priori*, entre os Estados de origem germânica, que produziram seus primeiros códigos legais no campo do direito privado e se intensifica em 1804, quando veio a lume o Código Napoleônico. Cf. PALMA. *História do direito.* 5. ed. São Paulo: Saraiva, 2015. p. 295-300.

A PRIMEIRA DIMENSÃO DA ANTROPOLOGIA JURÍDICA...

império das normas de conduta passou a acompanhar esta mesma perspectiva fatual, consagrando, por assim dizer, todas aquelas formulações defendidas pela *Escola Sociológica*[7].

Do mesmo modo, os autores nas obras de Antropologia do Direito foram capazes de avaliar a profunda influência e o papel destacado exercido pelo sagrado na gênese da percepção legal. A ideia de revelação permeando todos os aspectos da vida tornou-se fundamental na trama que direciona a construção de determinada noção jurídica. Os antigos consideravam as regras produto de uma revelação inefável. As partes, ao pactuarem, invocavam os deuses como garantidores do cumprimento das cláusulas do acordo e se esforçavam para manter o acordado em inteiro teor. O temor, assim, agia profundamente no imaginário destes povos como forma de conduzi-los à observância dos ajustes. Todavia, não apenas isso; o temor ao sagrado imposto pelas conveniências sociais, como consequência, não raro contribuía para a coesão do grupo. A "história sagrada"[8], pois, consistia no elo fundamental que os vincula culturalmente, no ponto de apoio e acesso à ajuda espiritual que o mundo dos vivos não era capaz, por si só, de garantir.

Igualmente, surgiram neste contexto outras fontes do Direito, como os adágios e provérbios, tão bem lembrados por juristas como John Gilissen[9].

---

[7] "Para a Escola Sociológica, o Direito tem a sua origem nos fatos sociais, entendendo-se como tais os acontecimentos da vida em sociedade, práticas e condutas que refletem os seus costumes, valores, tradições, sentimentos e cultura, cuja elaboração é lenta e espontânea da vida social. Costumes diferentes implicam fatos sociais diferentes, razão pela qual cada povo tem a sua história e seus fatos sociais. E o Direito não pode formar-se alheio a esses fatos por ser um fenômeno decorrente do próprio convívio do homem em sociedade." CAVALIERI FILHO, Sérgio. *Programa de sociologia jurídica*. 12. ed. Rio de Janeiro: GEN/Forense, 2010. p. 25.

[8] "A antropologia ocidental emprega o termo 'mitologia' para designar as narrativas que explicam a relação entre o natural e o sobrenatural, mas os Índios preferem a expressão 'história sagrada', devido à noção generalizada de que mito implica ficção. Para muitos, as lendas sobre a história da Terra, as origens dos povos e as vidas de antepassados e seres sagrados são muito reais, pois estes personagens, bem como os acontecimentos mais relevantes das suas épocas, deixaram marcas indeléveis na paisagem e são vividamente recordados em imagens pintadas e esculpidas, canções, danças e contos." ZIMMERMAN, Larry J. *Os índios norte-americanos*: crenças e rituais visionários, pessoas sagradas e charlatões, espíritos da Terra e do Céu. Trad. Sofia Gomes. Colônia: Taschen GmbH, 2002. p. 114.

[9] GILISSEN, John. *Introdução histórica ao direito*. Trad. Maria Hespanha e L. Macaísta Malheiros. Lisboa: Fundação Calouste Gulbenkian, 1995. p. 31-38.

Deste modo, se nas sociedades complexas e contemporâneas os ditados populares significam uma mera expressão da cultura popular, todavia, entre os povos ágrafos, eles alcançam uma nova dimensão, na mesma medida em que ensejam implicações na órbita jurídica. Como bem esclarece *Sir* Hugh Clifford[10] a esse respeito, "um provérbio antigo" encontra-se revestido de "força peculiar" e "coerção" em razão de sua "antiguidade". Ou, como estabelece o próprio Coronel Rattray, que estudou os dizeres populares dos Ashanti: "Estes ditados pareceriam, ao escritor, a mais profunda alma deste povo, como é bem verdade que de fato o são. Eles conservam o pensamento de quando alguém, um pouco mais eloquente na tribo que seu par, resolveu em algum momento expressar em palavras, e que todas aquelas pessoas reconhecem de imediato como algo familiar, algo que os instintos de suas vidas, pensamentos e tradições indicam como verdadeiro segundo sua própria natureza"[11].

Por conseguinte, os antropólogos do Direito foram capazes de conhecer os diferentes modos de solução de controvérsias exibidos no cotidiano das sociedades simples, que vivem na ausência da escrita. Mas não se imagine que esta foi uma tarefa fácil de ser cumprida. Se entre o final do século XIX e início do século XX foram produzidas valiosas pesquisas nos territórios coloniais da África e Ásia, graças à abnegação de alguns pioneiros neste campo, na atualidade, o acelerado processo de assimilação cultural a que tais populações autóctones foram invariavelmente submetidas constitui empecilho para o desenvolvimento de novos estudos. Nesse sentido, afortunadamente se apressaram Karl Llwellyn e Adamson Hoebel para estudar não somente os conceitos legais cultivados pelos Cheyenne (uma importante nação indígena norte-americana que corria o risco de perder completamente a conexão com a sua identidade tribal e o seu passado), mas os meios que estes utilizavam para resolver suas disputas e restaurar a ordem no cotidiano comunitário. Como resultado desses esforços publica-se em 1941 uma obra de referência sobre o assunto nos Estados Unidos da América. Trata-se do clássico *The Cheyenne Way*.

---

[10] RATTRAY, R. Sutherland. *Ashanti proverbs*: the primitive ethics of a savage people. Pref. *Sir* Hugh Clifford. Oxford: Clarendon Press, 1916. p. 4 (nossa tradução).

[11] RATTRAY, R. Sutherland. Op. cit., p. 12 (nossa tradução).

O estudo do Direito nas sociedades ágrafas é de tamanha importância que pode ser traduzido, pois, como o coração pulsante da Antropologia Jurídica, as raízes mais antigas que fundamentam teoricamente a autonomia concedida à cátedra, ainda que o escopo que caracteriza a disciplina hoje seja mais abrangente, na medida em que se avalia também o impacto das transformações ocorridas em sociedade no âmbito jurídico. Em meio à complexidade que caracteriza o cotidiano nas grandes cidades, cada vez mais densamente povoadas, pertencentes a uma miríade de culturas e seu universo pluralista, continua a emergir com muita ênfase a necessidade de se buscar melhor conhecer nas diversas formas de organização humanas (onde se incluem naturalmente os povos que não desenvolveram a escrita) os variados mecanismos de controle social que entre elas mesmas foram encontrados como meio de garantir sua coesão e estabilidade. Deste modo, tendo por objetivo ilustrar com maior riqueza estas percepções legais presentes nestas sociedades simples, oferecemos no próximo capítulo um retrato preliminar do Direito entre o povo Cigano, bem como entre alguns povos indígenas como os Mapuche (Chile e Argentina), os Cherokee (Estados Unidos da América) e os Inuit (Ártico), sem, evidentemente, pretender com isso esgotar este esfuziante assunto. A seleção foi, de certo modo, aleatória, mas facilitada pelas fontes que para nós se mostravam mais acessíveis. É o que trataremos logo a seguir.

Capítulo IV

Direito, cultura e mecanismos de solução de controvérsias nas sociedades simples

4.1. Direito Cherokee: sobrevivência em meio a um "rastro de lágrimas"

Os Cherokee são pertencentes ao grande grupo das nações indígenas norte-americanas ligadas etnicamente à cultura dos Iroqueses e fazem parte das chamadas "Cinco Nações Civilizadas"[1] (termo que por si só denota, ao mesmo tempo, o adiantado processo de assimilação a que estas foram submetidas e o desprezo do elemento colonizador a outras culturas diferentes da sua). Não por acaso, e já sujeitas a um franco processo de assimilação, os Cherokee decidiram-se por adotar a escrita alfabética latina em 1821. Logo no ano seguinte, criaram uma "Suprema Corte" (localizada em New Echota, na Geórgia) e, por fim, em 1827, se revestiram de uma espécie de *Constituição*[2] como forma de garantir sua autonomia no plano legal frente ao governo dos Estados Unidos.

Atualmente habitam em maior escala os territórios da Geórgia, Carolina do Norte e Carolina do Sul. Entretanto, convém ressaltar que estes mesmos

---

[1] As outras quatro são os Seminole, os Choctaw, os Creek e os Chickasaw.

[2] "O dialeto dos Cherokees foi o primeiro a ter a sua própria escrita, um silabário inventado por Sequoyah (1770-1843), que levou mais de uma década a criar seu sistema, o qual reduzia a língua a oitenta e seis sílabas. Foi recebido com grande entusiasmo e, em 1824, publicou-se uma Bíblia, tendo, em 1828, surgido um jornal bilíngue, *The Cherokee Phoenix*, e uma constituição escrita. O silabário ajudou, assim, a preservar a cultura dos Cherokees face à opressão branca das décadas de 1830 a 1840." BROWN, Dee. *Enterrem meu coração na curva do rio.* Trad. Geraldo Galvão Ferraz. São Paulo: Círculo do Livro, 1970. p. 45.

Estados não são, propriamente, aqueles de suas verdadeiras origens. Isto porque um célebre episódio histórico marcou profundamente a trajetória dos Cherokee. Como se sabe, em função da assinatura de um decreto, aos 28 de maio de 1830 pelo Presidente Andrew Jackson (1767-1845), o *Indian Removal Act*, esta nação indígena foi instada a deixar as terras de seus ancestrais, para ser então realocada mais ao oeste do rio Mississipi, obedecendo à época a duvidosos interesses políticos estratégicos. Ocorre que a marcha compreendida entre os anos de 1838 e 1839 mostrou-se extremamente dificultosa para uma imensa população, deixando um saldo de incontáveis vítimas que pereceram pela fome e pelo frio implacável daqueles dias. O trágico acontecimento em questão tornou-se melhor conhecido na história norte-americana como *Trail of Tears* (Rastro de Lágrimas).

A determinação das origens dos Cherokee não alcança unanimidade entre os antropólogos[3]. Contudo, observou-se que o modo de trançar as cestas de vime, num estilo único na América do Norte, mas extremamente comum na América do Sul, sugere que deste último continente proveio a imigração, primeiramente via América Central, e depois, atingindo o México. Os contatos iniciais feitos com os europeus revelam que eles viveram espalhados por diversos Estados norte-americanos, em pequenas aldeias ou vilarejos (umas oitenta) que contavam com cerca de 200 ou 250 indivíduos. Nestes locais havia uma espécie de governo autônomo, composto por dois Chefes Tribais distintos, sendo um deles o *Chefe da Paz*, representado pela cor branca e responsável pelo cotidiano da tribo, das questões domésticas e cerimonias religiosas, e um outro, o *Chefe da Guerra*, encarregado da condução do conflito e das coisas a isto ligadas, das negociações, das alianças, do comércio, dos estrangeiros e demais assuntos conexos.

Certamente, as dificuldades interpostas no cotidiano Cherokee aumentaram com a ascensão de Andrew Jackson ao poder. Além de perderem parcela importante de seu território, foram aprovadas uma série de regras

---

[3] Os Cherokee chamam a si mesmos de *Ani-yunwi-ya* ("As pessoas de verdade") ou *Ani-keetuwahgi* ("As pessoas de Keetoowah"). CONLEY, Robert J. *The Cherokee*: a history. Albuquerque: University of New Mexico, 2005. p. 7. Entretanto, John Phillip Reid apresenta outra possibilidade. Para este autor, "Cherokee" foi um nome próprio conferido pelas nações indígenas ao derredor, que alcança o significado de "o povo da caverna". Os Cherokee, por sua vez, intitulavam-se "Tsulakees" ou "Tsalakees", ou seja, "o povo principal". REID, John Phillip. *A law of blood:* the primitive law of Cherokee nation. De Kalb: Illinois, 2006. p. 3.

DIREITO, CULTURA E MECANISMOS DE SOLUÇÃO DE CONTROVÉRSIAS NAS SOCIEDADES... **85**

que os relegavam a uma condição infame. Até mesmo seus costumes tradicionais foram abolidos pelo governo. Igualmente, em razão da aprovação de uma lei que entrou em vigor no dia 1º de junho de 1830, estes se encontravam impedidos de testemunhar em algum processo[4].

O direito Cherokee começou a ser codificado (positivado) por influência do colonizador, logo a partir da década de 1860. Sobressaem-se neste bojo as compilações chamadas de *The Cherokee Phoenix* (entre 1820-1830) e *Laws of Cherokee Nation* (1852)[5]. Um dos autores dedicados ao estudo do direito Cherokee, Rennard Strickland[6], logo na abertura de sua obra, faz uma interessante observação ao analisar cartas e outros documentos deixados pelos primeiros colonizadores que entraram em contato com a cultura Cherokee. A equivocada e precária impressão registrada nos escritos de militares como o capitão Raymond Demere e o tenente Henry Timberlake, além de um certo homem conhecido por William Fyfe, davam conta, quase em uníssono, de uma nação indígena que, aos olhos ocidentais, estava a viver na mais completa ausência de um sistema jurídico. Mas esta não é uma opinião isolada. No passado, outros, como um inominado comerciante inglês em viagem pela América do Norte, chegaram a supor com estranheza peculiar que o direito Cherokee simplesmente não previa sanções para punir os criminosos de plantão[7]. Aprioristicamente, deveríamos imaginar que, nos dois casos mencionados, o mais provável é que as punições se mostravam tão distintas e difusas, que passaram despercebidas a pouco acurada análise do britânico. Mas há ainda uma interessante hipótese defendida oportunamente por Reid[8], relacionada ao "direito público" daquela nação. Segundo o autor em questão, trata-se de uma concepção fundada num profundo senso comum de "igualdade" entre as pessoas, que se tornava completamente desafiador para os padrões ocidentais. Esta noção exclusiva de ordem pública, de teor original, reclamava, em primeiro plano, na ausência de uma coerção formal

---

[4] MOONEY, James. *Myths of the Cherokee*. Mineola, New York: Dover Publications, 1995. p. 117.

[5] REID, John Phillip. Op. cit., p. 278.

[6] STRICKLAND, Rennard. *Fire and the spirits*: Cherokee law from clan to court. Oklahoma: University Press, 1975. p. 9-10.

[7] A esse respeito veja REID, John Phillip. Op. cit., p. 64.

[8] REID, John Phillip. Op. cit., p. 63-64.

por parte das autoridades locais (mesmo que para implantar decisões aprovadas após deliberação comum, que visassem à promoção do bem-estar de toda a coletividade); o reconhecimento da igualdade irrestrita estabelecida entre homens, mulheres, crianças, ou, seguindo na linha desta percepção, entre "fazendeiros" e "caçadores". O cultivo deste valor perene, não raro relacionado ao conceito Cherokee de "liberdade" consistia na limitação dos poderes governamentais inerentes, inclusive, à figura do chefe da tribo, que no contexto que se segue jamais foi absoluta.

Aliás, é da lavra de John Phillip Reid o clássico jurídico intitulado *A Law of blood*: the primitive law of the Cherokee nation, obra publicada ainda no início da década de 1970. Interessante notar que o autor, apesar de todo o conhecimento produzido sobre o assunto, não se resigna em admitir com franqueza peculiar que seus estudos não são suficientemente capazes de desvendar todos os aspectos da mentalidade jurídica desta importante nação indígena norte-americana. Entretanto, pontua Reid, é bastante claro que a "agressividade", o eixo-motriz que conduz à prática da violência, constitui-se na "ofensa cardeal", ou seja, aquela forma de comportamento considerada a mais grave a ser praticada no meio social, porquanto, mostra-se atentatória à estabilidade e à ordem que os Cherokee se esforçam por manter. Por isso mesmo é requerido de um homem que este cultive "bons pensamentos". A perene busca pela conservação da "harmonia" nas relações comunitárias impunha naturalmente um freio a qualquer espécie de "hostilidade" porventura existente entre as pessoas[9]. Em síntese, a percepção jurídica dos Cherokee pode ser sintetizada segundo quatro distintos elementos. Inicialmente, há uma inclinação natural desta cultura ao "legalismo", seguida, por conseguinte, do "respeito à lei". Depois, nesta mesma sequência, percebe-se uma tendência à rejeição às punições emanadas do Estado e uma disposição maior à adaptação aos novos tempos, mesmo que isso invariavelmente implique em abandono ou alteração de antigos costumes tribais, por estes serem, eventualmente, considerados obsoletos[10].

Os Cherokee, como outros povos, também vieram a estabelecer um corpo de regras costumeiras para reger questões relacionadas ao gênero. Os homens temiam as mulheres no período da menstruação, não por considerá-las propriamente "impuras" (como geralmente acontece entre muitos

---

[9] REID, John Phillip. Op. cit., p. 247-249.

[10] REID, John Phillip. Op. cit., p. 253, 272 e 276.

Direito, Cultura e Mecanismos de Solução de Controvérsias nas Sociedades...

outros povos), mas por acreditarem que estas se encontravam revestidas de destacado poder espiritual nestas circunstâncias. Há que se notar que ambos os sexos se resignavam por longos períodos ao silêncio, salvo, se entre os dois houvesse algum grau de parentesco. Também ficavam separados por grandes períodos de tempo dedicados aos trabalhos reservados ao papel exercido em sociedade: os primeiros partiam em busca da caça enquanto elas produziam açúcar[11].

Entretanto, como bem adverte Strickland[12], não se deve perder de vista que o direito Cherokee assenta suas bases na crença acerca da existência de uma ordem divina, superior, a orquestrar todo o universo (do qual as regras de conduta humanas naturalmente se incluem). Conforme veremos logo no próximo capítulo desta obra, esta visão cosmológica não é uma exclusividade de nenhum povo em particular, mas uma realidade que se repete aqui e acolá em meio a diversas culturas. Sob este aspecto, tem-se como melhor exemplo o antigo direito Chinês. Deste modo, muito bem leciona o mesmo Strickland[13], que o Direito, na visão indígena Cherokee, emana diretamente de uma concepção particular que se nutre acerca do "mundo espiritual". O ritual é parte importante deste processo, não por acaso uma lembrança festiva da outorga da lei por parte do sagrado, numa espécie de reconhecimento periódico de que a norma não emana propriamente deste mundo. A condução da cerimônia era levada a cabo por um sacerdote específico, a quem se intitulava *o homem amado*[14]. Semelhantemente, convém notar, desde tempos remotos já celebravam os israelitas nos desertos da Judeia a "descida da Torah" dos céus. Ensina Strickland que rememorar, pois, o conteúdo da lei, consistia numa iniciativa de cunho sagrado e dever periódico. Este ato simbólico revestido de significado ocorria pelo menos uma vez a cada ano. A celebração servia de veículo primordial para a expiação dos pecados do povo, pois na cultura Cherokee acreditava-se que os erros cometidos no passado por uma pessoa tornavam por demais pesarosa

---

[11] PERDUE, Theda. *Cherokee women*: gender and culture change (1700-1835). Lincoln: University of Nebraska Press, 1999. p. 4.

[12] STRICKLAND, Rennard. *Fire and the spirits*: Cherokee law from clan to court. Oklahoma: University Press, 1975 (The Civilization of the American Indian Series, n. 133). p. 11.

[13] STRICKLAND, Rennard. Op. cit., p. 11.

[14] STRICKLAND, Rennard. Op. cit., p. 11.

a existência se carregados por uma vida. Daí a utilidade do dito festejo. No presente cerimonial, tanto o "fogo" como a "fumaça" eram componentes essenciais ao processo de purificação do indivíduo que porventura cometeu algum ilícito[15].

Em matéria penal algumas curiosidades são oportunamente salientadas por Reid. A primeira delas converge no sentido de se admitir que as condutas delituosas praticadas, não raro, ficavam sem a sanção correspondente em função da extrema tolerância desta cultura em relação ao cometimento do ilícito[16]. Nessa mesma perspectiva, até mesmo os homicidas, muitas vezes, eram perdoados, o que gerou o provável estranhamento por parte dos primeiros homens brancos que com eles mantiveram o contato inicial. Outra questão interessante refere-se ao adultério[17], que, ao contrário do que ocorre entre outras nações indígenas, jamais chegou a se constituir crime entre os Cherokee. Gordon Bakken, por sua vez, explica que eles já eram capazes de distinguir entre homicídio doloso e culposo, sendo este tipo penal assim definido quando a morte de um indivíduo ocorresse de forma "acidental", ou sem "malícia". Do mesmo modo, consideravam os Cherokee o instituto da legítima defesa (um dos mais reconhecidos em qualquer sociedade)[18]. Em síntese, no âmbito deste povo e de suas crenças particulares, cabe a um homem seguir o "Caminho Branco" (*White Path*) ou a "Estrada Branca da Justiça" (*White Righteous Road*). Isto significa ser "pacifista", mostrar-se "amigável", "observante de todas as virtudes morais", mas também, "observante dos antigos costumes". Prevalece sempre, pois, a ideia de "retidão" entre os Cherokee, que parecem compreender o que chamamos de "princípio da boa-fé". Sobre o assunto em questão, Joshua B. Nelson relata que, certa feita, um homem chamado Crosslin Smith, que era líder da Keetoowah Society, em discurso proferido na Universidade de Northeastearn State, comparou os preceitos judaico-cristãos de justiça àqueles dos Cherokee, especialmente, talvez, aos do Decálogo[19]. Obviamente as duas

---

[15] STRICKLAND, Rennard. Op. cit., p. 12.

[16] REID, John Phillip. Op. cit., p. 272.

[17] Sobre este assunto, veja REID, John Phillip. Op. cit., p. 115 e 272.

[18] BAKKEN, Gordon Morris. *Foreward*, p. IX-XII. In: REID, John Phillip. Op. cit., p. XI.

[19] JOSHUA, Nelson B. *Progressive traditions*: identity in Cherokee literature and culture. Oklahoma: University of Oklahoma Press, 2014 (American Indian Literatureand Critical Studies Series, vol. 61). p. 53.

Direito, Cultura e Mecanismos de Solução de Controvérsias nas Sociedades... 89

culturas se esbarram, aqui e acolá, em alguns ou muitos aspectos comuns entre ambas, todavia não são completamente equivalentes, como pretendeu estabelecer o referido orador. Basta, para tanto, considerar que o adultério não é crime, como dissemos, entre os tais[20]. Ademais, se isto quiçá ocorre, eventualmente, pode ser compreendido como o resultado da assimilação cultural à qual os Cherokee foram submetidos desde que deixaram suas terras ancestrais em meio a um "rastro de lágrimas".

4.2. Direito Mapuche: o império da lei no coração dos Andes

Os Araucanos[21], também conhecidos por Mapuches[22], habitam as gélidas regiões centrais da Cordilheira dos Andes, especificamente nos territórios atualmente compreendidos por dois países, a saber, o Chile e a Argentina. Entretanto, suas origens parecem jazer na Amazônia. Nesse sentido, Eduardo Díaz del Rio[23] chegou a fixar uma data aproximada para o início desta migração: os arredores do ano 1350 da Era Comum. Vale dizer que a conquista hispânica à qual foram invariavelmente submetidos deixou profundas feridas na alma deste povo, que permaneceu pelos séculos afora em contínua luta pelo reconhecimento de seus direitos ancestrais, dentre os quais aquele à autodeterminação assume inequívoca preponderância. O episódio conhecido por "Guerra de Arauco" (1550-1656) é prova da árdua resistência oferecida pelos índios como um ato de defesa de sua cultura

---

[20] REID, John Phillip. Op. cit., p. 115.

[21] "Araucano" é um termo de difícil sentido. Todavia, como bem previne Isabel Hernández, *co* é "água" em idioma mapuche, enquanto que *rauco* pode ser entendido como "argila" ou "terra arenosa e molhada". De qualquer modo, "Mapuche", explica a mesma autora, é o nome em que estes indígenas se reconhecem, pelo fato de que "Araucano" é tido como um triste legado deixado pelo conquistador espanhol, que se popularizou após a publicação da obra de Alonso de Ercília (1533-1594), o militar e autor do célebre poema épico *La Araucana*. HERNÁNDEZ, Isabel. *Los Mapuche, derechos humanos y aborígenes*. Buenos Aires: Galerna, 2007 (Colección Aborígenes de la Argentina). p. 17. Em função disso, fizemos a opção aqui de nos servirmos da terminologia "Direito Mapuche".

[22] Acerca da etimologia de "Mapuche", ensina Díaz del Río que a palavra alcança dois significados: "homem da terra" ou campesino. Veja DÍAZ DEL RÍO, Eduardo. *Los araucanos y el derecho*. Prólogo de Sergio Villalobos R. Santiago: Editorial Jurídica de Chile, 2006. p. 9.

[23] DÍAZ DEL RÍO, Eduardo. Op. cit., p. 9.

milenar e natural rechaço ao processo de colonização e conversões forçadas imposto pela Espanha naquelas terras. Sabe-se que nem mesmo a concórdia celebrada em Quillín (1641) foi suficientemente capaz de impedir novos confrontos teimosamente a prosseguir nos anos vindouros. Somente aos 3 de agosto de 1817, o governo chileno, oficialmente, anunciou novos termos de paz celebrados com a nação Mapuche.

Ora, a preocupação com o estudo sistemático do Direito Araucano (ou Mapuche) no Chile teve seu início ainda na aurora do século XX. Sob tal perspectiva, três livros pioneiros assumem um interesse científico fundamental: trata-se de *Psicolojía del pueblo araucano*[24] (1908), de Tomás Guevara; *Los araucanos ante el derecho penal* (1917), de Enrique L. Marshall[25], e *El derecho penal araucano* (1941), esta última uma contribuição colhida da lavra de Jeorgina Pedernera Urbina[26].

A publicação sistemática de obras de inestimável valor acadêmico já demonstra que o ambiente bastante favorável ao conhecimento da Antropologia Jurídica no Chile é de longa data. Também, afortunadamente, revela que docentes de diversas instituições cuidaram de trazer a público os conhecimentos resultantes da percepção jurídica e cultura de sua mais notória nação indígena.

A palavra genérica utilizada para se definir o "direito" entre os Araucanos é *admapu*[27]. Como ocorre em toda e qualquer sociedade ágrafa, as regras de conduta foram criadas tendo por fundamento primeiro o norte oferecido pelas crenças religiosas. Assim, o universo mágico-ritualístico permeia a definição das sanções aplicáveis a cada caso específico, cujo proveito maior reside na restauração da harmonia e da paz social no seio das reduções ("reservas" ou "aldeias").

Bem conhecidas são as normas de cunho criminal entre os Mapuche. A

---

[24] GUEVARA, Tomás. *Psicolojía del pueblo araucano*. Santiago: Imprenta Cervantes, 1908.

[25] MARSHALL, Enrique L. *Los araucanos ante el derecho penal*. Concepción, Chile: Impr. y Encuadernación Moderna, 1917.

[26] URBINA, Jeorgina Pedernera. *El derecho penal araucano*. S/l: Valparaízo, 1941.

[27] Veja a esse respeito MONGUILLOT, Manuel Salvat. Notas sobre el derecho y la justicia entre los Araucanos. *Revista Chilena de Historia del Derecho*. Dir. Alamiro de Ávila Martel n. 4 (1965). Santiago: Editorial Jurídica de Chile (Publicaciones del Seminário de Historia y Filosofía del Derecho de la Facultad de Ciencias Jurídicas y Sociales de la Universidad del Chile). p. 270.

DIREITO, CULTURA E MECANISMOS DE SOLUÇÃO DE CONTROVÉRSIAS NAS SOCIEDADES... 91

pena capital era reservada àquela sorte de crimes considerados pela sociedade araucana como sendo os mais graves. Monguillot, em excelente trabalho sobre o assunto em tela, identifica os ilícitos passíveis de tal punição, quais sejam tanto o roubo como o furto, desde que se levando em conta o contexto e a gravidade dos atos. Além destes, tem-se o adultério, o homicídio doloso, a traição e a feitiçaria. A condenação à morte usualmente se dava por flechas, lanças ou pela fogueira, da qual não se exclui, em certas situações, a possibilidade franqueada ao infrator do pagamento de uma pena de caráter pecuniário, como uma forma viável de se evitar sua execução (ainda que não se esclareçam em quais casos isto poderia ser admitido), ou ainda o estabelecimento de multas, em razão do delito praticado[28]. Tomás Guevara, a seu turno, esclarece que por diversos aspectos de caráter cultural torna-se possível fazer até mesmo uma espécie de escalonamento de crimes na sociedade araucana, sendo os dois delitos de maior gravidade o roubo e o adultério, seguidos do homicídio (em segundo plano) e a morte causada pela prática de algum sortilégio (pois, assim como em outros povos, também havia entre os Mapuche a crença de que a feitiçaria poderia causar dano a alguém, levando-o, inclusive ao óbito). Em terceiro vêm os prejuízos de caráter material ou dívidas. Oportunamente, observa o autor que não havia qualquer tipificação para a injúria ou difamação (ainda que revestidas de certa gravidade). Este tipo de situação, no máximo, poderia redundar em querelas entre as famílias. A prática do roubo levava, não raro, à execução sumária do criminoso. O furto, porém, reclamava a realização de ordálios para a condenação de algum acusado[29].

Vale notar que a adoção do talião, do mesmo modo como ocorre entre outras tantas nações indígenas sul-americanas, dentre as quais citamos por ora os Guaranis[30], encontra-se do mesmo modo presente no itinerário dos Araucanos. Entretanto, com o passar do tempo, a vingança foi sendo progressivamente arrefecida, com a família podendo optar por receber alguma

---

[28] MONGUILLOT, Manuel Salvat. Op. cit., p. 276.

[29] GUEVARA, Tomás. Op. cit., p. 205.

[30] MOREIRA, Manuel. *La cultura jurídica guarani*: aproximación etnográfica a la justicia Mbya-Guaraní. Buenos Aires: Editorial Antropofagia, 2005 (Centro de Estudios de Antropologia y Derecho). p. 110-116.

prestação de cunho pecuniário do ofensor ou de sua parentela. Guevara[31] sustenta que as razões que conduziram naturalmente à mudanças nas regras de conduta araucanas podem ser explicadas pela valorização maior concedida pela sociedade mapuche à propriedade (animais, adornos e outros). Outro motivo determinante para o declínio do talião foi o aumento da autoridade do patriarca, outrora diluída em meio aos interesses do grupo. No decurso do tempo, este passou a atuar decisivamente como um efetivo interlocutor entre os litigantes, a fim de trabalhar em prol de um veredicto distinto da usual opção pela vingança, atitude culturalmente tão consolidada no imaginário daquela gente pela força irresistível do costume ancestral.

O desterro (outra das penas previstas pelo Direito Mapuche), por sua vez, poderia assumir duas modalidades distintas, ou seja, o banimento do indivíduo da reserva ou, numa hipótese de maior gravidade, a exclusão deste do próprio território araucano[32].

As formas de solução de controvérsias adotadas pelos Mapuche eram diversificadas. Sobre os ordálios, aos quais recorriam com constância, já nos reportamos anteriormente. É possível também, curiosamente, falar da existência de uma espécie de "justiça arbitral" – como propôs Guevara – por meio da qual a mulher, graças ao profundo conhecimento do direito consuetudinário, encontrava-se plenamente apta a atuar como árbitro. Aliás, estas não poderiam ser partes em algum processo, tampouco feitas rés, exceto quando acusadas da prática de bruxaria[33]. Não era incomum também a eclosão de "guerras civis" nas disputas entre diferentes clãs ou grupos. Isto ocorria normalmente em razão do roubo de animais, cometidos por agentes externos, alheios à tribo, ainda que de origem Mapuche. A vítima então recorria ao cacique, que por sua vez enviava arautos ao outro chefe, que lhe expunham uma versão do ocorrido e solicitava a devida reparação, de acordo com os valores e quantias tradicionalmente admitidas em território araucano. Se esta petição não fosse atendida, o prejudicado naquela situação, devidamente autorizado por seu superior, convocava sua parentela, que se entregava à vingança contra o clã do infrator. Esta agressão consistia na rapina e no saque (chamados de *malon* ou *malocan*, que, nestas circunstâncias

---

[31] GUEVARA, Tomás. Op. cit., p. 195-198.

[32] MONGUILLOT, Manuel Salvat. Op. cit., p. 276.

[33] GUEVARA, Tomás. Op. cit., p. 197.

DIREITO, CULTURA E MECANISMOS DE SOLUÇÃO DE CONTROVÉRSIAS NAS SOCIEDADES... 93

específicas, ditavam os atos de belicosidade entre os algozes[34].

Interessante notar que os Mapuche davam vazão ao contraditório, pois, como bem lembra Guevara "o cacique ouvia as partes, ao ofendido e ao ofensor". E, ainda, pareciam conhecer uma forma de advocacia ainda que embrionária, considerando que aos litigantes era facultado "encomendar sua defesa a velhos peritos nos usos judiciais". A partir do século XVIII somou-se a estas formas de solução de conflitos a prática da mediação, como parte do incremento das práticas judiciais em voga na Araucanía[35].

Atualmente, os Mapuche podem ser considerados uma das mais importantes e influentes nações indígenas da América Latina. Nos dias atuais eles atingem o número aproximado de 650 mil indivíduos, que correspondem a um total de 6% da população do Chile, mas apenas 0,1% da Argentina[36]. Bem organizados politicamente e historicamente engajados na luta por seus direitos, a voz araucana se faz ouvir como uma das mais participativas nos fóruns internacionais a tratar de questões de seu interesse.

4.3. DIREITO INUIT OU ESQUIMÓ: AS PERCEPÇÕES JURÍDICAS VINDAS DO ÁRTICO

"Inuit"[37] ou "Esquimó"[38] são termos equivalentes em sentido, utilizados

---

[34] GUEVARA, Tomás. Op. cit., p. 197-198.

[35] GUEVARA, Tomás. Op. cit., p. 198-203. [Nossa tradução].

[36] HERNÁNDEZ, Isabel. Op. cit., p. 15.

[37] Como bem demonstra Pamela Stern, o nome próprio "Inuit", em idioma *Inuktitut,* significa "o povo". STERN, Pamela. *Daily life of the Inuit.* Santa Barbara, California, United States: Greenwood/ABC-CLID, LLC, 2010. p. XI. Para saber mais, consulte a obra de DORAIS, Louis-Jacques. *The language of the Inuit*: sintax, semantics, and society in the Artic. Montreal/Quebec/Ontario, Canada: University of McGill-Queen's, 2014 (Book 58, Serie McGill-Queen's Native and Nothern). p. 7-27.

[38] Sobre o termo "esquimó", bastante difundido pela cultura popular, assim destacou Zimmerman: "Os Inuítes andavam de mar em mar, percorrendo toda a extensão em volta do Polo Norte, e suas várias tribos, dos Inuítes da Sibéria aos Calatites da Groenlândia, partilhavam a mesma língua e o mesmo modo de vida. Os da região delimitada pelo rio Mackenzie e pela baía de Hudson, entre os quais os Netsiliques, os Igluliques e os Aiviliques, levavam um tipo de vida que o mundo identifica como 'esquimó', embora os Inuítes não gostem do nome. Para resistir ao frio, vestiam grossas *parkas,* calças de pele de caribu (com pelo voltado para dentro) ou de urso polar (com o pelo para fora) e botas de pele de foca ou de caribu e, tal como os seus remotos antepassados, deslocavam-se em trenós puxados por cães e construíam casas provisórias de neve (iglus), quando viajavam no Inverno. O seu equipamento incluía ainda óculos especiais contra o ofuscante reflexo do sol sobre a neve e o gelo, durante a Primavera

para se referir àquelas populações nativas de diversas regiões do Círculo Polar Ártico, que, atualmente, compreendem os territórios do Canadá, Alasca, da Groenlândia e Dinamarca. Entretanto, alguns poucos também vivem ainda ao norte da Rússia. As mais distantes origens dos Inuit jazem na Sibéria, de onde partiram as primeiras levas migratórias que cruzaram o estreito de Behring e, a partir de então, alcançaram o norte do continente americano em função da ocorrência da última glaciação[39].

Recentemente, o estudo do Direito Inuit tem despertado vivo interesse nas faculdades de Direito do Canadá e dos Estados Unidos da América. Sem embargo, nas últimas décadas, uma diversidade de pesquisas surgiu em função da presente temática, que agora se soma à importância doutrinária conferida à Antropologia Jurídica nestes mesmos países. Trabalho pioneiro nesse sentido foi aquele realizado por Franz Boas (1883-1884), antropólogo alemão que, uma vez à bordo do navio *Germânia*, excursionou pelas ilhas Baffin acompanhado de Wilhelm Weike, seu ajudante. A viagem iniciada em junho de 1883 constitui marco para a pesquisa etnográfica dos nativos Inuit[40]. A importância das ricas anotações deixadas por Boas é de valor imensurável, principalmente considerando a constante ameaça à progressiva perda de identidade das populações do Ártico nos dias atuais, sem embargo o contínuo esforço dos países do Norte visando promover a preservação das culturas indígenas locais. De todo modo, sabe-se que os primeiros contatos dos esquimós com os europeus (especialmente franceses e ingleses) são de longa data e remontam, pelo menos, ao século XVI. Não obstante o fato de muitos deles viverem em reservas como aquela de Nunavut, no Canadá, em que se reconhece grande autonomia à vida comunitária, é sabido que o processo de assimilação se tornou contínuo e intenso.

O professor Paul Groarke[41], desde pronto, explica que para se compreender adequadamente as regras de conduta típicas dos Inuit há a neces-

---

e o Verão". ZIMMERMAN, Larry J. *Os índios norte-americanos*: crenças e rituais visionários, pessoas sagradas e charlatões, espíritos da Terra e do Céu. Trad. Sofia Gomes. Colônia: Taschen GmbH, 2002. p. 88-89.

[39] STERN, Pamela. Op. cit., p. XI.

[40] Sobre a empreita, veja BOAS, Franz. *Franz Boas among the Inuit of Baffin Island (1883-1884)*: Journals and Letters. Trad. William Barr. Edited and introduced by Luger Müller Wille. Toronto: University of Toronto Press, 1998. p. 3-27.

[41] GROARKE, Paul. Legal Volumes from Arctic College's Interviewing Inuit Elders Series. *Osgood Hall Law Journal*, New York, n. 47.4 (2009). p. 791.

sidade de se considerar a influência de suas crenças particulares neste contexto básico. Como consequência, esta convicção de cunho mágico (devido a essa mesma característica intrínseca) exerce, por si só, uma forma de controle social preliminar, pois atua diretamente no imaginário de cada indivíduo. Desta forma, entre os esquimós, tem-se por certo que a inobservância das regras de conduta fatalmente traria como resultado a diminuição do tempo de vida de uma pessoa, com implicações para as gerações vindouras, que estarão igualmente marcadas pelos erros de seus antepassados e, portanto, igualmente condicionadas ao mesmo fim[42]. Ademais, observa o mesmo autor, tornou-se generalizada a opinião de que o descumprimento de uma regra social atinge a todos indistintamente, colocando a própria comunidade em risco[43]. Uma destas sanções de caráter espiritual a que tanto se temia sofrer pelo juízo divinatório na sociedade Inuit era a fome. É evidente que a privação dos bens essenciais à sobrevivência não era pela comunidade atribuída às condições inóspitas e inconstantes do clima ao qual estavam sujeitos, susceptível às intempéries de praxe, mas ao mero intento do sagrado, como resultado de uma punição maior

Entre os Inuits foi observado que os conflitos irrompem de uma forma mais acentuada no final do inverno, quando os recursos já são escassos e as numerosas famílias são obrigadas a conviver e dividir pequenos espaços por meses consecutivos[44]. De qualquer modo, não são poucos os me-

---

[42] Nesse mesmo sentido flui a crença judaico-cristã representada pela sistemática existente entre os conceitos monoteístas de "bênçãos e maldições".

[43] GROARKE, Paul. Op. cit., p. 791.

[44] PAUKTUUTIT INUIT WOMEN OF CANADA, *The Inuit Way*: A Guide to Inuit Culture. Government of Nunavut, Department of Canadian Heritage. Kuujjuaq, Canadá, 2006. p. 1-10. Nesse mesmo sentido discorre o antropólogo canadense Robert Weaver Shirley: "Os esquimós vivem numa região onde, na época do inverno, o frio mata uma pessoa em cinco minutos se ela não estiver adequadamente vestida. Eles têm sido tradicionalmente caçadores e muitos ainda o são e no inverno, essa atividade torna-se bastante árdua. Partindo desse fator geográfico básico, os esquimós desenvolveram durante muitos séculos uma série de leis que lhes permite sobreviver num dos ambientes mais hostis da terra. Uma dessas leis é: quem tem um excesso de carne ou outro alimento deve reparti-lo com os outros. Armazenar

canismos de controle social adotados pelas populações do Ártico, como bem demonstraram os estudos desenvolvidos pela entidade chamada *Pauktuutit Inuit Women of Canada*[45]. Assim, valer-se da *maledicência* traduz-se como um recurso aceitável no meio da comunidade, especialmente quando o objetivo é o de conduzir o infrator ao reconhecimento de seu erro. Sabe-se que a execração pública se torna um eficiente recurso que visa levar o indivíduo à observância das normas, além de ser uma reafirmação perene destas. De todo modo, a difamação nunca pode ser desnecessariamente cruel, sob o risco de aquele que não dispõe de limites no trato da questão ser o próximo alvo da censura popular. Deve-se lembrar que o escopo não é o de destruir a imagem da pessoa diante do grupo, mas, apenas, instigá-la a retomar o juízo perfeito. *Ignorar* o ofensor é outro meio válido de se tentar resolver um conflito, pois ao se fazer uso deste expediente espera-se que a desavença se resolva naturalmente por si mesma. *Envergonhar* o preguiçoso que se recusa a contribuir minimamente com seus esforços às obrigações diárias é uma provável alternativa. *Ridicularizar* alguém por meio de piadas ou brincadeiras de cunho jocoso é, de certo modo, uma forma admissível de se evocar o comportamento social esperado. Nestas situações, mais uma vez, vale a regra anterior, que impõe um freio aos excessos. Relegar o transgressor a uma espécie de *ostracismo social* é uma possibilidade a ser levada em conta, principalmente quando os demais métodos não surtem os efeitos esperados. Isto não significa dizer que, nestas circunstâncias, a pessoa permanece completamente evitada ou excluída pelos seus pares. Ademais, a comunidade poderá, a qualquer tempo, rever sua posição, quando julgar que houve uma mudança de

---

comida é um crime mortal na visão desse povo. Em seu ponto de vista, é natural as pessoas dividirem seus bens. Devido a essa crença, os primeiros comerciantes ingleses nunca puderam instalar um posto comercial em território esquimó. Os esquimós sempre estavam dispostos a repartir suas peles e alimentos com os ingleses, porém nunca conseguiram entender por que estes mantinham um estoque enorme de mantimentos sem dividi-lo. Tal procedimento não lhes era natural ou, melhor, era 'crime'. Por três vezes os ingleses estabeleceram postos comerciais no território esquimó no século passado e por três vezes, após algumas discussões sobre justiça e divisão, as comunidades esquimós simplesmente mataram os comerciantes ingleses e distribuíram seus alimentos. Isto foi 'justo' para o direito esquimó, já que, para eles, o crime mortal não era o roubo, mas sim a ganância. SHIRLEY, Robert Weaver. *Antropologia Jurídica*. São Paulo: Saraiva, 1987. p. 10-11. Como se vê, a estipulação de certas regras acerca da partilha dos alimentos é uma constante na sociedade Inuit. Uma outra norma determina a obrigação de se dar comida aos doentes. Veja sobre o tema em tela GROARKE, Paul. Op. cit., p. 792.

[45] PAUKTUUTIT INUIT WOMEN OF CANADA. Op. cit., p. 10.

DIREITO, CULTURA E MECANISMOS DE SOLUÇÃO DE CONTROVÉRSIAS NAS SOCIEDADES... **97**

atitude. Aquela que pode ser tida como a mais severa dentre as sanções adotadas entre os Inuit, entretanto, assume a forma de uma espécie de *ostracismo físico*, em que os membros da sociedade que violam as regras de conduta são excluídos temporariamente do convívio do grupo. Tal condição, não obstante a vergonha e a dor do desprezo, causa uma série de inconvenientes para os recalcitrantes, pois os tais podem se ver em dificuldades para prover seu próprio sustento na ausência de seus iguais[46].

Seguindo na esteira de diversos outros povos ágrafos, por vezes, também os Inuits se utilizam de outros meios mais formais, tais como a estipulação de combates corporais e lutas tendo por intuito resolver suas controvérsias. Os *duelos*, aqui, são perfeitamente admitidos pelas autoridades e realizados perante o crivo de toda a aldeia. A publicidade do evento e a presença de testemunhas são requisitos essenciais para a validade do ato. O vencedor da disputa legal é aquele que, na contenda, conseguir provar ser o mais forte. Há também uma forma de duelo em que são compostas burlescas canções sobre o adversário. As melodias são entoadas pelas mulheres dentro de um imenso iglu, enquanto os homens, participantes da contenda, rufam tambores e dançam alegremente para uma plateia entusiasmada. A ironia empregada nos versos determina a razão na causa e cumpre com sua função compositiva. Note-se que os ataques à honra do oponente devem ser encarados sempre com bom humor. Os chistes presentes nos tons da musicalidade geralmente referem-se à "vitalidade sexual", "honestidade", "força", "habilidade para caça" ou "outro aspecto qualquer" característico da pessoa e capaz de expô-la ao ridículo[47]. Sem embargo ao que já foi ressaltado, como bem previne Natalia Loukacheva[48], há que se ter sempre em mente que o objetivo maior do sistema legal Inuit ou de seu direito costumeiro (*Maligait*) é o de restaurar a paz social e promover a reconciliação entre os litigantes, e não, propriamente, o de praticar "justiça" ou "punir" exemplarmente os eventuais culpados, o que, note-se, representa um evidente contraste com as tradições legais ocidentais.

---

[46] PAUKTUUTIT INUIT WOMEN OF CANADA. Op. cit., p. 10-13.

[47] PAUKTUUTIT INUIT WOMEN OF CANADA. Op. cit., p. 10-13.

[48] LOUKACHEVA, Natalia. Indigenous Inuit Law, "Western" Law and Northern Issues. Artic Review on Law and Politics. v. 3, 2/2012. p. 204. Vale observar que na sociedade Inuit não existe uma clara distinção entre direito ou lei e costume. A esse respeito veja também a excelente compilação apresentada por GROARKE, Paul. Op. cit., p. 788.

O combate aos comportamentos indesejados na sociedade Inuit alcança ressonância nos valores tradicionais presentes na cultura deste povo e, como já se disse, na contínua luta visando à pacificação da comunidade. A esse respeito, Lori Groft e Rebecca Johnson[49] produziram uma interessante pesquisa com base nas histórias orais esquimós e foram capazes, inclusive, de identificar um rol específico de "virtudes" régias ou, num sentido mais "jurídico" acerca da matéria, aquilo que entendemos melhor por "princípios legais". Destarte, o primeiro deles na listagem das autoras seria a "generosidade", fundada no "compartilhamento" (*Aatchuqtuutijik Avatmun* ou *Sibñataiññiq*)[50]. "Ajudar", "se preocupar com os outros", ser solícito ao "servir" aos demais é o segundo deles (*Avanmun Ikayuutiniq, Ippigusuttiarniq, Piliriqatigiingniq*)[51]. O terceiro valor a constar nesta categoria de preceitos fundamentais assume um caráter eminentemente ecológico ou ambientalista: consiste, basicamente, no "respeito" devido ao próximo, à terra (ou ao entorno) e aos animais que nela vivem (*Kipakkutaiññiq, Avatimik Kamattiarniq*)[52]. Além destes, pode-se mencionar a necessidade de se conceder a qualquer um "justo" ou "adequado" tratamento (*Uppiriqattautiniq*); "compartilhar informações" com honestidade ou ainda ser "honesto" nesta mesma perspectiva (*Pitqiksigautaiññiq* e *Qaujimautittiarniq*)[53]. Paralelamente a estes, há ainda o "princípio da colaboração" e "cooperação" (*Pilirriqatigiiknik, Savaqatigiiyujik* ou *Paammaagigniq*) e o da "não violência", incluindo-se aqui a obrigação de "evitar conflitos" (*Paaqtakautainniq*)[54]. Conservar a "paciência", "flexibilidade", "humildade" (*Qimmaksautaiññiq* ou *Qinuisaaniq*) e a determinação para a resolução de problemas (*Qanuqtuutungnarniq*) são as duas últimas[55].

Por fim, sabe-se que os estudos sobre o Direito Inuit se revestem de maior

---

[49] GROFT, Lori; JOHNSON, Rebecca. *Accessing Justice and Reconciliation*: Journeying North: reflections on Inuit stories as law. Ontario, Canada: The Law Foundation of Ontario; University of Victoria, Faculty of Law; Indigenous Bar Association. p. 32-33.

[50] GROFT, Lori; JOHNSON, Rebecca. Op. cit., p. 32-33.

[51] GROFT, Lori; JOHNSON, Rebecca. Op. cit., p. 32-33.

[52] GROFT, Lori; JOHNSON, Rebecca. Op. cit., p. 32-33.

[53] GROFT, Lori; JOHNSON, Rebecca. Op. cit., p. 32-33.

[54] GROFT, Lori; JOHNSON, Rebecca. Op. cit., p. 32-33.

[55] GROFT, Lori; JOHNSON, Rebecca. Op. cit., p. 32-33.

Direito, cultura e mecanismos de solução de controvérsias nas sociedades...

importância nos dias atuais em função do constante perigo de assimilação cultural aos quais estão invariavelmente submetidos os povos do Ártico como um todo. Nesse sentido, o papel desempenhado pelas universidades canadenses e norte-americanas tem sido crucial. Tanto o Direito Internacional Público como o Direito Constitucional canadense buscam resguardar as prerrogativas e direitos ancestrais dos Inuit nos territórios e águas do Polo Norte.

4.4. Direito Cigano: as leis de pureza e impureza

Ao longo da história, os ciganos foram um dos povos que mais suscitaram interesse por parte dos especialistas de ciências sociais, especialmente, no que concerne às suas controversas origens. Especificamente quando a esse respeito, é possível dizer que muitas teses já foram levantadas no âmbito acadêmico. Especificamente, o particular despertar no campo da Antropologia Jurídica se deu pelo fato de que a imensa nação romani (como muitas outras) em nenhum dos lugares do mundo onde esteve baseada pensou em se dotar de um "código de leis escritas" a fim de regular seu cotidiano (ainda que por conveniência utilizem os alfabetos e idiomas falados nos países onde se encontram).

Na condução dos afazeres domésticos, na vida comunitária, os ciganos sempre buscaram se orientar por antiquíssimos costumes e tradições peculiares, os quais foram amplamente reconhecidos em seus acampamentos, condição esta que, por si só, justifica sua inserção no presente capítulo desta obra. Observam Weyrauch e Bell[56] que grande parte dos ciganos do mundo prefere identificar a si próprios como pertencentes ao povo "Roma", que significa, na literalidade do termo em questão, "homem" ou "marido", não obstante o fato de que a identificação com a Romênia aqui parece ser absolutamente inequívoca. Ao leitor deste, e sem desconsiderar este fato, advertimos que utilizaremos nesta obra o termo "cigano" pelo simples motivo de ser este bastante corrente e mais facilmente identificável pelo grande público, a quem estes escritos se destinam. Igualmente, há também outra simples razão de ordem didática ou histórica, pois, como se sabe, nem todos os ciganos são provenientes daquele país (o que poderia resultar em erros de avaliação), ainda que o Leste Europeu possua extremada impor-

---

[56] WEYRAUCH, Walter Otto; BELL, Maureen Anne. Autonomous Lawmaking: The Case of the Gypsies. In: WEYRAUCH, Walter O. *Gypsy Law*: Romani Legal Traditions and Culture. Berkeley: Ubniversity of California Press, 1997. p. 22-23.

tância na trajetória desta nação. Note-se também sobre o mesmo assunto que os ciganos da Alemanha adotam a designativa "Sinti". Sabe-se que durante a Segunda Guerra Mundial, e em função dos decretos discriminatórios emanados do governo nazista, os ciganos foram vítimas de uma das mais atrozes formas de perseguição já empreendidas ao gênero humano, o que acarretou a morte de um sem-número de pessoas de origem romani nos campos de concentração do III Reich[57].

Contudo, ao que parece, e de acordo com pesquisas genéticas mais recentes, tornou-se satisfatoriamente possível traçar a rota deste povo desde os confins da Índia, mais especificamente nos Estados do Rajastão e Punjab. No tocante à questão, Weyrauch e Bell[58] levantam a possibilidade de os ciganos serem de origem dravidiana[59], ou seja, a população autóctone daquele país. Estes teriam iniciado o êxodo de seus lugares de origem entre os anos 1000 e 1025 da Era Comum, muito provavelmente por ocasião do início da conquista islâmica nos territórios em questão.

A autonomia no campo legal assumiu diferentes vertentes ao longo dos séculos. Nos Estados Unidos da América, por exemplo, entre os *Vlax Roma* (grupo que, em razão das fontes disponíveis, receberá maior atenção nesta abordagem) foram mantidas por séculos cortes autônomas para solucionar as lides diárias (*kris*) e, por assim ser, também, seus próprios juízes (*krisnitorya*). De todo modo, a primeira coisa que se deve ter em mente é que o Direito Cigano (*romanya*) gira essencialmente em torno da dicotomia "puro" (*vujo*) e "impuro" (*marime*)[60] – noção esta que na visão romani orienta o próprio "ciclo da vida"[61]. A raiz desta percepção legal repousa, ao mesmo tempo,

---

[57] Veja acerca do assunto em tela LEWY, Guenter. *The Nazi Persecution of the Gypsies*. New York: Oxford, 2000. p. 15. PALMA, Rodrigo Freitas. O Direito no III Reich. In: PALMA, Rodrigo Freitas (org.). *Direitos humanos, políticas públicas e cidadania*. Brasília: Processus, 2014. p. 383-384.

[58] WEYRAUCH, Walter Otto; BELL, Maureen Anne. Op. cit., p. 28-35.

[59] Sobre os Drávidas veja PALMA, Rodrigo Freitas. *História do direito*. 5. ed. São Paulo: Saraiva, 2015. p. 86.

[60] Uma explicação de ordem etimológica para os termos pode ser encontrada no glossário preparado por HANCOCK, Ian. A Glossary of Roman Terms. In: WEYRAUCH, Walter O. *Gypsy Law*: romani legal traditions and culture. Berkeley: University of California Press, 1997. p. 179 e 186.

[61] WEYRAUCH, Walter Otto; BELL, Maureen Anne. Op. cit., p. 31.

DIREITO, CULTURA E MECANISMOS DE SOLUÇÃO DE CONTROVÉRSIAS NAS SOCIEDADES... **101**

na religião e folclore conhecido pelas antigas fontes indianas[62]. A esse respeito, bastante elucidativa foi a classificação proposta por Elwood Trigg, a qual foi abalizada nos comentários de Weyrauch e Bell. Estas categorias apresentadas sobre o significado prático da condição *marime* são previstas em quatro diferentes situações em tela; vejamo-las a seguir conforme foram expostas: a primeira delas refere-se, de acordo com a explicação proposta pelo autor, a todos aqueles "tabus" que estão "direta" ou "indiretamente relacionados" ao "receio" de algum homem vir a ser "contaminado" pelo eventual contato mantido com mulheres (em razão do ciclo menstrual ou nascimento de alguma criança)[63]; a segunda, por sua vez, concerne aos chamados "tabus sexuais" em geral (a prostituição e o adultério são bastante incomuns e a virgindade antes do casamento incentivada, revela o autor em questão); a terceira, é relativa a todas aquelas coisas que podem ser consideradas "sujas" ou "sem higiene"; e, por último, em quarto lugar, tem-se aqueles comportamentos recorrentes e inadequados, que são prejudiciais ou que de certo modo abalam o meio social, e que podem impor a alguém a condição *marime*[64]. O receio quanto à contaminação norteia o cotidiano da vida em comunidade. Em razão disso, e como se pode notar, há entre os indivíduos um cuidado todo especial com os animais de estimação como *cães* e *gatos*[65], os quais e não obstante sua utilidade, na visão cigana, podem poluir o interior das casas. Se isto ocorre de alguma forma, há a necessidade da realização de algum ritual específico visando à purificação do local.

Se as controvérsias uma vez instauradas não chegam a um bom termo entre os litigantes, recorre-se a uma corte chamada *kris,* composta, não raro, pelos membros mais idosos da comunidade (porquanto constituem-se estes em reservas morais em seu meio), que exerce importante função

---

[62] WEYRAUCH, Walter Otto. *Romanya*: an Introduction to Gypsy Law. In: WEYRAUCH, Walter O. *Gypsy Law*: romani legal traditions and culture. Berkeley: University of California Press, 1997. p. 5.

[63] De modo semelhante, no Judaísmo, a mulher somente poderá ser considerada purificada terminado o ciclo menstrual, passados sete dias e concluído o banho ritual (*mikveh*).

[64] Confira os comentários de Weyrauch e Bell sobre as categorias "marime" apresentadas na tese de Elwood Trigg. WEYRAUCH, Walter Otto; BELL, Maureen Anne. Op. cit., p. 32.

[65] WEYRAUCH, Walter Otto; BELL, Maureen Anne. Op. cit., p. 38-39.

social na história cigana (ou pelo menos entre os *Vlax Roma*, nos Estados Unidos da América). Sua jurisdição alcança, mormente, três tipos de situações legais, como fazem bem notar Walter Weyrauch e Otto Bell[66]: 1) Questões relativas a propriedade; 2) Questões envolvendo a honra de algum dos querelantes; e 3) Questões afetas à moralidade ou a outros assuntos situados na órbita estritamente religiosa. A decisão é inapelável e obriga as partes ao cumprimento da sentença.

Dentre todas as formas de punição existentes entre os *Vlax Roma*, que envolvem desde o pagamento de multas (*glaba*) e, em alguns casos raros, penas que atentam contra a incolumidade física (como aquela destinada às mulheres ciganas que praticam adultério), a mais grave pode ser considerada a sentença de *marime* (ou banimento), raramente aplicada e, segundo Weyrauch e Bell, reservada para os casos de homicídio. A partir de então, uma série de condições são impostas ao condenado, que é relegado ao mais completo desprezo pelo grupo, que dele deverá se ausentar de forma permanente. Ninguém se senta com ele para compartilhar qualquer uma das refeições, ou, ainda, cuidará de realizar algum dia seu funeral e enterro. É o que os mesmos autores supracitados, em razão de excelente e raro trabalho acadêmico, chamam de "morte social"[67]. Estes estudos tornaram-se clássicos e fornecem uma visão global e, a meu ver, bastante satisfatória quando o objetivo consiste na introdução ao estudo do Direito Cigano. Entretanto, como bem advertem outros especialistas da Universidade de Greenwich, como Thomas Acton, Susan Caffrey e Gary Mundy[68], para maior aprofundamento, haveria a necessidade de se considerarem no contexto dos assuntos em questão as peculiaridades próprias às características culturais inerentes a outros grupos baseados noutros países e territórios.

---

[66] WEYRAUCH, Walter Otto; BELL, Maureen Anne. Op. cit., p. 42-45.

[67] WEYRAUCH, Walter Otto; BELL, Maureen Anne. Op. cit., p. 46-47.

[68] ACTON, Thomas; CAFFREY, Susan; MUNDY, Garey. Theorizing Gypsy Law. In: WEYRAUCH, Walter O. *Gypsy Law*: romani legal traditions and culture. Berkeley: Univesity of California Press, 1997. p. 88-90.

PARTE III

Direito e Cultura sob a Ótica do Direito Comparado

Capítulo V

A segunda dimensão da Antropologia Jurídica: os sistemas legais comparados em perspectiva cultural

5.1. Antropologia Legal e Direito Comparado

Existe um ponto de contato permanente e profundo estabelecido entre o Direito Comparado[1] e a própria Antropologia Legal, qual seja a diversidade cultural humana e as implicações desta realidade fática no universo do Direito. Robert Weaver Shirley, em 1977, ao ministrar aquele histórico curso de extensão na Faculdade de Direito da Universidade de São Paulo, já apontava essa correlação. Para o festejado professor[2], além do tradicional campo de abrangência relacionado às percepções jurídicas inerentes aos povos ágrafos, bem como a apreciação do Direito nas sociedades complexas e contemporâneas, assuntos tradicionalmente tratados sob o viés antropológico, há que se considerar também "o estudo do direito comparado" como uma dos temas presentes no bojo da disciplina em questão. Este estudo de caráter cultural perpassa uma análise dos sistemas legais contemporâneos, os quais veremos logo a seguir.

---

[1] "O direito comparado não deve considerar-se inferior em relação àquelas ciências que tenham sempre praticado a comparação, elaborado uma técnica comparatista, e que tenham dela extraído o máximo. Contudo, o direito comparado não pode ignorar a existência de uma classe de ciências sociais ou naturais que atua através da comparação: deve a ela agregar-se e, quando possível, aproveitar-se das experiências das ciências comparativas". SACCO, Rodolfo. *Introdução ao direito comparado*. Trad. Vera Jacob de Fradera. São Paulo: Revista dos Tribunais, 2001. p. 35.

[2] SHIRLEY, Robert Weaver. *Antropologia Jurídica*. São Paulo: Saraiva, 1987. p. 15.

5.2. Sistemas de Direito

Basicamente, pode-se dizer que existem seis grandes sistemas legais contemporâneos[3], a saber: o "Sistema Romano-Germânico de Direito" (*Civil Law*), o "Sistema Anglo-Americano" (*Common Law*), o "Sistema de Direito Islâmico" (*Sharia*), o "Sistema Chinês de Direito", o "Sistema Anglo-Indiano de Direito" e o "Sistema Jurídico Talmúdico" ou "Judaico". Dizemos "grande" pelo simples fato de que a maior parte do contingente populacional do planeta, como se pode notar, encontra-se sujeita a um destes mencionados sistemas ou, de certa maneira, foi em determinado momento histórico por algum deles diretamente influenciada, como no caso deste último mencionado. Para registro, entretanto, ressaltamos que existem outros tantos sistemas legais não menos importantes (contemporâneos ou não) que poderiam ser inseridos neste conjunto, seja na Ásia, África, Oceania ou até mesmo no âmbito das Américas (como os chamados "pré--colombianos"[4]), os quais fogem dos modelos e padrões tradicionais. Existem igualmente outros tantos sistemas que desapareceram na longa noite da Idade Média, como o foram o *Brehon Law* irlandês, de origem gaélica; o germânico arcaico, ou, ainda, aqueles que por diversas razões, notadamente de ordem política, acabaram por entrar em franco declínio (como é o caso do "Sistema de Direito Tibetano"[5]) inevitavelmente fragilizado pela invasão chinesa ao país, ou do "Sistema de Direito nos Estados Socialistas

---

[3] "Dir-se-á, então, que se entende por sistema jurídico um conjunto mais ou menos amplo de legislações nacionais, unidas por uma comunidade de origem, de fontes e concepções fundamentais, de métodos e de processos de desenvolvimento. Fez-se, frequentemente, neste sentido, uma comparação no terreno das religiões, onde, por exemplo, o cristianismo, o islamismo ou o budismo (entendidos no sentido amplo do termo religião) compreendem, cada um, uma unidade fundamental, inobstante as diferenças que se encontram entre as religiões (em sentido estrito), as seitas ou os cultos que podem existir no interior de cada um deles." ANCEL, Marc. *Utilidade e métodos do direito comparado*. Trad. Sérgio José Porto. Porto Alegre: Sergio Antônio Fabris Editor, 1980. p. 58.

[4] SACCO, Rodolfo. *Introdução ao direito comparado*. Trad. Vera Jacob de Fradera. São Paulo: Revista dos Tribunais, 2001. p. 295.

[5] Indico duas obras fundamentais sobre este assunto: FRENCH, Rebecca Redwood. *The Golden Yoke*: the legal cosmology of buddhist Tibet.Ithaca, NY: Snow Lion, 2002, e outra publicada mais recentemente, qual seja FRENCH, Rebecca Redwood (editor); NATHAN, Mark A. (editor). *Buddhism and law*: an introduction. Cambridge: Cambridge University Press, 2014.

A SEGUNDA DIMENSÃO DA ANTROPOLOGIA JURÍDICA...

do Leste Europeu"[6], que passa por completo redimensionamento desde a queda do Muro de Berlim, no início da década de 1990).

No que concerne às regras de Direito Comunitário no âmbito da União Europeia, há quem defenda a ideia de que mais uma vez estamos diante de um novo grande 'sistema legal', posto que este ordenamento jurídico, graças à autonomia que o rege, não poder ser meramente classificado como parte doutrinária integrante do "Direito Internacional Público".

De qualquer modo, cumpre à Antropologia Jurídica investigar as diferentes perspectivas que assinalam o formidável impacto da cultura na modelagem e construção das percepções legais inerentes às diversas famílias de Direito.

5.3. AS GRANDES FAMÍLIAS DE DIREITO

Existem alguns autores dedicados ao estudo do Direito Comparado que preferem modernamente utilizar o termo "família"[7] como forma de integrar e agrupar os diferentes sistemas legais do mundo contemporâneo. O mestre René David, talvez, seja o mais célebre dentre todos eles. Em seu maior clássico, encontram-se desde logo esboçados os contornos mais importantes relativos às características da *Família Romano-Germânica*, dos *Direitos Socialistas*, da *Common Law* (em que se subdivide entre o direito inglês e o direito norte-americano), além do que chama de *Outras Concepções da Ordem Social e do Direito* (aqui incluídos o direito muçulmano, o direito da Índia, os direitos do Extremo Oriente) e os direitos da África e de Madagascar.

5.3.1. *O Sistema Romano-Germânico (Civil Law)*

O Sistema Romano-Germânico de Direito ou *Civil Law*, como melhor tornou-se conhecido entre os juristas do mundo anglo-saxão, é, na atualidade, o sistema legal mais presente em todo o mundo. Entre os países vincula-

---

[6] Dizemos "Sistema de Direito dos Estados Socialistas do Leste Europeu", pois nem todos os países historicamente adeptos das doutrinas marxistas adotaram um sistema legal diferenciado em função disso. Cuba, por exemplo, sempre adotou o Sistema Romano-Germânico de Direito. Do mesmo modo, pode se dizer que a China desenvolveu um sistema legal original, em função de sua particular cultura. O mestre René David cuida de analisá-los. Veja DAVID, René. *Os grandes sistemas do direito contemporâneo*. Trad. Hermínio A. Carvalho. São Paulo: Martins Fontes, 1996. p. 141-278. Veja também ANCEL, Marc. Op. cit., p. 62-63.

[7] Confira a esse respeito o clássico posicionamento de DAVID, René. Op. cit., p. 1-14.

dos a esta grande família encontram-se parcela considerável dos Estados europeus e a maior parte dos latino-americanos. Não bastasse, existem outros tantos Estados na Ásia, como o Japão, Israel e a Coreia do Sul, e também alguns mais na África, que foram por ele direta ou indiretamente influenciados.

O *Civil Law* começou a se formar no Lácio, ainda em épocas longínquas, graças ao dedicado labor de um povo que atingiu um nível de sofisticação ímpar no processo de construção de fórmulas jurídicas adequadas ao seu cotidiano, bem como, na delimitação dos contornos das principais instituições de direito privado e, por fim, na elaboração de brocados e princípios que dariam vida e essência ao seu objeto de estudo. Sabe-se que diversos fatores concorreram no passado para este estado de coisas. O primeiro deles consistiu na progressiva desvinculação do Direito daquele universo próprio do sagrado, onde naturalmente imperam os dogmas calcados na revelação. Entretanto, sabe-se que os romanos não foram originais nesse sentido. É bem sabido que, entre os gregos, se determinada lei era considerada iníqua, não se hesitava (tão logo e sempre que necessário) em destituir pérfidos legisladores por outros que melhor atendessem aos seus desideratos. Ora, foi justamente o que aconteceu na Atenas de Drácon e Sólon nos limiares do século VI antes da Era Comum. Contudo, em Roma, ainda durante épocas remotas como a Realeza (753-510 a.C.), já havia uma latente preocupação em estabelecer uma desvinculação entre o público e o privado, o sagrado e o profano. Brota, assim, uma inequívoca consciência de que para reger as relações entre as pessoas em seu cotidiano prevalece um direito citadino, de cunho essencialmente laico (o *Jus*), distinto daquelas regras de caráter religioso (o *Fas*). Mas somente tais razões não seriam suficientes para credenciar os italiotas à condução de tal tarefa. Na "Cidade das Sete Colinas" surge uma casta influente do ponto de vista político e bastante especializada no estudo do Direito, os chamados "jurisprudentes" ou "jurisconsultos", cujos pareceres e apurada lógica empregada na solução de problemas legais acabam fazendo do fenômeno jurídico uma verdadeira Ciência. Esta prática jurídica renovada concedeu fama e reputação a mestres da estirpe de Ulpiano, Papiniano, Paulus e Gaio. E exatamente nesse sentido que Roma torna-se única, pois, se para os gregos o Direito era apenas parte de um conjunto de especulações filosóficas, no Lácio, por outro lado, as fórmulas legais tornaram-se componentes de um projeto maior de subjugação e domínio, que caracterizava a essência da vida civil e dos afazeres do próprio Estado.

Por diversas vezes no decurso do tempo empreenderam os romanos uma tentativa de compilar todo o direito e seus brocardos pelos séculos de história. Os dois primeiros grandes trabalhos nesse sentido foram os Códigos Gregoriano e Hermogeniano, da lavra de jurisconsultos desconhecidos. O Código Teodosiano, por sua vez, recebeu esta designativa por ter sido produzido sob o cetro de Teodósio II. Todavia, a partir do ano de 530 de nossa Era, a ascensão de Justiniano ao poder imperial logo nos anos iniciais de seu reinado pavimentou o caminho para a elaboração daquela que seria a maior obra de cunho jurídico até então já realizada. Para tanto, contou com a dedicação de Triboniano, um jurista de enorme destaque à época. Este constituiu uma comissão para auxiliá-lo ao bom logro da tarefa. Assim, em 534, surgia o célebre *Corpus Iuris* (composto por quatro distintas seções: o Código, o Digesto, as Institutas e as Novelas), e que na Idade Média receberia o acréscimo *Civilis* para distingui-lo formalmente do *Corpus Iuris Canonici*. Durante os séculos seguintes, sob uma perspectiva puramente antropológica, a mentalidade jurídica romana imperou soberana por todos os confins da Europa, tendo, inclusive, vindo a influenciar as concepções legais desenvolvidas posteriormente no âmbito da Igreja Católica. Assim, os clérigos não tardariam a se apropriar da apurada técnica desenvolvida pelos jurisconsultos latinos. Mas como um amálgama que foi lentamente se formando, o próprio Direito Romano também, a esta altura, encontrava-se permeado pelos dogmas abraçados pelo universo da cristandade. Entre os séculos XI e XIII, após um período de decadência e esquecimento daquelas lições originais, o estudo da matéria foi progressivamente retomado pela chamada "Escola dos Glosadores", que de Bolonha, na Itália, irradiou suas máximas pelo continente afora. Deste modo, os glosadores analisaram todo o material consolidado pelo legado deixado pela iniciativa de Justiniano, percebendo o potencial prático destes ensinamentos no processo de solução de controvérsias. Somava-se ao delineamento desta cultura jurídica, propugnadora agora de um *direito comum*, a simbiose caracterizadora destas percepções da legalidade, marcada pelos traços legalistas da romanidade, além dos cânones e do costume local (notadamente de origem germânica e celta). De forma especial, o direito romano foi largamente recepcionado em diversos países europeus, dentre os quais se destacam a Alemanha e a França, que o aplicavam para resolução das lides do dia a dia. A construção do sistema legal se concretizaria com o profícuo movimento de caráter civilista ocorrido na segunda metade do século XVIII. O penetrante senso de legalidade romana incidia diretamente nos muitos reinos de origem germânica, criando a expectativa de que as regras de direito privado poderiam ser justapostas e organizadas num único diploma legal, tendo por escopo primordial, assim, poder contemplar todas as situações da realidade. Deste modo, nestas regiões, os primeiros códigos civis surgiram na Bavária (1756), Áustria (1787) e Prússia (1794). Entretanto, seriam dois outros os diplomas legais aqueles que alcançariam fama e destaque mundo afora, deixando um legado imensurável para outros códigos civis mundo afora: trata-se do célebre "Código Civil Francês" (1804) ou o "Código Napoleônico" (*Code Napoleón*) e o Código Civil Alemão (1900).

Destarte, no limiar do século XIX o chamado *Civil Law* já havia se tornado o mais adotado sistema legal do mundo contemporâneo, estendendo da Europa seu lastro pelo continente americano (especialmente as Américas do Sul e Central), e, em razão do processo de colonização, para diversos países da África e Ásia. O Direito, deste modo, cumpriu com uma função unificadora (mas jamais pacífica), própria de um novo modelo de administração utilizado pelas autoridades locais, que se revestia do elemento jurídico como meio a facilitar a gestão da coisa pública. Se este contexto insurgente propiciava maior dinamismo na forma de governar os súditos do Estado (como sendo parte de um projeto de poder, portanto), ao mesmo tempo sepultava irremediavelmente antigos costumes regionais observados pelo homem comum há séculos, tradições estas que igualmente faziam parte da complexa teia do sistema cultural de determinado povo ou nação do globo.

Sob o viés puramente antropológico, as concepções jurídicas latinas surgidas no seio do Lácio acabaram contribuindo para unificação de percepções culturais para muito além do continente Europeu. A força irresistível destas visões acabou se impondo pelos diferentes processos de colonização levados pelos impérios a outras terras e a povos distantes.

5.3.2. *O Sistema Anglo-Americano* (Common Law)

O Sistema Anglo-Americano, mais conhecido pelos autores europeus pela designativa *Common Law,* é, juntamente com o Sistema Romano-Germânico de Direito, um dos mais utilizados no mundo tendo influenciado direta ou indiretamente um sem-número de países que foram antigas possessões inglesas em praticamente todos os continentes do globo[8]. Ao con-

---

[8] Obviamente, o ponto de partida para a construção deste importante sistema legal foi

A SEGUNDA DIMENSÃO DA ANTROPOLOGIA JURÍDICA...

trário da *Civil Law*, que tem por fundamento a norma legal, a principal fonte do Direito neste sistema é o precedente judiciário, a jurisprudência, que não somente inspira os magistrados ao sentenciar, mas assume um efeito vinculativo, de caráter determinante, que orquestra o meio jurídico como um todo. Ora, não se quer dizer com isso que determinadas matérias jurídicas não possam ser reguladas pela lei. Em muitos casos, de fato, elas o são, como se vê nos Estados Unidos da América principalmente, com as chamadas *statute laws*[9]. Aliás, existem diferenças bastante acentuadas entre o Direito Norte-Americano e o Inglês, como se sabe, até mesmo em função das estruturas políticas e institucionais conformadoras entre os dois Estados.

As distantes origens deste sistema remontam ainda à invasão normanda na Inglaterra, empreendida por Guilherme, o Conquistador, no ano de 1066. A data em questão constitui verdadeiro marco histórico para aquela nação, pois trouxe profundas transformações de caráter administrativo na medida em que foram implantados os novos "estatutos" emanados do cetro daquele monarca[10], e que incidiriam diretamente no processo de unificação

---

justamente o Direito Inglês. Sobre a questão em tela, assim lecionou o célebre mestre René David: "O domínio territorial limitado em que se aplica o direito inglês não constitui, porém, o critério com base no qual convém julgar seu valor e interesse. Comparável ao que foi o direito romano para os países do continente europeu e para inúmeros países extra europeus, o direito inglês está na origem da maioria dos direitos dos países de língua inglesa, tendo exercido uma influência considerável sobre o direito de vários países que sofreram, numa época de sua história, a dominação britânica. Esses países podem ter-se emancipado da Inglaterra e seu direito pode ter conservado ou adquirido características próprias. Mas a marca inglesa muitas vezes permanece profunda nesses países, afetando a maneira de conceber o direito, os conceitos jurídicos utilizados, os métodos e o espírito dos juristas. Assim, o direito inglês, superando amplamente o domínio estrito de sua aplicação territorial, constitui o protótipo em que numerosos direitos se inspiraram: é por seu estudo que convém começar todo e qualquer estudo dos direitos pertencentes à família de *common law*". DAVID, René. *O direito inglês*. Trad. Eduardo Brandão. São Paulo: Martins Fontes, 2006. p. 1.

[9] Veja sobre o assunto o livro de FRIEDMAN, Lawrence M. *Law in America*: a short history. New York: Modern Library, 2004.p. 10 e 11. Especificamente sobre o Direito norte-americano sugiro a obra de O'CONNOR, Sandra. *The Majesty of Law*. New York: Random House, 2003. p. 37-48.

[10] A esse respeito, confira a obra de LOSANO, Mario G. *Os grandes sistemas jurídicos*. Trad. Marcela Varjão. São Paulo: Martins Fontes, 2007. p. 324 e seguintes. Sobre o assunto veja também PALMA, Rodrigo Freitas. *História do direito*. 5. ed. São Paulo: Saraiva, 2015. p. 240-244.

do Direito. Assim, como forma de implantar uma "lei comum" a tratar de algumas matérias de interesse dos reis, pavimentou-se progressivamente o universo da *Common Law*, ainda que imerso a uma miríade de costumes celtas (do povo Iceni), germânicos (anglos e saxões principalmente) e nórdicos presentes entre os primeiros habitantes do país e que contribuiriam com o tempo para dar feição à lei inglesa.

Hodiernamente, a *Common Law* está presente na Inglaterra, seu berço, e na Grã-Bretanha quase como um todo (País de Gales e Irlanda do Norte)[11]. Além disso, é o sistema legal dos Estados Unidos da América[12], nas regiões de influência inglesa do Canadá (em centros como Toronto, Otawa e Vancouver)[13], na Austrália e Nova Zelândia. Noutros continentes, pelo menos, o sistema está presente na Ásia (Hong Kong, Singapura, Bangladesh e nas ilhas Fiji), na África (Botswana, Zimbábue, Quênia, Libéria, Gâmbia e Gana) e, por fim, também na América Latina (Jamaica, Trinidad e Tobago e Barbados).

A principal crítica estabelecida por alguns juristas do universo romano-germânico diz respeito ao ativismo judicial que a *Common Law*, por sua própria feição e natureza favorece, tornando-se uma espécie de *judge made law*. Tal questão, pondere-se, já foi debatida à exaustão nos Estados Unidos, tendo chamado a atenção de antropólogos do Direito como o advogado Karl Llewellyn (1893-1962). Entretanto, se o Sistema Romano-Germânico é capaz de conferir maior celeridade aos mecanismos necessários e práticos à organização de qualquer Estado, os defensores do Sistema Anglo-Americano, por sua vez, levantam a hipótese da excessiva dependência do legislador que a *Civil Law* naturalmente acarreta, e, juntamente com isso, a pos-

---

[11] A Escócia, como única exceção, adota o Sistema Romano-Germânico de Direito.

[12] No entanto, há quem no Brasil defenda a tese de que os Estados Unidos tenham um sistema misto, entre a *Civil Law* e a *Common Law*. Nesse sentido, veja SOARES, Guido Fernando Silva. *Common Law*: introdução ao direito dos EUA. 2. ed. São Paulo: Revista dos Tribunais, 2000. p. 58-81.Da mesma forma, há quem classifique a Índia como um país que adota a *Common Law*, em razão da colonização inglesa. No entanto, aqui nesta obra, preferimos tratar o Sistema Legal Indiano, dado as suas peculiaridades culturais e sem embargo a notável influência britânica nesse aspecto, um sistema totalmente independente das chamadas "grandes famílias do Direito".

[13] Já que em Quebec, em função da influência francesa, vigora a *Civil Law*.

sibilidade de serem criadas formas por demais burocráticas, sancionadoras da inoperância de um judiciário imerso em demandas, tornando-o incapaz de satisfazer as necessidades e os interesses sociais. Some-se a isso o fato de que a implantação do Sistema Romano-Germânico de Direito, em países orientais como o Japão, sempre ocorreu de forma traumática, devido à própria artificialidade que a promulgação de um arcabouço normativo inspirado em leis estrangeiras, *in casu,* o Código Civil Alemão de 1900 (BGB), pode suscitar. Assim, se o "País do Sol Nascente" alcançou os patamares de modernidade tão ansiosamente esperados, num vislumbre dos padrões tecnológicos europeus do século XIX, não é menos verdade que a cultura jurídica nipônica, até então grandemente de caráter consuetudinário, foi soterrada pela avalanche de transformações pelas quais passava a nação naqueles dias. Por outro lado, a implantação de um modelo de estrutura judiciária na Índia semelhante ao da Inglaterra foi certamente menos traumático, na medida em que o processo de tomada de decisões locais é inspirado também em antigos costumes hindus, não suplantados completamente pelas leis estatutárias.

5.4. Sistemas orientais tradicionais

A tessitura dos sistemas legais invariavelmente exige dos juristas do mundo ocidental a quebra de paradigmas fundados numa ordem jurídica pautada unicamente no espírito dogmático construído pelo império da normatividade, herança imediata do pensamento eurocentrista. A própria pesquisa, ainda que eleja o método de observação participante, pode encontrar-se maculada por essa mística de valores definidora de uma ideia impositiva da qual a lei é emblemática, por estar permeada de fórmulas jurídicas que se acham tão ao gosto dos olhos ocidentais. Entretanto, convém observar que no estudo das sociedades ágrafas, por exemplo, nada garante que a norma não escrita possua maior 'peso' que o costume, simplesmente, porque estamos habituados a percebê-la como tal. Quando tais equívocos ocorrem, exclui-se da equação o rico amálgama cultural caracterizador da diversidade humana capaz de criar múltiplas e complexas percepções do universo jurídico, porquanto, parte-se de referenciais questionáveis que atentam contra uma análise de teor rigorosamente epistemológica.

Assim, nos próximos tópicos, avaliaremos as nuances de dois sistemas legais bastante autônomos na atualidade, como o são o chinês e o indiano. E, para completar este quadro-geral, concluiremos com a realização de uma abordagem sobre os Direitos Talmúdico e Islâmico, legatários de uma mesma raiz religiosa de orientação monoteísta e com larga projeção por todo o Oriente Próximo.

5.4.1. *O Sistema Chinês de Direito*

A percepção jurídica chinesa não pode ser compreendida na ausência da realização de um estudo preliminar sobre o profundo impacto exercido pela filosofia de Confúcio (551-479 a.c.) na cultura local e trajetória do próprio país. Sabe-se que o legado das lições atemporais ditadas pelo célebre mestre oriental sobreviveu no decurso dos tempos graças ao labor incansável de dedicados discípulos, os quais trataram de elaborar uma extensa compilação de suas principais ideias. A doutrina em questão foi condensada em três obras distintas (não obstante as diversas versões produzidas no Leste Asiático), sendo a primeira delas, nesta listagem, certamente, aquela que alcançou maior notoriedade entre nós: o Lun yu (os "Analectos" ou "Diálogos"). Entretanto, há que se falar também no *Dà Xué* ("Grande Ensinamento") e o *Jung Yung* (a "Doutrina do Meio"). Estes escritos representam um vigoroso extrato impregnado de profunda ética, direcionados a servir de parâmetro moral e orientação prática à vida das pessoas comuns nas suas relações e trato diário, sendo extensivo também aos governantes em suas responsabilidades cotidianas para com seus subordinados.

Ainda que se possa dizer que as ideias de Confúcio carecem da devida originalidade[14] (ainda que não as destituam de inquestionável importân-

---

[14] Dizemos isso, pois o próprio Confúcio reclamava estrita observância aos ritos (*li*), que, aqui, de acordo com o conceito proposto por D. C. Lau, devem ser entendidos como "um corpo de regras que governam as ações de todos os aspectos da vida e eram o repositório dos ideais passados sobre moralidade". Veja os comentários de D. C. Lau nas notas de introdutórias da obra máxima de CONFÚCIO. *Os Analectos*. Trad. (ing.) Caroline Chang. Trad. (chi), introdução e notas. D. C. Lau. Porto Alegre: L&PM, 2015 (Coleção L&PM, v. 533). p. 22. Acerca do questionamento sobre a ausência de originalidade do pensamento confuciano, confira ZWEIGERT, K.; KOTZ, H. *An introduction to comparative law*. 3. ed. Trad. Tony Weir. Oxford; New York: Oxford University Press, 1998. p. 288. Do mesmo modo, há que se ressaltar que a filosofia confuciana estava mais comprometida com o estabelecimento de um conjunto de deveres éticos do que estabelecer um rol de direitos inerentes à pessoa humana. Como partidário desta opinião temos alguns especialistas em Direito Chinês, como CHOW, Daniel C. K. *The legal system of the people's Republic of China*:

A SEGUNDA DIMENSÃO DA ANTROPOLOGIA JURÍDICA... 115

cia), não se pode negar que o filósofo desenvolveu e aprimorou um rigoroso sistema de valores éticos que impregnou por séculos a própria sociedade chinesa, conferindo-lhe uma peculiar identidade cultural. Nesse sentido, o impacto de seu pensamento ainda hoje é difícil de ser mensurado. Deste modo, a virtude (*te*) deve ser perquirida com inquietude n'alma[15] em busca do "Caminho" (*tao*), sendo este um compromisso perene, ao qual todos, indistintamente, devem naturalmente aderir, pois todas as pessoas, independentemente de sua condição ou *status quo*, exercem um papel importante no âmbito da vida social. Árdua tarefa constitui em tentar hierarquizar metodicamente as virtudes que ilustram na íntegra o pensamento confuciano (ainda que haja quem o faça não sem enfrentar controvérsias acadêmicas). Todavia, podemos identificá-las com maior clareza na medida de sua ocorrência nos diálogos registrados por seus prestimosos seguidores. Nesse sentido, "Benevolência"[16] (*jen*) é uma das virtudes a que se concede maior ênfase na narrativa dos "Analectos". Ser, portanto, alguém "benevolente" é mostrar-se "generoso" (*hui*) para com o próximo, manifestando pelo semelhante amor, consideração e respeito. Consiste, sobretudo, em se colocar em seu lugar, visando melhor compreendê-lo em suas razões, valorizando, assim, o sentimento de alteridade em detrimento da prevalência de eventuais interesses pessoais. Pelos pais, igualmente, onde há uma relação de natural afeição e subordinação, deve um bom filho demonstrar, além do "respeito", a "obediência esperada"[17] (*t'i*). Ademais um homem ou cavalheiro[18](*ju*) deve se portar com "honradez" ou "honestidade"[19] (*yi*),

---

In a Nushell. Saint Paulo, MN: Thompson Weat, 2003. p. 46-47. Não obstante tais conclusões, não se pode olvidar que a obra de Confúcio, comparativamente, marcou o Extremo Oriente do mesmo modo que a Bíblia Sagrada exerceu sua influência no Ocidente.

[15] Veja nesse sentido a obstinada preocupação de Confúcio com o estabelecimento de uma espécie de método para melhor estudar o caráter de um homem: "O Mestre disse: Concedam-me mais alguns anos para que eu possa estudar até os cinquenta, e não estarei livre de maiores erros". CONFÚCIO. Op. cit. (Livro VII, 17, Livro VIII, 17).

[16] CONFÚCIO. Op. cit. (Livro IV, 1-7; Livro I, 3; Livro VII, 30, Livro XII, 1-3).

[17] CONFÚCIO. Op. cit. (Livro I, 11; Livro II, 5-8; Livro V, 20).

[18] CONFÚCIO. Op. cit. (Livro VI, 13; Livro VII, 26; Livro VIII, 4).

[19] CONFÚCIO. Op. cit. (Livro XIII, 6; 13).

"coragem"[20] (*yung*), "cortesia"[21] e "fidelidade" (*zhing*). Do mesmo modo, não faltam na obra de Confúcio diversos conselhos endereçados aos governantes e a forma pela qual devem dirigir seus súditos (*cheng*)[22], aos quais se prescreve a irrevogável responsabilidade perante as questões públicas e as necessidades apresentadas pelo povo.

A filosofia confuciana que por séculos delineou os contornos do modelo de organização da sociedade chinesa funda-se, inicialmente, no reconhecimento da existência de uma ordem cósmica que ordena não somente o universo com as leis físicas decorrentes, mas também a dinâmica do próprio homem em suas interações com os seus semelhantes. O conflito, nesta mesma perspectiva, altera drasticamente a estabilidade do mundo e o equilíbrio, que, por sua vez, deve ser restaurado pelo esforço comum. Daí o natural rechaço e a desconfiança nutrida pelos chineses aos tribunais constituídos pelas autoridades governamentais e a consequente predileção destes pela adoção de métodos de conciliação considerados mais eficazes e adequados às demandas sociais.

Entretanto, é preciso ter-se em mente que o pensamento chinês somente estaria completo ao considerarmos o destacado papel de outro importante filósofo daquele país, contemporâneo de Confúcio: trata-se de Lao-Tsé (571-531 a.C.). Nesse sentido, pode-se dizer que não são poucas as similaridades entre a doutrina dos dois mestres chineses, especialmente no que tange à integralidade do universo, no sentido holístico, e o reconhecimento da existência de leis cósmicas, fundadas na perfeita interação por lados opostos complementares e, ao mesmo tempo, díspares, que se equilibram perenemente. Sua doutrina encontra-se exposta na obra intitulada *Tao Te Ching*, um apanhado de 81 poemas cuidadosamente compostos que serve de sustentação doutrinária para o Taoísmo. Reza a tradição que Lao-Tsé foi um servo na corte real, antes de se tornar um eremita convicto, vagando pelas imensidões de sua pátria e, até mesmo, além de suas fronteiras, para depois se tornar uma lenda entre os seus conterrâneos[23]. Sob a perspectiva

---

[20] CONFÚCIO. Op. cit. (Livro XII, 4)

[21] CONFÚCIO. Op. cit. (Livro V, 17; Livro VII, 38).

[22] CONFÚCIO. Op. cit. (Livro XII, 17; Livro XIII 1-13).

[23] Alguns estudiosos defendem a ideia de que Lao-Tsé não passa de um personagem mítico. Todavia, ressaltamos desde pronto que não adentraremos nesta seara de

A SEGUNDA DIMENSÃO DA ANTROPOLOGIA JURÍDICA... **117**

jurídica, nota-se em seus dizeres atemporais a conhecida tendência chinesa de imediato rechaço ao Direito, por considerá-lo como algo surgido em função da natural decadência humana. Vejamos abaixo o conteúdo dos versos do Poema 18:

"A moralidade e o direito nasceram
Quando o homem deixou de viver
Pela alma do Universo.
Com a tirania do intelecto
Começou a grande insinceridade;
Quando se perdeu a noção de alma,
Foi decretada a autoridade paterna
E a obediência dos filhos.
Quando morreu a consciência do povo,
Falou-se em autoridade do governo
E lealdade dos cidadãos"[24].

Ou, alhures, com o mesmo sentido e significado, porém, ainda de forma muito mais enfática:

"...Em tempos bons, apreciamos a justiça;
Em tempos maus, recorremos ao 'direito',
Sabedoria é paz e amor,
Estultícia é ódio e guerra,
A ilusão do 'direito' é do ego,
A verdade da justiça é do Eu.
Ilusão e direito geram violência.
Verdade e justiça geram benevolência"[25].

Dentre o rol de virtudes presentes na filosofia taoísta, cinco logo despontam com bastante ênfase: "sabedoria"[26], "serenidade"[27], "bondade", "suficiência" e "modéstia"[28]. Esta última aparece de forma bastante corrente noutros

---

discussão pelo fato de tais argumentações fugirem cabalmente do escopo desta obra.

[24] LAO-TSÉ. *Tao Te Ching*: o Livro que revela Deus. Tradução e notas de Huberto Rohden. São Paulo: Martin Claret, 2013 (Poema 18), p. 48.

[25] LAO-TSÉ. Op. cit. (Poema 31), p. 71.

[26] LAO-TSÉ. Op. cit. (Poemas 47 e 50), p. 98 e 101.

[27] LAO-TSÉ. Op. cit. (Poemas 56 e 59), p. 112 e117.

[28] LAO-TSÉ. Op. cit. (Poema 67), p. 129.

trechos do *Tao Te Ching*, não raro, com conotações políticas, ao permitir-se enunciar conselhos aos governantes. É o que se pode notar a seguir:

"Rios e mares demandam os vales,
Porque procuram os lugares baixos.
O soberano só pode governar
Quando o seu governo brota no interior.
Por isso o verdadeiro sábio
Quando quer governar
Modera as suas palavras
E renuncia ao seu próprio ego.
Assim é ele um verdadeiro soberano,
E o povo não se sente humilhado.
Governa, mas ninguém
Se sente governado.
Todos lhe obedecem de boa mente
E se sentem amparados
E livres. Nada dele reclamam.
Nada desejam"[29].

Interessante notar que brota na cultura chinesa, do mesmo modo como aconteceria com a civilização greco-romana, a ideia latente acerca da crença na existência de uma espécie de "direito natural", uma espécie de "lei cósmica" de cunho universalista a orientar a consciência humana, ainda que não se possa esperar dos orientais, obviamente, a utilização das mesmas categorias de linguagem dos povos do Mediterrâneo Central. O exposto no Poema 65 justamente nos dá conta disso:

"Antigamente, os que viviam em Tao
Evitavam erudição intelectual.
Para um país nada é mais perigoso
Do que um povo pseudoerudito.
Querer governar massas pseudoeruditas
Acaba em grande calamidade.
Abençoado aquele que evita
Esse conhecimento superficial
E educa o povo segundo
As leis imanentes no coração.
Orientação assim modelar

---

[29] LAO-TSÉ. Op. cit. (Poema 66), p. 128.

A SEGUNDA DIMENSÃO DA ANTROPOLOGIA JURÍDICA...

Nunca desvia do caminho certo,
Porque o sábio conhece o poder misterioso
Das leis autoatuantes do mundo,
Que as massas ignoram.
A obediência a essas leis imanentes,
Que atuam de dentro de si mesmas,
Garante a ordem do cosmos"[30].

Não obstante a relevância de Lao-Tsé à construção da matriz de pensamento chinesa (destacada aqui, como vimos, em sua essência), parece ter Confúcio se popularizado mais naquelas imensidões da Ásia, graças ao labor de seus discípulos. Ora, este fato direcionará em definitivo a percepção a respeito das questões afetas ao universo jurídico. Assim, com o passar do tempo, a projeção da ética confuciana começou a operar na mentalidade chinesa em todas as direções, alcançando, igualmente, o mundo do Direito, notadamente no que concerne àquela conhecida repulsa aos veredictos pronunciados pelas cortes e o constante apreço pelos métodos conciliatórios fundados no sistema de usos e costumes populares (li). Esta tendência encontra-se nitidamente cristalizada numa das passagens de sua obra maior: "O Mestre disse: ao julgar uma disputa judicial, sou igual a qualquer outro homem. Mas, se vocês insistem em uma diferença, é, talvez, que, em primeiro lugar, tento convencer as partes a não recorrerem ao litígio"[31].

Vale notar que mesmo aquelas perseguições impostas aos seguidores de Confúcio durante a ascensão da dinastia Qin (221-206 a.C.) não foram suficientes para erradicar seus ensinamentos no decorrer dos anos. Nesse sentido, pode-se dizer que o espírito de sua filosofia humanista prevaleceu pelo menos até meados do século XIX. Isto porque os soberanos Qin optaram por um modelo centralizador de Império que marcaria em definitivo a história dos reinos da China após tantas guerras fratricidas. Sob o pretexto de restabelecer a ordem estatal e inculcar temor a eventuais inimigos, os governantes Qin julgaram necessário impor aos seus súditos leis absurdamente severas. Ora, o presente cenário acaba por favorecer o desenvolvimento de uma nova linha de pensamento, a chamada "Escola dos legistas ou dos legalistas" (fa kia)[32], cujos maiores representantes se opuseram fron-

---

[30] LAO-TSÉ. Op. cit. (Poema 65), p. 126.

[31] CONFÚCIO. Op. cit. (Livro XII, 13).

[32] A "Escola dos legistas" possuía, como bem observou Granet, "escritores que se ocu-

talmente aos discípulos de Confúcio. Mas este é um período efêmero na longa trajetória do país. Por fim, os imperadores Hang (206 a.C.-220) cuidariam de preparar novamente o terreno propício para o estabelecimento das doutrinas do festejado filósofo. Da mesma maneira, resta cogitar se porventura os pressupostos arvorados pela *Escola dos legistas* desapareceram por completo da cultura chinesa. Admoestamos que este tema permanece um campo ainda sujeito a controvérsias. Mas talvez a semente do *fa* (direito escrito ou legislado) também plantada no cotidiano daquelas gentes tenha deixado, aqui e ali, algum resquício ou, até mesmo, tenha se transformado num intrincado amálgama presente no campo das ideias, opiniões ou posições doutrinárias pertencentes ao universo jurídico. Do contrário, a dureza e crueldade dos regimes impostos por homens como Che Huang-Ti (259-210 a.C.) não teriam florescido nos anos seguintes. Somente assim poderíamos explicar a necessidade sentida pelas dinastias que sucederam os monarcas Hang em eventualmente adotar leis mais severas ou, ainda, de criar um "Livro de Punições" (*hsing shu*)[33], bem como, outras codificações que despontaram já na aurora do século VI. Não por acaso, progressivamente, desenvolveu-se o antigo Direito Chinês em meio à dicotomia do *li* e do *fa*.

Na atualidade, o originalíssimo *Sistema Legal Chinês* cuida de reproduzir a conveniente simbiose histórica construída pelo universo do *li* e do *fa*, ou

---

pavam, sobretudo, de administração e que tiveram como ideal serem homens do Príncipe. Se distinguem dos Políticos. Estes se preocupavam antes de tudo de fazer triunfar as combinações diplomáticas. Os legistas se interessavam, ao contrário, pelas fórmulas de que o Estado pode retirar sua força interior. Organização do território e do exército, economia e finanças, prosperidade e disciplina social, estes foram seus temas favoritos. Enquanto os Sofistas, inimigos de todo o sistema de tradições, parecem ter sido os maiores auxiliares dos Políticos ou dos Diplomatas, os administradores ou os Legistas se apoiaram nos Lógicos (*ming kia*), dominados pela ideia de uma ordem estável...". GRANET, Marcel. *El Pensamiento Chino*: la vida pública y la privada. Trad. Leonor de Paiz. Mexico: Unión Tipográfica Editorial Hispano-Americana (UTEHA), 1959. p. 317 (Nossa tradução).

[33] Sobre o assunto em questão, veja WERNER, Menski. *Regional comparisons in a global context*: the legal systems of Asia and Africa. 2 ed. Cambridge: Cambridge University Press, 2006, p. 22, e PALMA, Rodrigo Freitas. Op. cit., p. 126-127. Mas não se olvide que o confucionismo não reconhecia o princípio da isonomia, pois cada indivíduo desempenhava um diferente papel em sociedade graças à crença na existência de uma ordem cósmica a orquestrar todo o universo.

A SEGUNDA DIMENSÃO DA ANTROPOLOGIA JURÍDICA...

seja, os dois elementos delineadores e, ao mesmo tempo, antagonistas do antigo direito chinês. Nesse sentido, pode-se inferir que, em muitos casos, esta ordem jurídica subjacente manteve-se incólume às mudanças trazidas pelos novos tempos, manifestando-se como uma força viva em meio às particularidades culturais e regionais (especialmente longe dos grandes centros urbanos). O direito e as práticas do universo da *Civil Law* (de quem se aproxima a cada ano), tendência esta assumida em função da inspiração colhida junto às nações colonialistas da Europa Continental nos séculos XIX e XX, ganhou ênfase com a implantação da República pelo Partido Kuomitang (ou Partido Nacionalista Chinês), responsável pelo derradeiro suspiro imposto à Dinastia Qing ou Manchu, em 1911. Note-se que neste período, em específico, a percepção legal chinesa começa a se alterar mais acentuadamente, com maior celeridade a partir da década de 1920, quando surgem as primeiras legislações inspiradas nos modelos tradicionais das codificações de direito privado do Ocidente, especialmente, conforme observam Zweigert e Kotz[34], nos célebres e clássicos códigos civis da Alemanha (1900, também conhecido como "BGB" ou *Burgerliches Gesetzbuch*) e Suíça (o *Zivilgesetzbuch* de 1907, de autoria de Eugen Huber). Também se pode elencar neste bojo o Direito oriundo de uma vertente teórica socialista (existente desde o ano de 1949 com a fundação da República Popular da China), cujas percepções jurídicas se traduzem, inicialmente, numa herança soviética a orientar um Estado (*guo jia*) igualmente de ideologia marxista, ainda que reinterpretado segundo as conveniências governamentais locais e políticas ditadas pelos interesses de Mao Tse Tung (1896-1973), calcado no questionamento acerca do valor e da função do primado da lei e o papel desempenhado pelos operadores jurídicos. Por fim, mas não nunca menos importante, há o direito fruto das práticas decorrentes da nova dinâmica de um mundo globalizado, que permitiram que a China viesse a se amoldar ao contexto do livre-comércio e, por conseguinte, de sua aceitação no cenário mundial como uma influente e potente economia de mercado. De todo modo, somente a consideração sobre o fato de que mais de um sétimo da população do planeta se encontra sujeita a este sistema legal já seria motivo suficiente para reclamar hodiernamente o estudo do Direito Chinês. Colocar ponto final nesta caminhada constituiria flagrante atentado ao moderno de estilo de vida chinês, que, depois de séculos seguidos, incorpora a dinâ-

---

[34] ZWEIGERT, K.; KOTZ, H. Op. cit., p. 291-292.

mica da globalização. Por isso mesmo, extremamente oportuna parece ser a indagação em retrospectiva deixada pelo professor Louis Assier-Andrieu: "Nos anos 1930, promulgaram-se códigos – código civil, código de processo penal, código imobiliário. Em 1954, 1975, 1978 e 1982, publicaram-se outras tantas constituições. Em 1980 nasceu o código penal. A era Deng Xiao Ping e a vontade de reforma e de abertura da economia foram acompanhadas, nos anos 1990, de uma bateria de leis sobre a produção, o comércio e os intercâmbios internacionais. Terá a China enfim optado pelos legistas, contra Confúcio?"[35].

5.4.2. *O Sistema Anglo-Indiano de Direito*

O Sistema Legal Indiano deve ser considerado, ao menos, segundo a existência de duas dimensões jurídicas distintas, ou seja, aquela derivada do Hinduísmo, de *origem religiosa*, portanto, e a outra oriunda do *direito estatal*, de influência inglesa. Tratemos a seguir da primeira delas, em função da historicidade e das implicações culturais imediatas inerentes à questão. Assim sendo, vale notar desde pronto que estamos diante de um credo milenar, politeísta, a governar a vida de milhares de pessoas, principalmente em países como a Índia e o Nepal (onde vive o maior número de adeptos desta religião), e que, não raro, se mostra estranha aos olhos do Ocidente[36]. Esta vertente de cunho sagrado assenta suas bases em quatro preceitos sagrados essenciais: no *Dharma*, que não pode ser apressadamente traduzido por "direito", mas, antes, como "dever", e do qual falaremos mais adiante; no *Artha* (prosperidade), no *Kama* (prazer) e no *Moksha* (a elevação espiritual).

Os textos fundantes do Hinduísmo, que, aliás, estão entre os mais antigos da história humana, são os *Vedas*[37] (que, por sua vez, se encontram separados

---

[35] ASSIER-ANDRIEU, Louis. *O direito nas sociedades humanas*. São Paulo: Martins Fontes, 2006, p. 97.

[36] O Hinduísmo possui características bastante distintas, como se pode notar, das três grandes religiões monoteístas – Judaísmo, Cristianismo e Islamismo. Estas, apesar das peculiaridades próprias que as perfazem segundo seus dogmas centrais, ritos ou práticas religiosas, são constituídas por um substrato comum, que basicamente advoga a crença na existência de um Deus único e Criador de todas as coisas, na ideia de um "pecado original" responsável pela degradação moral humana, na expectativa de um Juízo Final e na ressurreição dos mortos.

[37] O termo *"Veda"* refere-se a um antigo idioma que posteriormente deu origem ao sânscrito. Os livros contêm hinos, cânticos, orações e rituais.

A SEGUNDA DIMENSÃO DA ANTROPOLOGIA JURÍDICA...

em quatro outros livros intitulados *Rig Veda*, *Sama Veda*, *Yajur Veda* e *Atharva Veda*). A datação desses escritos ainda causa divergência entre os especialistas, mas pode-se dizer que eles são o resultado de uma longa tradição que se estendeu entre os séculos XVI e II antes de Cristo. Sob o ponto de vista legal há um importante produto da literatura sânscrita que exerceu larga influência na sociedade indiana pelo menos até o século XII de nossa Era. Trata-se do *Arthashastra*, obra de grande valor cultural para aquela comunidade, escrita por um sábio chamado Kautilya[38] (350-283 a.C.), contemporâneo de Chandragupta (340-298 a.C.), o célebre fundador do poderoso Império Maurya[39]. Vários capítulos do livro destinam-se ao trato de questões legais, ainda que o escopo primordial seja o de ordem política. Lá, na perspectiva de Kautilya ao instruir o monarca na condução da coisa pública, o *Dharma* aparece representado como um conjunto de valores supremos ou ordenanças sagradas que guiam o indivíduo rumo à adoção de uma postura adequada diante do próximo e dos ritos sagrados, tidos como uma espécie de revelação vinda dos deuses. Nesse sentido, reservam-se à figura central do soberano, a quem a obra é dedicada, conselhos de toda a ordem, como se o escopo do autor fosse consolidar um apanhado de antigas tradições e dizeres enunciados pelos mestres vedas, como se pode ver aqui ilustrado:

"A riqueza é importante, e só ela, uma vez que a caridade e o desejo dela dependem para realizar-se.

Os professores e os ministros que livram o soberano dos perigos que o ameaçam e, medindo as horas do dia, o advertem sobre sua conduta, mesmo secreta, devem ser invariavelmente respeitados.

A soberania só é possível com assistência, pois uma roda isolada nada pode transportar. Por isso, o príncipe tera ministros e ouvirá opiniões"[40].

De qualquer modo, o cunho político dos enunciados torna-se indiscutível na obra de Kautilya, como se pode notar quando o intento é o de estabelecer os deveres dos monarcas perante seus súditos:

---

[38] Kautilya também é conhecido pelos nomes Vishnugupta e Chanakya. Já em seu tempo alcançou grande reputação. Ensinava na academia de Takshashila, atual território do Punjab, uma Província do Paquistão.

[39] O Império Maurya, cuja dinastia foi um dos mais importantes reinos da longa história da Índia, exerceu seu domínio sobre a região até o ano de 185 antes de Cristo.

[40] KAUTILYA (O Maquiavel da Índia). *Arthashastra*. Apresentação, seleção e tradução de Sergio Bath. Brasília: UnB, 1994. Livro Primeiro, Capítulo VII, p. 20.

"Se o monarca for enérgico, seus súditos também o seguirão. Se for negligente, eles não só o serão mas poderão prejudicar as suas obras.
Além do que, um príncipe negligente cairá facilmente nas mãos de seus inimigos.
Quando estiver na corte, o rei nunca fará os peticionários esperar por ele; com efeito, se o soberano se tornar inacessível para o povo, e delegar suas responsabilidades aos funcionários que o cercam, seguramente provocará confusão, desagradando o público e tornando-se ele próprio vítima de seus inimigos"[41].

Sob uma perspectiva filosófica, o *Dharma*[42], pois, conforme bem demonstrou K. L. Seshagiri Rao[43], professor emérito da Universidade da Virgínia, sintetiza na cultura hindu os "aspectos físicos", "metafísicos" e "morais" da realidade, assumindo no universo uma função ordenadora, própria de uma espécie de "direito cósmico", de caráter eterno, cujo objeto primordial consiste em manter e conservar estável a ordem, ainda que a palavra seja quase sempre traduzida como "dever". Estes costumes imemoriais, indicativos de um estilo de vida personalíssimo (*way of life*), não estão isolados nesta esfera da legalidade hindu. Acompanha-os a *Evidência* (*Vyavahára*), que está relacionada aos testemunhos prestados em juízo, a *História* (*Charitra*), que aqui serve para relembrar o caminho seguido para se alcançar o pleno conhecimento da *tradição* popular (*sangraha*) e os "*Editos dos Reis*" (*Rájasásana*). Estes elementos ou fontes[44], conforme indica o próprio "*Arthashastra*", correspondem às chamadas *quatro pernas do Direito*[45]. Porém, entre todas elas, prevalece sempre o *Dharma*, especialmente quando

---

[41] KAUTILYA (O Maquiavel da Índia). Op. cit. Livro Primeiro, Capítulo XIX, p. 32.

[42] A origem etimológica do termo "*Dharma*" é bastante obscura. Entretanto, alguns autores tentaram lançar luz à questão. Assim, para Patrick Olivelle, a palavra não passa de uma espécie de "neologismo" criado pelos poetas que compuseram os chamados "hinos védicos". Interessante notar que, neste caso, Satri não foi capaz de estabelecer um estudo comparativo seguro com outras línguas de origem indo-europeias, por não existirem correlatos ou equivalentes. De qualquer modo, *Dharma* aparece 67 vezes no Rig Veda, para depois ser menos utilizado na literatura védica tardia. Para saber mais, veja OLIVELLE, Patrick. Dharmaśāstra: a textual history. In: LUBIN, Thimothy; DAVIS JR., Donald; Krshnan, K. *Hinduism and Law*: an introduction. New York: Cambridge University Press, 2010. p. 31.

[43] SESHAGIRI RAO, K. L. Practioners of Hindu Law: Ancient and Modern. In: *Fordham Law Review*, v. 66, Issue 4, Article 13, 1998. p. 1185-1186.

[44] Em algumas vezes, parece haver uma predileção entre os hindus pelo número quatro.

[45] SESHAGIRI RAO, K. L. Op. cit., p. 1185-1186.

A SEGUNDA DIMENSÃO DA ANTROPOLOGIA JURÍDICA...

125

se trata da possibilidade de colisão de interesses entre os particulares. Também são estipuladas limitações prévias ao poder dos governantes (*danda*)[46] e, como vimos, determinadas algumas obrigações concernentes às relações entre os monarcas e seus súditos. Uma delas diz respeito à necessidade de manter a imparcialidade no ato de julgar, de o rei vir a se mostrar justo perante todos os seus subordinados, pronunciando sentenças neutras. Do mesmo modo, há no *Arthashastra* uma exaustiva e minudente descrição de questões afetas ao Direito de família hindu relacionada às principais instituições da vida social como casamento, dote e, principalmente, acerca dos deveres conjugais[47]. Vale notar que o enlace matrimonial, apesar de ser um pacto firmado entre clãs, não era algo absoluto e, tampouco, considerado uma união *ad eternum*. A mulher encontrava-se livre de suas juras de fidelidade em algumas hipóteses específicas, tais como se o seu esposo viesse a cometer o crime de lesa-majestade ou fosse destituído de seu *status* perante sua casta. Também ela estaria desobrigada de seus compromissos conjugais se o marido colocasse sua vida em risco ou perdesse a virilidade. Do mesmo modo, chama a atenção a preocupação do mestre hindu à época com o estabelecimento de uma cultura punitiva. É o que pode se notar numa das passagens do *Arthashastra*, por meio de peculiar e interessante alegoria:

> "Quando a lei da punição não é seguida, o resultado é uma desordem tal que lembra a provocada pela situação do peixe maior que come o menor; porque sem a interferência dos magistrados, os fortes engolirão os fracos, enquanto sob a sua proteção estes poderão resistir à força"[48].

Entretanto, do ponto de vista puramente jurídico, nenhuma outra literatura assume tamanha relevância neste contexto como o *Dharmasastra*, uma monumental compilação de antigas tradições, rituais, leis, costumes e jurisprudência concernente ao cotidiano hindu. Não obstante as diversas datações possíveis, pode-se com certa segurança situar a produção desta coleção de livros entre os séculos VIII e I antes de Cristo.

Portanto, este *Corpus Iuris Hindu* é o resultado do esforço e trabalho de escribas famosos neste contexto, como foram Gautama, Apastamba, Bau-

---

[46] A palavra *danda* também pode ser traduzida como "punições", "sanções". Ver a esse respeito, o artigo de SESHAGIRI RAO, K. L. Op. cit., p. 1189.

[47] KAUTILYA (O Maquiavel da Índia). Op. cit., Livro III, Capítulos II e III, p. 42-43.

[48] KAUTILYA (O Maquiavel da Índia). Op. cit., Livro I, Capítulos VII, p. 20.

dhayana e Vasistha. Mas ao contrário do que se pode ver no Sistema Legal Chinês de matriz filosófica confuciana, que se encontra aprioristicamente livre de pressupostos de ordem religiosa, o Direito hindu, por sua vez, está profundamente impregnado pelo elemento místico, do qual se mostra historicamente indissociável.

Mas há também o Código de Manu (*Manu Smirit*), cuja datação remonta aproximadamente ao segundo século antes de Cristo, onde estão evidenciadas as quatro castas (*varna*) da Índia Antiga segundo suas obrigações em sociedade, os *brâmanes* (a casta de linhagem sacerdotal), os *ksatryas* (a casta militar, dos guerreiros), os *vaishyas* (comerciantes) e por fim os *sudras* (os servos). A primeira delas, a mais influente, recebe maiores privilégios que as demais. Quando os brâmanes cometiam crimes, suas penas eram sempre mais brandas comparadas às punições estendidas às outras classes sociais indianas.

Modernamente, há uma palavra específica na Índia que pode ser entendida como "o direito positivo" ou, ainda, "o Direito como é, sobretudo na prática dos tribunais"[49]: '*vyavahāra*' – que não pode ser confundida com o '*dharma*' – "o direito como deveria ser". Estas novas designativas surgem a partir da notável influência estrangeira no país[50], obedecendo a métodos tipicamente ocidentais, ainda que adstritas ao universo dos idiomas locais. Já no que concerne à longa trajetória do país, além destas primeiras fontes escritas do antigo direito hindu ou de um "direito védico"[51], há o costume, que nesta sociedade em específico assume fundamental importância, mesmo após a colonização britânica ter iniciado um processo de franca normatização da vida civil. Aliás, vale notar que o interesse inglês para melhor compreender o direito hindu não é um sentimento recente. Trata-se de algo que remonta ao século XVIII, quando, sob os auspícios da *Companhia das Índias Ocidentais,* foi produzida a obra *A Code of Gentoo Laws* (1776)[52]. Da

---

[49] LOSANO, Mario G. Op. cit., p. 475.

[50] Sobre este assunto, consulte GALANTER, Marc. The displacement of traditional law in Modern Índia. In: *Journal of Issues Studies*, 24, 1968, p. 65-91.

[51] "Direito Védico" tornou-se uma expressão bastante empregada para se referir às fontes mais antigas do Direito Hindu, como se pode notar, a título ilustrativo, na obra de SASTRI, Alladi Mahaveda. *The Vedic Law or the Emancipation of Woman.* Charlottesville: University of Virginia, 2010.

[52] SHARMA, Ram Sharam. *Sūdras in Ancient India*: a social history of the Lower Order

A SEGUNDA DIMENSÃO DA ANTROPOLOGIA JURÍDICA...

mesma maneira, o progresso econômico experimentado pela Índia não foi capaz de suplantar antigas práticas e tradições ainda bastante em voga em locais mais afastados dos grandes centros. Assim, pode-se dizer que a Índia foi paulatinamente se adequando às práticas jurídicas próprias do universo da *Common Law*.

Entretanto, seria um grande equívoco acreditar que o sistema legal britânico foi simplesmente transplantado para aquele país. Isto porque a nação conservou características culturais ímpares no decurso dos séculos, da qual a religião hinduísta traduz-se no eixo-motriz. Por isso mesmo, graças a esta realidade fática, existem grandes diferenças entre o sistema hindu e aquele praticado nos países originários do mundo anglo-saxão. Isto ocorre, de modo especial, porque depois da independência alcançada no ano de 1947 (mais especificamente em meados da década de 1950), houve um franco processo de normatização do Direito, vislumbrado notadamente nas áreas dos *Direitos de Família* e *de Sucessões*[53], pois, como se sabe, é justamente nesses campos que os *mores maiorum* quase sempre se tornam mais evidentes na esfera da legalidade. Nesse sentido, há que se notar que os britânicos realizaram um grande esforço para dotar a Índia de um sistema legal unificado, nacional, considerando a diversidade de costumes existentes de região para região. A experiência inglesa com relação aos procedimentos também não foi de modo algum descartada, objetivando-se com isso promover o ingresso daqueles domínios territoriais no universo da 'modernidade' e, progressivamente, de acordo com esta retórica, sepultar a tendência indiana em recorrer ao pronunciamento de conselhos tribais e à prática de ordálios.

5.4.3. *O Sistema Talmúdico de Direito*

Os hebreus foram um povo seminômade, de origem semita, que desenvolveu sua cultura na terra de Canaã[54]. A crença monoteísta foi desde logo o

---

Down. 3. ed. New Delhi: Motilal Banarsidass Publishers, 1990. p. 1.

[53] Do período histórico mencionado, como exemplo, citam-se as seguintes legislações: *Hindu Marriage Act* (n. XXV de 1955); *Hindu Adoptions and Maintenance Act* (n.78 de 1956); *Hindu Minority and Guardianship Act* (n.32 de 1956); e o *Hindu Sucession Act* (n. XXX de 1956).

[54] Região que atualmente compreende territórios localizados nos Estados de Israel, Síria e Jordânia.

elemento diferenciador que conferiu uma particular identidade a esta nação. A construção de um Templo no alto do Monte Sion, empreendimento este levado a cabo na cidade de Jerusalém por Salomão, em cerca de 950 antes de Cristo, contribuiu com o passar dos séculos para estabelecer um vigoroso espírito nacional, ainda que a desagregação tenha sido a marca imposta logo nos primeiros anos que se seguiram à morte daquele rei[55]. Com a conturbada ascensão de seu filho Roboão ao trono, houve uma séria ruptura política marcada pela dissenção entre as doze tribos israelitas. A inconformidade dizia respeito à manutenção do sistema de corveia real, que reclamava da população trabalhos forçados, além da alta tributação imposta para que fossem erigidos lugares de culto a outros deuses, o que gerou extremo descontentamento do clero. Assim, com a cisão, foram fundados novos reinos, o de *Israel*, ao norte (localizado na fronteira com o Líbano e a Síria), e *Judá*, mais ao sul, que permaneceu em submissão ao cetro de David, o célebre fundador da dinastia. Ao primeiro deles reservou-se um destino fatídico, tendo desaparecido com a invasão dos Assírios, no ano de 722, antes da Era Comum. O trágico acontecimento levou os habitantes a serem dispersos por todos os confins do Oriente Próximo. Este contingente inumerável, muito provavelmente, foi assimilado por outras gentes da região. Quanto a Judá, esta, por sua vez, foi invadida em 587 a.C. pelos babilônios, que destruíram e saquearam o Templo em Jerusalém, levando consigo o povo, agora cativo, para o estrangeiro. Ora, a configuração derradeira do *Tanak* (Antigo Testamento), contendo três seções de livros, quais sejam elas a *Torah* (Pentateuco), *Nebiin* (Profetas) e *Ketubin* (Escritos), começa a tomar corpo a partir das experiências retiradas desse contexto. Com o fim do exílio, graças ao edito libertador de Ciro, o Grande, em 537 a.C., os judeus puderam retornar à terra de seus antepassados e lá, uma vez mais, reconstruir o antigo Templo do rei Salomão. A tarefa de restauração inicialmente coube aos escribas (*sofrim*) Neemias e Esdras (por volta de 444 a.C.). O cânon judaico, igualmente, não tardaria a ser definido com a inclusão dos livros de Esther, Ezequiel e Daniel. A partir de então, de modo progressivo floresce, paralelamente à existência do direito escrito (*Mischpat*[56] ou *Torah she-Bekhatav*), uma vigorosa tradição ou "lei oral" (*Halacká*) que no futuro daria origem à monumental obra inti-

---

[55] Para saber mais confira PALMA, Rodrigo Freitas. *Direito Hebraico*. 2 ed. Curitiba: Juruá, 2019, p.100.

[56] O termo hebraico *Mishpat* é mais recente na história do Judaísmo.

tulada Talmud (conhecimento, estudo). Com o fim do domínio persa e o início da influência helenística, o monopólio da interpretação legal coube aos membros do *Sanhedrin* (Sinédrio) e, em última instância, aos dois maiores líderes religiosos a compor a estrutura orgânica daquele tribunal[57], ou seja, o *Nasi* (Presidente, Príncipe) e o *Av Bet Din* (Pai da Corte). Nas proximidades da Era Comum, a iniciativa de interpretação da lei torna-se bem mais popularizada. Surgem diferentes posicionamentos e opiniões em meio às necessidades reais da comunidade. Duas importantes escolas são representativas deste período histórico, a de Shammai (50 a.C.-30 d.C.) e a de Hillel (60 a.C.-9 d.C.), sendo esta última responsável por propagar em sua arrojada exegese um espírito mais solidário e comprometido com as fragilidades humanas. Estas duas linhas doutrinárias desenvolveram métodos distintos de hermenêutica dos textos sagrados. Seus discípulos (de ambas as escolas) ficariam conhecidos genericamente pelo termo "fariseus", sobre os quais retomaremos o assunto logo adiante. Do mesmo modo, despontam novas correntes filosóficas apocalípticas, como a dos *Essênios*, uma irmandade monástica dedicada a produzir cópias de alguns livros santos que fundava suas convicções em estritos rituais de pureza e santidade, vivendo no deserto, no mais completo estado de isolamento do mundo. Sua visão de mundo é completamente dualista, onde somente existem "bons" e "maus", "virtude" e "pecado", "filhos da luz" e "filhos das trevas"[58] que se digladiariam numa "guerra iminente" capaz de abalar as estruturas do cosmos. Aos tais é comumente atribuída a compilação dos famosos "Manuscritos do Mar Morto" ou de "Qunram", como querem alguns. Já outro dentre os "partidos religiosos hebraicos tardios"[59] era o dos *Saduceus*, homens de linhagem e estirpe nobre, que, portanto, representavam a elite aristocrática e sacerdotal de Israel, sendo eles, desde então, os dirigentes do *Sanhedrin* e das questões

---

[57] O *Sanhedrin* era tradicionalmente composto por 71 membros. A definição do número de participantes era atribuída a Moisés, que, não podendo atender a todas as demandas que lhe chegavam cotidianamente à apreciação, passou a necessitar da pontual ajuda de seus concidadãos para julgar. O termo *Zugot* (pares) refere-se aos mais proeminentes componentes desta famosa Corte israelita, o *Nasi* (Presidente, Príncipe) e o *Av Bet Din* (Pai da Corte).

[58] Estas expressões são correntes na retórica utilizada pelos Essênios. A esse respeito, veja SHUBERT, Kurt. *Os partidos religiosos hebraicos da época neotestamentária*. Trad. Isabel Fontes Leal Ferreira. São Paulo: Paulinas, 1979. p. 57-70.

[59] SHUBERT, Kurt. Op. cit., p. 15.

religiosas e políticas inerentes ao Templo, bem como, dos interesses da nação perante invasores como os Romanos. Os *Fariseus*, apresentados acima, já no século I da Era Comum, com sua pregação itinerante e inclusiva, haviam alcançado bastante popularidade entre as camadas menos favorecidas da sociedade israelita. Dividiam-se entre duas correntes de pensamento, como dissemos acima, quais sejam elas, os membros da Escola de Hillel (menos ortodoxa) e os da Escola de Shammai (mais restritiva quanto à interpretação).

Outros "partidos" da mesma época também angariavam seus adeptos, como os *Zelotes* e os *Sicários*, dois grupos de resistência movidos por exacerbado patriotismo e mais interessados em questões políticas, tais como a libertação de Israel do jugo romano. O ponto de convergência com o elemento religioso, neste caso, se dava apenas quando se falava na possibilidade de ascensão de algum líder de caráter messiânico capaz de conduzir o povo à vitória contra o opressor.

Entretanto, com a segunda destruição do Templo, no ano 70 da Era Comum, e a forçosa dispersão tem início outro importante capítulo na História do Direito Talmúdico, marcado pela ação continuadora dos *Tannaim*, sábios intérpretes da lei que, em muitos aspectos, foram os grandes responsáveis por terem mantido o Judaísmo vivo, especialmente naqueles primeiros anos, logo após o terrível infortúnio que se abateu sobre a nação. No itinerário assinalado pela revitalização da vida judaica, duas comunidades despontaram: uma delas, a da Babilônia (presente naquele território desde o ano de 597 a.C., tendo lá permanecido até o ano de 500 d.C.), e a outra, a de Jerusalém (que remontava à restauração pós-exílica iniciada em 444 a.C. e cuja estada se deu até os arredores do ano de 350 d.C.). Vale notar que ambas as comunidades elaboraram seus próprios Talmudes. Por um tempo, também, prosperou uma academia de ensino religioso (*yeshiva*) fundada na cidade de Yavne, cujos ensinos eram orientados pelo Rabbi Yohanan Ben Zakkai (30-90 d.C.), responsável por ter concedido vultosa propulsão ao ensino da *Halacká*.

Deste modo, relevante se faz notar que, com o decurso do tempo, foi se amalgamando à cultura judaica o sentimento de que a lei precisava ser continuamente interpretada[60]. Para isso contribuíram as concorridas esco-

---

[60] Sobre a questão, assim destacou Scardelai: "Por fim, os sábios rabis contribuíram, como nenhum outro grupo judaico depois da destruição do Segundo Templo, para

A SEGUNDA DIMENSÃO DA ANTROPOLOGIA JURÍDICA...

las de Rabbi Akiva (50-135 d.C.) e outra mais, liderada pelo Rabbi Ishmael Ben Elisha (90-135 d.C.), onde proficuamente foram criados métodos específicos de estudo aplicados ao ensino e à hermenêutica das fontes primárias presentes no universo do *Tanak*. Consoante a isso, como já dissemos alhures, estabeleceu-se a crença de que, além da Torah escrita (*Torah she-Bekhatav*), havia também uma Lei Oral (*Torah she-Ba-al Peh*). Assim, nesses primeiros três séculos da Era Comum, com a incisiva perseguição imposta pelos romanos em diversos momentos da trajetória da nação, e que fatalmente obrigava as comunidades a empreender constantes mudanças de lugar, sentiu-se, por uma questão de ordem prática e de preservação da cultura, a necessidade de se iniciar um processo de compilação das recolhas e documentos produzidos pelos séculos afora pelo incansável labor destes incontáveis exegetas. A *Mishnáh* (Comentário) foi o resultado deste primeiro esforço realizado por mestres que ficaram conhecidos por *Amoraim* (Expositores) e principalmente pelo festejado Rabbi Judah, o Príncipe (135 – 219 d.C.), os quais deram uma nova dimensão ao ensino da Lei Oral Judaica, buscando agora efetivar um registro seguro para as futuras gerações e consolidar uma tradição considerada ininterrupta, cuja cadeia de ensinamentos é atribuída ao próprio Moisés. Coube aos sábios Rav Ashi (352-427 d.C.) e Ravina (data de nascimento incerta-morte em 421 d.C.), não obstante as controvérsias a esse respeito[61], organizar esses textos, buscando consolidar o material que daria origem ao Talmud Babilônio[62] (a versão mais po-

---

a preservação do vasto patrimônio social, cultural e religioso do Israel bíblico. Os rabis nos ensinaram, entre outras coisas, que a Revelação da Sagrada Escrita não deveria ser prisioneira da ortodoxia da Palavra Escrita. Era urgente superar a ditadura do texto canônico fazendo evoluir uma nova construção sob o domínio da tradição oral na vida judaica. Sua mais significativa contribuição aos amantes da Bíblia foi transformar a palavra de Deus num diálogo permanente no tempo com a contemporaneidade, sem deixá-la (a Palavra) repousar no confortável e cômodo reduto canônico". SCARDELAI, Donizete. *Da religião bíblica ao judaísmo rabínico*: origens da religião de Israel e seus desdobramentos na história do povo judeu. São Paulo: Paulus, 2008 (Coleção Biblioteca de Estudos Bíblicos). p. 166.

[61] Sobre esse assunto, veja HOENIG, Samuel N. *The Essence of Talmudic Law and Thought*. Northvale, New Jersey, United States of America; London, Great Britain, 1993. p. 47-48.

[62] Dizemos "Tamud Babilônio", pois há outro, como inferimos no texto, menos popular, produzido pela comunidade que permaneceu em Israel nos três primeiros séculos da era cristã, qual seja o "Talmud de Jerusalém".

pularizada do Talmud). Começou, assim, a se solidificar a primeira etapa de produção do Talmud (Ensino), que estaria praticamente completa no ano 500 da Era Cristã. Posteriormente, surgiram novos glosadores, os quais cuidaram de tecer novos comentários acerca dos comentários já existentes. Assim, com o passar do tempo, começa a se desenvolver paralelamente ao que se tinha produzido até então um novo conteúdo rabínico, marcado por novas abstrações teóricas, a chamada *Gemará*.

Entretanto, seria em plena Idade Média o período histórico em que os estudos do Talmud atingiriam seu apogeu e uma profundidade ímpar até então, graças ao o nascimento nas terras da Andaluzia daquele que seria considerado o maior filósofo judeu de todos os tempos. Trata-se de Moshe Ben Maimon, ou Maimônides[63] (1135-1204). De estirpe nobre, posto que a linhagem da família era credenciada ao rei David, o célebre pensador logo se obriga a deixar a Espanha com sua parentela rumo a outros lugares da Europa, para logo depois, então, se instalar em Fez, no Marrocos. Ainda assim, Maimônides viveria em Israel e no Egito, onde terminou seus dias. Exerceu dedicadamente a medicina[64], o que não lhe impe-

---

[63] A ele assim se referiu um de seus principais biógrafos: "Talmudista, codificador da Torá, filósofo, místico, matemático, médico e dono de um talento literário ímpar, ele transformaria a comunidade judaica no Egito, traria uma nova ordem para os judeus do mundo e viria a ser o único pensador da Idade Média cujas teorias exerceram influência significativa sobre pensadores tanto cristãos quanto muçulmanos e judeus de sua época. Sua obra foi, aliás, frequentemente citada por filósofos como Tomás de Aquino, Alberto, o Grande, Roger Bacon, Ignácio de Loyola, Alexandre de Halle, Nicolas de Coves, Leibniz, Barouch de Espinosa e muitos outros". NAHAÏSSI, Giuseppe. *Maimônides: o Livro dos Mandamentos – 248 preceitos positivos*. São Paulo: Hedra, 2007. p. 11-12.

[64] Sobre este e, também, alguns outros fatos curiosos sobre a vida e trajetória de Maimônides, assim destacou Gérard Haddad: "Finalmente, sublinhemos que, além de teólogo e filósofo, Maimônides notabilizou-se de tal modo na medicina que, não só o vizir do Cairo, mas também o Sultão Saladino, contrataram seus serviços (algumas narrativas mencionam também o tratamento que ele teria prodigalizado a Ricardo Coração de Leão, ferido no decorrer da Terceira Cruzada). Alguns de seus tratados sobre medicina conservam uma certa atualidade: por exemplo, seus escritos sobre os venenos ou a asma. Foi, igualmente, um apaixonado pela astronomia – aliás, ciência que ele diferenciava cuidadosamente da astrologia. Contrariamente a um grande número de ilustres rabinos que o haviam precedido ou que o seguiriam – como foi o caso de Isaac Abravanel – considerava a astrologia uma 'ciência destituída de sentido', além de perniciosa; por isso condenava todas as superstições, entre as quais incluía o culto às sepulturas dos santos. De forma paradoxal, seu túmulo tornar-se-ia, posteriormente,

A SEGUNDA DIMENSÃO DA ANTROPOLOGIA JURÍDICA...

diu, desde tenra idade, de manifestar interesse pela interpretação das leis judaicas. A influência das leituras das obras de Aristóteles torna-se marcante na formação intelectual e nas construções teóricas produzidas pelo afamado rabino de Córdoba. Suas duas maiores obras jurídicas foram *Mishné Torah* (1177) e o *Guia dos perplexos* (1185). Sobre a primeira delas, o próprio Maimônides assim destacou, revelando estar plenamente ciente sobre a extensão de sua influência sobre o destino do Judaísmo e do conhecimento e interpretação do Direito Talmúdico:

> "Objetivei, com este livro, que todas as normas sejam acessíveis a jovens e velhos, quer pertençam aos preceitos toraicos ou às ordenações estabelecidas pelos sábios e profetas, de modo que nenhuma outra obra seja necessária para definir qualquer uma das Leis do Povo de Israel, e que este livro possa servir de compêndio da Lei Oral em sua íntegra, incluindo as ordenações, costumes e decretos instituídos desde o dia de Moshé Rabenu até a compilação do Talmude, conforme nos foi explicado pelos *gueonim* em todas as obras por eles compostas desde a compilação do Talmud. Portanto, eu dei a esta obra o título de MISHNÉ TORÁ (Torá), pela razão de que uma pessoa que leia a Lei Escrita, e depois esta recompilação, saberá dela a íntegra da Lei Oral, sem precisar consultar ou estudar outro livro qualquer"[65].

Destarte, Maimônides, revestido de didática magistral e irrestrita abnegação dedicada ao saber filosófico, além de comprometimento com uma rigorosa exegese da Lei Judaica a partir da *Mishné Torah*, acaba por exercer o mesmo destaque que Gaio, com suas *Institutas*, alcançou junto àqueles que se dedicam ao estudo do Direito Romano.

Como bem faz notar Giuseppe Nahaïssi, o pensador "constata que o povo em si não tinha a sua disposição um código onde pudesse encon-

---

alvo dessas peregrinações e das práticas mágicas que ele repudiava. Para cúmulo, subsistem dúvidas em relação ao local exato de seu sepultamento na medida em que há referência a duas possibilidades: tendo falecido no Egito, o antigo Cairo abriga um túmulo atribuído ao sábio; no entanto, segundo outras fontes, seus restos mortais teriam sido transferidos para a Terra Santa, perto do lago de Tiberíades. Daí conclui-se que um desses túmulos estaria vazio, particularidade que Maimônides compartilha com os fundadores das religiões monoteístas, ou seja, Moisés, Jesus e Mohammad". HADDAD, Gérard. *Maimônides*. Trad. Guilherme João de Freitas Teixeira. São Paulo: Estação Liberdade, 2003 (Figuras do Saber, 4). p. 18.

[65] MAIMÔNIDES (MOSHE BEN MAIMON) RAMBAM. *Mishné Torá*: O Livro da Sabedoria. Trad. Yaacov Israel Blumenfeld. Rio de Janeiro: Imago, 2000. p. 30.

trar regras seguras, sem mistura de controvérsias e opiniões. Assim sendo, ele deseja expor em sua obra, numa linguagem clara e breve, o que é proibido e o que é permitido, o que é puro e o que é impuro, bem como tudo que se refere às questões da Torá, tudo isso para que a lei possa ser conhecida por todos, sem deixar dúvidas. Ele quer que a Lei esteja, em palavras claras, na boca de todos os homens e faz sua exposição de maneira direta e didática, buscando dar um esclarecimento simples e satisfatório a questões que, de outra forma, poderiam ser interpretadas erroneamente pelo povo"[66].

Maimônides foi também importante no processo de institucionalização do Judaísmo, especialmente quanto à definição de seus dogmas através da elaboração dos *Treze Preceitos* ou *Princípios*[67] que basicamente resumem e norteiam sua fé.

Após os estudos realizados por Maimônides durante a Idade Média, somente o *Shulchan Aruch* ("Mesa Posta"), aquela monumental obra desenvolvida pelo rabi de origem ibérica[68], Yosef Karo (1488-1575), alcançaria extraordinário destaque entre os dedicados ao conhecimento do Direito Talmúdico. Trata-se de um grandioso e esmerado código de legislação judaica, em que as leis talmúdicas encontram-se minuciosamente comentadas. Séculos mais tarde, visando conferir maior praticidade ao manuseio dos comentários feitos pelo aludido sábio, chegou a vez de um rabino nascido na Hungria, Schlomo Gantzfried (1804-1886), vir a preparar uma espécie de compilação do que chamou de *Kitsur Shulchan Aruch*, ou seja, o *Shulchan Aruch Abreviado*, que, nas palavras do Rabino David Weitman, trata-se de uma "obra que foi recebida em todas as comunidades e diásporas do povo de Israel como livro de referência e manual prático da Lei Judaica. Até hoje este livro é encontrado praticamente em todas as sinagogas, casas de estudo, escolas, bibliotecas e em todos os lares judaicos"[69].

---

[66] NAHAÏSSI, Giuseppe. *Maimônides*. Op. cit., p. 32.

[67] NAHAÏSSI, Giuseppe. Op. cit., p. 21.

[68] Até hoje não se sabe exatamente onde teria nascido Yosef Karo, autor do *Shulchan Aruch*. Mas, ao que parece, o rabino teria fugido juntamente com sua família de Portugal em 1497 para a Turquia, após a assinatura do Decreto de Dom Manuel I (1469-1521), que, do mesmo modo que a vizinha Espanha, agora expulsava os judeus daquelas terras.

[69] WEITMAN, Rabino Y. David. Prefácio para a edição de Língua Portuguesa. In:

A segunda dimensão da Antropologia Jurídica...

Com o tempo, a Lei Hebraica como um todo se transformou no substrato maior de uma cultura erigida durante os séculos de história, forçosamente enriquecida pelos diferentes lugares de destino da diáspora; moldada pela força de tradições milenares, por arraigados costumes que se pautam numa sólida crença e por um conjunto de regras exaustivamente interpretado pelos sábios judeus ao longo de diferentes épocas. Em todas as regras da Torah há um sentido a ser revelado pela sabedoria talmúdica, um simbolismo próprio que evoca uma memória específica, um acontecimento a ser perenemente celebrado pelo ritual. Assim, por exemplo, se a Torah determina legalmente a prática da circuncisão (*Brit Milah*) aos recém-nascidos, ou a todos os convertidos ao credo judaico, isto se explica no seio da comunidade através da narrativa bíblica, em que Abraão aparece celebrando uma aliança com o próprio Deus. Ao cortar a pele que envolve o prepúcio, como marca sagrada do pacto, o patriarca jura que seus descendentes também carregarão em seus corpos o mesmo sinal denunciativo do acordo em questão.

Para os judeus, alegria e tristeza andam de mãos dadas, pois o mundo é permeado também de dissabores, aos quais todos, invariavelmente, estão sujeitos. Assim, cabe a cada indivíduo tentar enfrentar tais situações com coragem, resignação e esperança. Em outras palavras, um homem não pode se dar ao luxo de ser tão feliz a ponto de estar prestes a perder seu próprio juízo em função de uma alegria passageira, ou, sob outro viés, abatido, de modo que se encontre completamente prostrado. Um homem deve ser, antes de tudo, alguém sóbrio, plenamente consciente do significado da vida. O equilíbrio, pois, marca a existência humana, conscientizando-o de que a felicidade não é perene, e, do mesmo modo, a tristeza e o infortúnio também não o são. Esta é a marca fundamental que traduz o espírito da célebre passagem enunciada no *Colehét* (Eclesiastes 3, 1-8):

"Para tudo existe uma época determinada,
E para cada acontecimento há um tempo apropriado sob os céus:
um tempo para nascer e outro para morrer,
um tempo para plantar e outro para erradicar o que foi plantado;
um tempo para exterminar e outro para curar,

GANTZFRIED, Rav Schlomo. *Kitsur Schuldan Aruch*: O código da lei judaica abreviado. Trad. Youssef Benzecry. São Paulo: Maayanot, 2008. p. IX.

um tempo para destruir e outro para construir;
um tempo para chorar e outro para sorrir,
um tempo para lamentar e outro para dançar;
um tempo para jogar pedras e outro para juntá-las;
um tempo para abraçar e outro para se afastar do abraço;
um tempo para buscar e outro para abandonar,
um tempo para guardar e outro para coser;
um tempo para manter silêncio e outro para se pronunciar,
um tempo para amar e outro para odiar,
um tempo para a guerra e outro para a paz"[70].

Ora, nesse sentido, nada mais emblemático do que a cerimônia do casamento, onde a evocação da memória penetra profundamente o sentido da ritualística. Assim, os nubentes bebem no mesmo cálice o vinho com os braços entrelaçados. Logo após, o noivo quebra a taça diante dos convidados da cerimônia. Esta imagem assume diferentes significados que estão conectados a diversas tradições evocativas da memória coletiva. O vinho, pois, representa o contentamento, o júbilo pela união. Os cacos espalhados pelo altar, por sua vez, significam todos os destroços que a vida, inevitavelmente, teimosamente traz consigo. Do mesmo modo, a cena em questão tipifica a destruição do Templo de Jerusalém ocorrida no ano 70 de nossa Era, ou seja, um evento calamitoso na trajetória da nação que deve ser rememorado justamente num dia de felicidade como aquele. O solidéu (*kippá*) a cobrir a cabeça do marido resume o temor reverencial prestado ao Criador, uma lição perene de que o ser humano, longe de se revestir de vaidade, deve sempre se lembrar de que 'todos vieram do pó e a ele retornarão', independentemente de suas origens ou *status* social. A tenda (*huppá*), com seus lados abertos, reproduz a abóbada celestial, insinuando que o laço matrimonial está sendo homologado não somente diante das testemunhas, mas também, nos Céus (*Shamaim*).

Aliás, os judeus desenvolveram uma relação diferenciada com a história, que aqui assume um significado particularíssimo. Um bom exemplo disso são os rituais relativos à celebração do *Pessach* (Páscoa). Cada membro da comunidade judaica deve se considerar como alguém que acaba de ser retirado do Egito dos faraós de forma salvífica, independentemente do fato de

---

[70] GORODOVITS, David; FRIDLIN, Jairo. *Bíblia Hebraica*: baseada no hebraico e à luz do Talmud e das fontes judaicas. São Paulo: Sefer. 2006. p. 749.

A SEGUNDA DIMENSÃO DA ANTROPOLOGIA JURÍDICA...

esta tradição festiva fazer referência a tempos imemoriais. Em sua obra clássica intitulada *Zakhor*[71], o autor Yousef Yerushalmi ilustra muito bem este contexto de evocar-se o passado com um propósito específico: "Somente em Israel, e em nenhum outro lugar, a injunção de lembrar é sentida como um imperativo religioso direcionado a todo um povo. Suas reverberações estão por toda a parte, mas alcançam um crescendo na história do Deuteronômio e nos Profetas"[72]. E, alhures, completa: "Lançado contra a vontade na história, o homem no pensamento hebraísta veio para afirmar sua existência histórica, apesar do sofrimento que ele encerra e, gradual e laboriosamente, descobre que Deus o revela a ele próprio durante o decurso da história. Os rituais e festas no antigo Israel não são mais repetições de arquétipos míticos destinados a aniquilar o tempo histórico. Quando evocam o passado, não mais se trata do passado primevo, mas do passado histórico, no qual realizaram-se os momentos cruciais e grandiosos da história de Israel. Longe de tentar uma fuga da história, a religião bíblica se permite ser impregnada por ela, e não pode ser concebida se apartada da história"[73].

Outro aspecto importante do ponto de vista axiológico é a distinção que se faz entre Direito (*Mischpat*) e Justiça (*Tesedeká*)[74]. O primeiro destes termos consiste no direito escrito, ou seja, é a Lei propriamente dita. A segunda é uma das virtudes divinas. Nesse sentido, somente o Criador pode ser considerado essencialmente "Justo" (*Tsadick*). O homem, todavia, encontra-se perpetuamente incumbido da obrigação de observar as "Ordenanças" ou "Mandamentos" (*Mitzvot*), a fim de se comprometer perenemente com uma conduta pautada na retidão. Já a 'Misericórdia' (*Hessed*), todavia, outra qualidade cardeal inerente ao Divino, funciona como um freio à própria 'Justiça', sendo esta última uma espécie de fogo devorador, que a tudo e a todos consumiria em face da evidente falibilidade humana, não fosse a benevolência que, do mesmo modo, emana perpetuamente do cetro celestial. Sem embargo ao teor de sacralidade que naturalmente envolve esta percepção, a *Hessed*

---

[71] *Zakhor* é uma palavra hebraica que significa "lembrança".

[72] YERUSHALMI, Yosef Hayim. *Zakhor*: história judaica e memória judaica. 2. ed. Trad. Lina G. Ferreira da Silva. Rio de Janeiro: Imago, 1992. p. 29.

[73] YERUSHALMI, Yosef Hayim. Op. cit., p. 29.

[74] Veja a esse respeito PALMA, Rodrigo Freitas. Direito e justiça na cultura hebraica. In: PALMA, Rodrigo Freitas (org.). *Direito e religião*: uma aproximação. Brasília: Processus, 2012. p. 13-26.

judaica se aproxima em alguns aspectos da ideia de *Aequitas* romana, que, por vezes, cumpre com o papel de abrandar os rigores pertinentes à Justiça Comutativa (cuja máxima consagrada no âmbito do *Corpus Iuris Civilis* consiste em *dar a cada um o que lhe é devido*). O que as diferencia, entretanto, é o aspecto de religiosidade que norteia a primeira. Do mesmo modo, não sejam desconsiderados neste contexto a tendência assumida recentemente em buscar correlacionar a *Hessed* ao conjunto de ações sociais que têm nos mais necessitados e humildes seu objeto norteador.

Note-se, porém, que o legislador hebreu, não por acaso, cuidou de estabelecer uma distinção semântica clara entre a "Justiça" e o "Direito", como dissemos alhures. Ou, ainda, consoante o que bem leciona o Dr. Aharon Barth[75], "(*tsedeká*) é o meio para corrigir o direito, quando este próprio poderia causar injustiça. Mais do que isto, '*tsedeká*' pode servir de instrumento para evitar que se criem as condições que causem injustiça. '*Tsedeká*' é o que se chama em alemão *ausgleichende Gerechtigkeit* – a justiça equilibrante".

Não obstante os sofisticados métodos de hermenêutica desenvolvidos pelos sábios judeus, não se deve jamais perder de vista que as questões legais são compreendidas numa perspectiva religiosa, a trilha pela qual se pavimentaram os princípios básicos que orientam o Direito Talmúdico. Assim, o delito nesta visão está relacionado ao livre-arbítrio, que condiciona a existência humana e o comportamento a ela prescrito[76]. É o que alude Ze'ev W.

---

[75] BARTH, Aharon. *O judeu moderno enfrenta os eternos problemas e outros escritos*. Trad. Rafael Fisch. Jerusalém: Departamento de Educação e Cultura Religiosa para a Diáspora da Organização Sionista Mundial, 1990. p. 260.

[76] Ou, como bem esclarece o Professor Ze'ev W. Falk sobre o assunto em tela, é certo que "o Direito Talmúdico contém uma série contínua de termos que classificam o comportamento humano. Num extremo temos o *hayav*, significando que uma pessoa é culpada, seja pelos padrões de justiça humana, ou diante de Deus. No outro extremo temos o termo *meshubah*, significando que uma pessoa que cumpre o ato ética é digna de louvor. Entre os dois pontos extremos os termos seguintes podem ser encontrados para expressar a grande variedade de fatores na avaliação de atos humanos: ao lado do já mencionado *hayav*, encontra-se *patur* (isento), descrevendo a absolvição as pessoa em questão ou o cumprimento do seu dever. O último termo tem também o sinônimo *yatsá yedey hovatô* (cumpriu a sua obrigação). Ao lado dos dois últimos termos, mas mais próximo de *hayav*, está o conceito *ein ruah hahamim nohá hemenu* (os sábios não estão satisfeitos com ele) ou sua formulação positiva. Isto descreve os atos permitidos, mas aponta para uma meta mais alta para aqueles que querem ser incluídos entre os sábios. FALK, Ze'ev W. *Direito Talmúdico*. Trad. Neide

A SEGUNDA DIMENSÃO DA ANTROPOLOGIA JURÍDICA...

Falk sobre o tema: "O crime é descrito por alguns mestres como o resultado de uma perturbação mental ao invés de uma intenção deliberada. Por outro lado, encontram-se muitas especulações nas fontes talmúdicas sobre a luta entre as inclinações para o bem e para o mal, dentro de cada pessoa, e sobre a possibilidade de escolher entre ações alternativas"[77]. Ora, este entendimento está intimamente ligado aos dogmas presentes nas três grandes religiões monoteístas do planeta (Judaísmo, Cristianismo e Islamismo), as quais neste exato ponto assumem rotas que invariavelmente se encontram.

Portanto, sob esta perspectiva, não há que se confundir jamais "Direito Judaico" ou "Talmúdico" (de origem eminentemente religiosa) com o "Direito Israelense", um direito fundamentalmente estatal, a reger, portanto, o cotidiano não somente de judeus, mas também de todos os árabes e outras minorias que são nacionais do moderno Estado de Israel. Sabe-se que esta legislação em particular lança suas bases tanto na *Civil Law*, como também, na *Common Law*, e que, em questões agrárias, numa nítida reminiscência derivada da histórica ocupação turca daqueles territórios do Oriente Próximo, ainda encontra os resquícios no antigo ordenamento jurídico que o Império Otomano produziu para administrar seus domínios. Entretanto, apesar de Israel ser um Estado laico, é fato que o lastro deixado pelo Direito Talmúdico sobre as diversas esferas da lei, não somente aquelas no âmbito privado (direito de família e sucessões), mas até mesmo no campo do Direito Público, é algo difícil de ser mensurado.

5.4.4. *O Sistema Islâmico de Direito*

O Islamismo[78], ao lado do Judaísmo e Cristianismo, é a terceira grande religião monoteísta da história da humanidade. Segundo a tradição, Maomé[79] (570-632), seu fundador, nasceu no que seria o atual território da Arábia Saudita. De acordo com a crença muçulmana, os versos do Alcorão, o livro sagrado, foram revelados pelo anjo Gabriel

---

Terezinha Moraes Tomei e Esther Handler. São Paulo: Perspectiva, 1988. p. 32.

[77] FALK, Ze'ev W. Op. cit., p. 38.

[78] "Islã" significa "submissão a Deus".

[79] Cujo nome próprio é Mohammed, em língua árabe. "Maomé" é uma forma aportuguesada. Sobre a vida do fundador do Isla recomendo a leitura de ARMSTRONG, Karen. *Maomé*: uma biografia do profeta. São Paulo: Companhia das Letras, 2002. p. 55-85.

(*Gibrail*) e, posteriormente, vieram a ser transmitidos aos seus companheiros, que por fim os registraram. No contexto religioso em questão, Maomé seria o último e também o principal dentre todos os profetas conhecidos. Do mesmo modo, em relação às outras duas crenças congêneres das quais citamos acima, possui o Islamismo alguns dogmas em comum, tal como mencionamos, a título ilustrativo, têm-se a crença na existência de um único Deus, Criador do mundo e de todos os seres que nele habitam ("Alá")[80], além da firme expectativa na ocorrência de um "Juízo Final", onde cada indivíduo responderia por seu comportamento e seus atos praticados durante a vida, bem como, na "ressurreição dos mortos". Como é pertinente ao universo das religiões monoteístas, trata-se, pois, de uma cosmovisão dualista, marcada pela eterna luta entre o "Bem" e o "Mal" (entre os "virtuosos" e aqueles chamados "infiéis"). Vale ressaltar, igualmente, que o Islamismo reconhece a importância dos grandes ícones que pontilham as Escrituras Sagradas (tanto na Bíblia Judaica, o *Tanak*, como nos Evangelhos), e os tem por homens dignos de reconhecimento (Abraão, Jacó, Moisés, Jesus e também alguns dentre os Profetas judeus do Antigo Testamento). Entretanto, há espaço para uma interpretação particular sobre esses personagens que serve para conferir o traço peculiar que caracteriza a religião de Maomé. Assim, se no Gênesis (*Bereshit*) o patriarca Abraão vivencia um terrível dilema, ao ser instado a sacrificar seu filho Isaac a fim de provar sua fidelidade (quando então repentinamente é impedido de fazê-lo por um anjo), por sua vez, agora na narrativa islâmica, a criança a ser oferecida a Alá é, na verdade, Ismael, considerado pelos árabes seu grande patriarca. O conteúdo do cânon neotestamentário, em alguns aspectos, não é descartado, não obstante o fato de que, para o Islamismo, Jesus, "o filho de Maria", sempre foi considerado um profeta (menor que Maomé) e não propriamente o "Filho de Deus" (consoante o que aludem os Evangelhos). Simultaneamente, os anjos possuem maior preeminência no Islamismo. De qualquer forma, sob uma perspectiva histórica, a influência do Judaísmo e do Cristianismo no processo de institucionalização e delineamento dos dogmas islâmicos parece incontestável e não meramente acidental ou esporádica. Em essência, na pregação maometana do século VII, resta a convocação dirigida aos árabes, inicialmente, a abandonarem as práticas politeístas e voltarem seus corações à crença de um único Deus.

---

[80] "Alá" não é propriamente o "Deus dos muçulmanos", mas simplesmente o nome concedido ao Sagrado em idioma árabe. Trata-se de uma antiga forma de se referir à Divindade em dialetos semíticos, próxima à forma "*Eloh*" em aramaico.

A SEGUNDA DIMENSÃO DA ANTROPOLOGIA JURÍDICA...

Hodiernamente, sabe-se que o Sistema Islâmico de Direito se encontra presente em diversos Estados teocráticos do mundo, sendo que, muitos dos quais, se declaram oficialmente muçulmanos. É o que se pode depreender a partir de uma breve visitação a algumas de suas Cartas Magnas, onde se pode perceber que o liame que separa as questões afetas ao Direito Público[81] e o universo do sagrado se mostra deveras estreito. Assim, nesse mesmo sentido, este é o caso das Constituições de países como Arábia Saudita[82], Emirados Árabes Unidos[83], Egito[84], Iraque[85], Irã[86], Síria[87], Omã[88], Bah-

---

[81] Em estudo raríssimo, Cretella Júnior nos brinda com um vislumbre sobre o Direito Administrativo muçulmano. Confira em CRETTELLA JÚNIOR, José. *Direito administrativo comparado*. 3. ed. Rio de Janeiro: Forense, 1990. p. 177-183.

[82] Veja os arts. 1, 2, 7, 8, 10, 23, 38, 45 e 46 da Constituição da Arábia Saudita (1992).

[83] Confira o art. 7 da Constituição dos Emirados Árabes Unidos (1971). O Estado em questão é composto pelos seguintes Emirados (Abu Dhabi, Dubai, Sharjah, Ajman, Umm al Qaiwain, Ras al Khaimah e Fujeirah).

[84] A mais recente Constituição do Egito (2014) declara logo em seu art. 2 que o país é um Estado Islâmico. Entretanto, interessante notar que, num caso único, são resguardos os direitos de minorias religiosas cristãs ou judias, sendo-lhes reconhecida a autonomia para professar sua própria fé naquele território, de viverem de acordo com suas leis e tradições e de escolherem seus líderes espirituais. Ademais, o preâmbulo já anuncia que o "Egito é o berço da crença e o estandarte de glória das religiões reveladas" (numa franca alusão ao Judaísmo e Cristianismo), para, logo em seguida, asseverar que foi justamente naquelas terras que Deus falou com Moisés e que sua "Revelação" – "brilhou em seu coração e a quem sua Divina mensagem desceu" (dos Céus). Além disso, após citar a "Virgem Maria e seu bebê", lembra que naquele solo muitos egípcios "ofereceram suas vidas como mártires em defesa da Igreja de Jesus, Paz Esteja Com Ele".

[85] Veja o Artigo 2 da Constituição do Iraque (2005).

[86] A Constituição do Irã remonta ao ano da Revolução Islâmica de 1979, que depôs o Xá Reza Pahlevi e que permitiu a ascensão do aiatolá Khomeini. O texto da Carta Magna reconhece, em seu art. 1, o Estado como Islâmico, apesar de não fazer referência formal ao Xiismo. Não obstante, o art. 2 estabelece "Princípios Gerais" sobre os quais se assenta a República do Irã (todos eles religiosos), os quais, basicamente, são os seguintes: 1) O Monoteísmo; 2) A "Divina Revelação" e o seu "papel fundamental" na condução do processo legislativo; 3) O retorno a Deus; e 4) A Justiça de Deus.

[87] A Síria, em sua Carta Magna (2012), não se declara desde logo um "Estado islâmico", como temos visto nas demais constituições. Todavia, por meio do art. 3, busca assegurar que a "religião do Presidente da República" seja o "Islamismo" e que a "Jurisprudência islâmica seja a maior fonte da legislação".

[88] Omã é um sultanato. Trata-se de um Estado Islâmico. Confira os arts. 1 e 2 da Constituição (1996).

rein[89], Catar[90], Kuwait[91], Iêmen[92], Afeganistão[93], Paquistão[94], não obstante o fato de existirem ainda outros Estados islâmicos que não foram, por ora, aqui mencionados.

Os preceitos fundamentais norteadores da vida dos muçulmanos não se projetam tão somente no terreno do direito civil (direito de família, sucessões ou contratual), como *a priori* se poderia imaginar, mas também, amplamente, no campo do direito público, não obstante as oportunas observações feitas pelo italiano Mario G. Losano[95] a esse respeito. Há, inclusive, quem no Irã[96]

---

[89] Veja os arts. 1 e 2 da Constituição (1973).

[90] Veja o art. 1 da Constituição do Catar. Do mesmo modo, o soberano do país (o Príncipe) deve prestar um juramento específico em que ele se compromete a respeitar "a Lei Islâmica", a "Constituição" e o "Direito".

[91] Confira o art. 2 da Constituição do Kuwait (1962).

[92] No que concerne à Constituição do Iêmen (1991), confira os arts. 1, 2 e 3.

[93] A Constituição do Afeganistão proclama a fé islâmica desde o preâmbulo, reafirmando o primeiro pilar do Islã. Os arts. 2 e 3 confirmam a presente informação e, ademais, o próprio país se declara oficialmente uma "República Islâmica".

[94] O preâmbulo da Constituição do Paquistão (1973) reconhece o Estado como uma República Islâmica, mencionando expressamente os "muçulmanos" e a adoção do Alcorão e da Sunna como fontes primárias a reger a vida no país. O art. 2 confirma a religião muçulmana como o credo oficial de Estado. Entretanto, vale notar que a Lei Fundamental do Paquistão é a que mais menciona a importância do Islã na vida de seus cidadãos. O art. 31, parágrafo segundo, alínea "a", que trata do *Estilo de Vida Islâmico*, inclusive, assegura o comprometimento do Estado com o ensino da língua árabe, e a necessidade de impressão constante do Alcorão segundo uma linguagem criteriosa; além disso, consagra os valores morais do Islã a fim de promover a "unidade" nacional (na alínea "b"), e, num terceiro momento, refere-se expressamente ao pagamento do *zakat*, fonte da caridade, que consiste no terceiro pilar da religião (alínea "c").

[95] "Também o direito público muçulmano é ramificado, repleto de opiniões contraditórias e, consequentemente, difícil de sintetizar sem cometer simplificações excessivas. O surgimento de tratados de direito público é tardio (como vimos também no direito europeu continental) e coincide com a decadência do califado, no século V da Hégira. De fato, Maomé morreu antes de conseguir codificar as normas para a gestão do Estado islâmico, que pôde assim ser administrado com a máxima flexibilidade. Esta última era indispensável para um Estado que conhecia contínua expansão baseada na guerra". LOSANO, Mario G. Op. cit., p. 426.

[96] Os quais são os seguintes: "1. Um dos deveres do Estado Islâmico é o empenho nas obras públicas que a sociedade necessita, tal como a construção de escolas, faculdades, creches, hospitais, mesquitas, estradas, ruas e avenidas, o sistema hidráulico e o hidrelétrico, a evolução industrial, a agricultura, a ciência, a aprendizagem profissionalizante e outras necessidades de utilidade pública. 2. O Estado Islâmico é responsável por todo habitante em seu território, no caso de invalidez ou incapacidade física ou mental para o trabalho, causados por doença, acidentes, velhice, desemprego etc., seja

A SEGUNDA DIMENSÃO DA ANTROPOLOGIA JURÍDICA...

143

tenha se empenhado em estabelecer genericamente os chamados *Deveres do Estado Islâmico*.

Se no direito hebraico os mandamentos fundamentais são em número de dez (Decálogo), para o direito islâmico (*Sharia*)[97] a quantidade destes preceitos é sintetizada em cinco ordenanças principais. São os chamados "Pilares do Islã". Eles se resumem aos seguintes pontos:

I. *Crer que Alá é o único Deus e que Maomé é o seu Profeta*. Este é o preceito principal a nortear a vida de qualquer muçulmano, ou seja, a confissão de fé (*Shahada*) enunciada logo em primeira instância. Sob a ótica do direito constitucional dos Estados Islâmicos, vale notar que a máxima em questão percorre, não raro, já a parte preambular, ou mesmo, os dispositivos jurídicos iniciais que abrem o texto de diversas Constituições, consoante o que vimos anteriormente.

II. *Prática das Cinco Orações Diárias*. A oração (*Salat*) é parte primordial na vida de um muçulmano. A primeira delas é realizada logo antes do nascer do sol, às cinco da manhã. Em todos esses momentos, deve o crente ter o rosto voltado para a cidade de Meca, como se dissesse em seu íntimo que, apesar de estar distante da cidade do Profeta, mantém sua mente e seus

---

ele muçulmano ou não, pois o Estado tem de responder por suas necessidades e suprí-lo com a alimentação, moradia, tratamento médico, estudo (para ele ou para seus filhos). 3. É dever do Estado Islâmico instituir leis islâmicas de conformidade com as sentenças do Corão e do Preceito Purificado (Sunna). 4. É dever do Estado Islâmico esclarecer e expor toda a sentença e toda a lei ao povo, educando-o com as bases do Islã, e convocando-os ao Islã, inclusive cuidando de sua própria propagação e pregação no mundo.5. É dever do Estado Islâmico proteger e dar segurança ao povo dentro de suas fronteiras e defender a Pátria Islâmica se esta ficar à mercê do perigo e do inimigo externo e interno, inclusive, deverá preservar a cidadania e a independência da nação islâmica e seus interesses. 6. É dever do Estado Islâmico estabelecer tribunais e foros para o devido julgamento entre o povo, com justiça e equidade, a fim de punir o criminoso e indenizar a vítima em seus direitos". Veja sobre o assunto O ESTABELECIMENTO DA ELOQUÊNCIA. *Os princípios islâmicos*. Trad. de Aidah Rumi. Congregação Ahlul Bait do Brasil, 1997. p. 94-95.

[97] Interessante notar que, tal qual ocorre no Direito Hindu com a palavra "*Dharma*", no Direito Islâmico, a Lei, ou seja, a *Sharia* identifica-se no universo religioso muçulmano com uma tradução bastante similar, ou seja, "Caminho", não obstante a completa distinção que marca as características que perfazem estas duas percepções jurídicas. Sem embargo a terminologia aqui adotada com maior constância, qual seja, "Direito Islâmico", vale notar que existem mais outras equivalentes em sentido e que também são comumente utilizadas por outros autores. Dentre as tais citamos por hora "Direito Muçulmano", "Direito Maometano" e "Direito Islamita".

pensamentos direcionados ao local mais santo do Islã. Nas cidades do Oriente Médio todas as luzes se acendem na madrugada e do alto dos minaretes é anunciado, antes mesmo da chegada da aurora, o momento reservado à prece (através da frase *Alah Hu Alkbar*, ou seja, "Deus é Grande"). Os homens, por sua vez, sempre que possível, reúnem-se em mesquitas para rezar, descalços, como sinal de simplicidade. É necessário que o crente realize as abluções prescritas antes da prece.

III. *Prática da Caridade.* Preconiza a religião que um muçulmano deve estar atento às vozes daqueles que são mais necessitados, não escondendo, para tanto, seu rosto daqueles que clamam cotidianamente por auxílio e amparo. Vale notar que a hospitalidade se traduz num costume bastante difundido entre os povos do Oriente Próximo. Nesse sentido, há também a previsão do pagamento de certa quantia equivalente a dois e meio por cento dos ganhos líquidos durante o decorrer do ano (*Zakat*), regra que se destina a todos aqueles que estejam em plenas condições financeiras para cumpri-las. Vale notar que países como o Paquistão guardam um especial trato a esta questão, inclusive, com previsão constitucional (art. 31, segundo parágrafo, alínea "c").

IV. *Prática do Jejum no Mês do Ramadan.* O preceito em questão proíbe a ingestão de quaisquer alimentos e bebidas durante a observância do jejum (*Saum*). A prática em questão exige, no entanto, que o fiel goze de perfeitas condições de saúde física e mental (do contrário o jejum pode ser adiado). O cerne desta injunção resume-se ao autocontrole e não sujeição aos instintos, ao sacrifício que agrada a Deus, o ato de se colocar numa atitude ou estado de absoluta reverência, de resignação, obediência, paciência, submissão ao Criador, além de, por meio desta postura, conservar a consciência das necessidades diárias daqueles que são mais carentes em sociedade.

V. *Peregrinação Anual a Meca.* Romarias a cidades e locais santos não se constituem numa exclusividade do Islamismo, sendo comuns em diversas religiões como Cristianismo, Hinduísmo ou Budismo. A peregrinação anual a Meca (*Haji*), a mais santa dentre as cidades do mundo islâmico (as outras duas são Medina e Jerusalém)[98], representa uma das principais ordenanças

---

[98] Em Medina, os muçulmanos creem que Maomé recebeu outra parte extensiva da revelação. Jerusalém (*Al Qods*), por sua vez, é também uma cidade santa para o Islamismo, pois acreditam seus fiéis que de lá o Profeta ascendeu ao Céu guiado

A SEGUNDA DIMENSÃO DA ANTROPOLOGIA JURÍDICA...

inerentes à fé muçulmana. Os peregrinos, entre outros ritos, circundam sete vezes a Caaba, um meteorito negro considerado sagrado; sacrificam animais; e; relembram conjuntamente, os mais importantes momentos da vida de Maomé.

Quanto às fontes do direito islâmico, pode-se dizer seguramente que o Alcorão (*Al Qu'ran*)[99] é a mais importante dentre elas, particularmente, por se tratar do Livro Sagrado que cotidianamente orienta a vida dos muçulmanos. A referida obra é composta por 114 capítulos. A tradução mais exata a ser extraída do idioma árabe para a palavra em questão seria "Revelação" ou, numa outra possibilidade, "leitura", "o ato de ler"[100], porquanto, advoga a crença islâmica que Maomé, após memorizá-las cuidadosamente, relatou aos seus amigos e discípulos o conteúdo das mensagens recebidas do anjo Gabriel. Mas também, além das questões afetas aos dogmas islâmicos que perfazem a religião, há que se notar que o Alcorão traz em seu bojo regras relativas ao direito de família e de sucessões. Depois do Alcorão, logo aparece a Suna, ou seja, um conjunto de histórias e relatos sobre passagens atribuídas à vida do Profeta, numa cadeia narrativa e ininterrupta feita pelos seguidores de Maomé. No itinerário das fontes, há também o costume (*orf*), que, apesar de fundado em antigas tradições árabes, guarda infinitas particularidades regionais, prevalecendo em muitas ocasiões e, não raro, se fazendo mais vívido e observado que a própria Lei. A penúltima expressão do Direito Islâmico é o *Idjman*. Ocorre que, tal qual aconteceu no Judaísmo, igualmente no longo processo de institucionalização da religião muçulmana, houve a necessidade de se interpretar o sentido maior da lei que emanava da *Sharia*, a fim de capturar a essência conformadora de seu espírito. Daí o *Idjman*, ou, como bem diz René David, o "acordo unânime dos doutores"[101], pois nem "o Corão, nem a Suna, apesar da extensão que lhes foi dada, podiam dar resposta a tudo. Para suprir a sua insuficiência e para explicar também algumas derrogações aparentes ao seu ensino, desenvol-

---

pelo anjo Gabriel.

[99] Em língua portuguesa são admitidas duas formas de grafia, "Alcorão" (a mais usual delas) e "Corão". De qualquer modo, trata-se de uma mera transliteração do árabe *Koran* ("Revelação").

[100] NABHAN, Neusa Naif. *Islamismo*: de Maomé a nossos dias. São Paulo: Ática, 1996. p. 21.

[101] DAVID, René. Op. cit., p. 411-412.

veu-se o dogma da infalibilidade da comunidade muçulmana, quando ela exprime um sentimento unânime"[102]. Nesse contexto, surgiram algumas "escolas de Direito", ou seja, correntes de pensamento de como melhor interpretar a lei islâmica. Dentre as tais, quatro se destacaram, como bem informa a Profa. Neuza Neif Nabhan[103], sendo duas delas "tradicionais" (*malíki* e *handali*) e outras duas consideradas "mais abertas" (*hanafí* e *chafí*).

Muitos conflitos são resolvidos no mundo islâmico utilizando-se de métodos informais de solução de controvérsias, onde o costume, não raro, é invocado. A escolha de árbitros a gozar da confiança e do respeito dos contendores igualmente não é algo incomum. Entretanto, vale notar que enquanto os chineses e também outros povos do Extremo Oriente evitam recorrer às instâncias do Poder Judiciário a fim de resolver suas disputas, ao contrário, no mundo islâmico há quem inste as pessoas a fazê-lo[104]. De todo modo, insistimos mais uma vez no fato de que deve se ter em mente que cada país guarda suas particularidades regionais e culturais, que haverão de se projetar em todas as esferas do universo jurídico. Todavia, parece óbvio que o presente sistema, assim como os demais aqui visitados, pode ser traduzido segundo as similaridades que naturalmente apresenta, as quais não são poucas, independentemente do local ou das diferentes vertentes evocadas pela religião muçulmana.

5.5. SISTEMAS LEGAIS EUROPEUS DESAPARECIDOS

Os sistemas legais podem ter uma vida efêmera, ou, ainda, durar por séculos a fio antes de desaparecerem por completo. Não precisam, nesse sentido, se restringirem a um momento histórico particular ou fazerem parte das percepções jurídicas oriundas do mundo colonial dominado pelos europeus, conhecidas unicamente a partir dos contatos mantidos com a população autóctone de outros continentes na aurora da Idade Moderna (ou seja, quando as incursões marítimas pelos oceanos tomam corpo a partir das experiências de conquista ibéricas). No itinerário desta obra escolhemos dois sistemas europeus medievais, de povos que necessariamente não possuíam afinidades culturais, sejam elas de caráter étnico ou linguístico,

---

[102] DAVID, René. Op. cit., p. 411-412.

[103] NABHAN, Neusa Naif. Op. cit., p. 31.

[104] O ESTABELECIMENTO DA ELOQUÊNCIA. Op. cit., p. 120-121.

apesar de disputarem o mesmo espaço geográfico. Assim, nos próximos tópicos veremos, pois, o *Sistema Germânico Arcaico* e aquele de origem gaélica, o *Brehon Law* irlandês.

5.5.1. O Sistema Germânico Arcaico de Direito

Os germanos são um dos povos de origem ariana a habitar a Europa. Naquele continente espraiaram seus domínios por grandes vastidões, que vão 'do Tejo ao Volga'. A ausência de unidade política os fez serem conhecidos por diversos nomes, geralmente de acordo com as regiões de onde encontravam-se estabelecidos (alamanos, suevos, francos, sálicos, burgúndios, ostrogodos, visigodos, *vikings*, entre outros tantos que poderiam ser citados). Como se sabe, o impacto cultural destes à construção da identidade das populações submetidas ao rastro de suas conquistas é de difícil mensuração. Aproveitando-se do declínio do Império Romano, a partir do século VI da Era Comum, estes fundaram vilas, aldeias e tomaram cidades. Entretanto, do mesmo modo que impactaram as gentes latinizadas sujeitas às suas espadas, também eles acabam por assimilar em larga escala os hábitos e o estilo de vida daqueles que outrora os tinham por "bárbaros". Por isso mesmo, com a adesão destes à fé cristã, torna-se árida a tarefa de buscar conhecer os contornos de seu antigo sistema legal. De qualquer modo, é possível identificar algumas destas características principais, especialmente em se tratando do direito nórdico, que tanto influenciou a formação do antigo Direito Inglês.

Um típico instituto do direito germânico arcaico era o *Wehrgeld* (semelhante ao *Eric* na Irlanda e demais regiões de influência gaélica), uma espécie de compensação pecuniária largamente empregada em tempos medievais que era prevista normalmente em função da ocorrência de uma agressão física que acarretou *ferimentos* ou mesmo a *morte* de um dos contendores. A própria vítima (no primeiro caso) ou sua família (na segunda hipótese) reclamava o pagamento de uma eventual soma em dinheiro junto ao agressor, a título de evitar que este seja submetido aos rigores da vingança tribal. Os valores eram fixados pela *Thing*, órgão este presente em qualquer comunidade germânica que se assemelhava a uma forma de "conselho tribal" constituída pelos mais proeminentes homens do local. A cobrança do *Wehrgeld* somente desapareceu com o decurso do tempo, com a conversão dos povos germânicos aos preceitos dos Evangelhos. O ato da vingança privada passou a ser desencorajada no decurso do tempo.

Interessante notar que somente os homens herdavam as propriedades rurais nas quais a grande família tinha suas bases assentada[105], tendência legal esta que foi reproduzida posteriormente no processo cultural que culminou na fundamentação teórica de diversas legislações referentes ao direito sucessório elaborado na Europa, os quais primaram, sobretudo, pela virtual exclusão da mulher ao acesso da herança.

Os povos de origem germânica, a partir do declínio do Império Romano, povoaram o continente por meio de sangrentas batalhas que caracterizaram a Idade Média, conquistando as antigas possessões dos homens do Lácio, assimilando em muitos aspectos, pois, sua cultura, mas mesmo assim deixando marca indelével nos costumes regionais que por muito tempo foram a fonte por excelência do Direito naquele continente.

5.5.2. O Brehon Law – O Antigo Sistema Legal Celta da Irlanda

O chamado *Brehon Law* é um antigo sistema legal de origem celta que basicamente orientou o cotidiano jurídico dos irlandeses até a aurora do século XVII, quando, então, ocorreu a conquista inglesa da ilha. Do mesmo modo que sua coirmã – a *Common Law* – também assume o *Brehon Law* um caráter essencialmente consuetudinário, o que pode ser facilmente explicado pela profunda aversão demonstrada pelas gentes gaélicas a qualquer forma de escrita. Entretanto, suas características são totalmente distintas das leis germânicas, muito em função do fato de que naquele país a cultura celta pôde por muito tempo melhor conservar seus traços e sua singularidade.

É bem verdade que os celtas na Europa atendiam pelos mais diversos nomes. Assim, na França, eram estes mais conhecidos como *gauleses*; na Itália, por sua vez, como *verromânduos*; na Escócia, os *escotos*

---

[105] Sobre o assunto, veja CAVE, Roy; COULSON, Herbert. *A source of book for medieval economic history*. New York: Biblo and Tannen, 1965. p. 36.

deixaram como legado o nome à pátria, e, na Inglaterra, os *iceni* comandados por Boudica, uma legendária rainha (morta em 60 ou 61 d. C.), aterrorizaram as legiões romanas graças a sua tenacidade em batalha. Aliás, numa sociedade profundamente afeita à beligerância, em que a mulher era preparada para o combate desde tenra idade, não seria de se estranhar que ela viesse a possuir, por ocasião de sua entrada na maturidade, os mesmos direitos e privilégios masculinos. Neste mesmo contexto, vale notar que os celtas reconheciam a validade dos laços matrimoniais, entretanto, desenvolveram um conceito de adultério distinto da grande maioria dos povos vizinhos com quem conviviam ou mantinham alguma espécie de contato. Desta forma, ambos os esposos normalmente admitiam de seus pares a prática de relações extraconjugais, desde que estas fossem ocasionais, esporádicas e insuficientes para caracterizar o estabelecimento de um novo vínculo ou criação de uma nova família. As razões para o comportamento em questão encontram ressonância em antigos costumes e ritos religiosos relacionados à fertilidade, representados pelas figuras femininas do panteão celta. O processo histórico que culminará com a progressiva conversão dos povos gaélicos ao cristianismo, fatalmente, oporia estas duas percepções de mundo, mas ao mesmo tempo, produziria uma interconexão entre ambas caracterizada por diversos sincretismos.

Na sociedade celta, importantíssimo papel era reservado aos druidas, que, nas aldeias, mostravam-se mais do que "magos" ou "sacerdotes". Sob a perspectiva da Antropologia Jurídica, há que se ressaltar que estes eram respeitados anciãos, além de repositórios da cultura e de tradições imemoriais, e por isso mesmo, cumpria a eles assumir funções próprias do universo do Direito, destacando-se, simultaneamente, nas funções de juízes e legisladores. O rechaço à escrita era incentivado por estes homens religiosos que acreditavam que o registro das memórias de um povo, inevitavelmente, iria conduzi-lo à queda, tornando aquelas comunidades vulneráveis às influências externas, ou seja, fragilizando-as perante seus oponentes. Por isso mesmo, os druidas eram bastante criteriosos na escolha de seus pupilos, a quem transmitiriam os segredos inerentes aos cultos e às crenças locais.

Vale notar que o interesse pelo antigo Direito Celta foi grandemente ampliado nas academias europeias, graças ao empenho inicial demonstrado pelos professores John O'Donovan e Eugeny O'Curry, os quais, em meados do século XIX, cuidaram de se dedicar a sistematizar, organizar e compilar (obviamente até onde fosse possível e as fontes disponíveis permitissem chegar) a experiência jurídica gaélica na Irlanda. Nos anos que se seguiram, a tarefa foi retomada por Rudolf Thurneysen e D. A. Binchy. Ao monumental trabalho nomeou-se, a título de engrandecimento aos seus artífices, *Corpus Iuris Hibernici*[106].

---

[106] O objetivo consistia em estabelecer uma franca alusão ao *Corpus Iuris Civilis*, obra máxima do Direito Romano legada pelo imperador Justiniano.

PARTE IV

O Direito nas Sociedades Complexas

Capítulo VI

A terceira dimensão da Antropologia Jurídica: o direito nas sociedades complexas

6.1. O SÉCULO XX E O SUSCITAR DE NOVAS QUESTÕES JURÍDICAS

Nos capítulos anteriores, tratamos de duas importantíssimas vertentes da Antropologia Jurídica, qual sejam elas o Direito nas sociedades chamadas ágrafas, simples ou tradicionais (o grande mote original da cátedra, responsável pelo reconhecimento de sua autonomia didático-pedagógica na Europa) e, também, num segundo momento, os sistemas legais comparados em perspectiva cultural. A terceira dimensão da matéria se completa (*na proposta do presente livro*) com a abordagem sobre as transformações no universo jurídico ocorridas especificamente no decurso do século XX, agora havidas no seio das sociedades complexas.

Nesse ínterim, sabe-se que dentre todos os momentos assinalados pela vasta experiência humana no planeta, foi certamente este mesmo período aquele que produziu o maior impacto no cotidiano das pessoas. A explicação para isso se dá em razão dos notáveis avanços tecnológicos percebido numa janela de apenas setenta anos de história. Sabe-se que estas inúmeras transformações propuseram a quebra de paradigmas em todas as esferas do conhecimento humano. Assim, interessa-nos especificamente, investigar nos próximos tópicos a projeção dessas múltiplas realidades no universo jurídico.

Do mesmo modo, a eclosão dos dois conflitos mundiais após tão terríveis mazelas das quais o altíssimo número de vítimas se faz emblemático, ensejou da sociedade internacional a celebração de um comprometimento muito maior e mais solene, de teor jurídico, tendo por escopo a promoção da paz mundial. Após os fracassos diplomáticos da Liga das Nações (LDN), a entidade pioneira que buscou conjugar tais propósitos visando ao alcance da concórdia e o reestabelecimento do entendimento entre os Estados, foi criada no ano de 1945 a ONU (Organização das Nações Unidas). Ora, a presente iniciativa propiciou o completo redimensionamento do Direito Internacional Público, além do incremento dos debates acerca das questões de interesse global, dentre as quais, os temas relacionados aos Direitos Humanos, ao meio ambiente, ao combate à miséria, ao desarmamento, entre tantos outros que poderiam ser destacados, assumem papel preponderante.

Com o advento da Pós-Modernidade e a superação de paradigmas até então reinantes (de que os recursos disponíveis eram inexauríveis), pavimenta-se o caminho para o entendimento de que a preocupação com a preservação da natureza não deveria ser uma mera 'excentricidade' na agenda dos governos mundiais, mas, antes, uma questão crucial, perene, por estar diretamente relacionada à manutenção da própria vida no planeta. As discussões levantadas em fóruns políticos como aquele da célebre Conferência de Estocolmo, em 1972, lançaram as bases teóricas para a construção do Direito Ambiental.

A partir da década de 1970, principalmente, os avanços na área médica e as inúmeras possibilidades daí decorrentes retomaram, como nunca antes, as questões relacionadas à Bioética, ponto de partida para o nascimento do Biodireito. Como bem destacaram Regina Sauwen e Severo Hryniewicz, os "progressos da genética no decorrer do século XX representam um dos maiores feitos da humanidade em toda a sua história"[1].

Também foi no século XX que se assistiu ao surgimento do fenômeno da globalização mundial, com seu viés nitidamente econômico. Os países, estrategicamente, passaram a constituir *blocos regionais*, em função de seus interesses políticos e comerciais. Como resultado, as fronteiras políticas se tornaram mais tênues e o próprio conceito de "soberania" reclamou algumas reformulações teóricas. A delegação do poder decisório a órgãos supranacionais no âmbito dessas organizações providenciou a interposição de novas realidades jurídicas (Direito Europeu [ou Comunitário] e, entre nós, o Direito da Integração) em razão dos adiantados processos de unificação

---

[1] SAUWEN, Regina Fiuza; HRYNIEWICZ, Severo. *O direito* in vitro: da Bioética ao Biodireito. Rio de Janeiro: Lumen Juris, 2000. p. 82.

A TERCEIRA DIMENSÃO DA ANTROPOLOGIA JURÍDICA...

ou uniformização (conforme o caso) instados pela adoção de políticas comuns entre os signatários destes acordos.

Já em meados da década de 1990, a retumbante evolução científica permitiu que a Internet se tornasse uma realidade mundial, estreitando os laços entre as pessoas de modo contínuo e favorecendo a divulgação de informações numa escala como jamais vista até então. Estes notáveis avanços no campo da tecnologia digital produziram efeitos diretos no universo jurídico, como consequência de tão céleres transformações.

Estes assuntos, que em essência traduzem alguns dos principais aspectos do *Direito no século XX,* serão imediatamente tratados nos tópicos a seguir.

6.2. A CONQUISTA DOS ARES E O SURGIMENTO DO DIREITO AERONÁUTICO

Voar é um dos mais antigos anseios acalentados pela humanidade, e os povos do passado, através de seus ricos mitos, tradições orais ou artes, não se olvidaram de legar à memória das futuras gerações este longínquo sonho. Todavia, é igualmente fato que o homem, desde tempos mui distantes, frustrava-se com seus próprios limites físicos naturalmente impostos a sua condição, especialmente, quando se detinha a observar a graciosidade dos pássaros a cruzar as vastidões dos ares.

Hodiernamente, sabe-se que a conquista dos céus representou a segunda grande revolução nos transportes, inaugurando uma nova era da navegação[2]. Deste modo, sabe-se que os primeiros voos tripulados aconteceram ainda no século XVII, a bordo de engenhocas que se muito se aproximavam de nossa ideia de "balão". Nesse sentido, apesar da exiguidade dos documentos disponíveis e das controvérsias ainda reinantes acerca do assunto, parece ter sido o teólogo e cientista luso-brasileiro Bartolomeu de Gusmão (1685-1724) o verdadeiro precursor.

Decorridos setenta e quatro anos desta experiência pioneira, em 1783, agora na conturbadíssima França de Luís XVI, do mesmo modo, assistiu-se a espetáculo semelhante. Os irmãos Joseph Michel Montgolfier (1740-

---

[2] A primeira grande conquista se deu com a capacidade humana de desenvolver embarcações ágeis e velozes que cruzaram os mares em tempos longínquos. No passado, muito antes de Portugal e de Espanha despontarem como potências hegemônicas marítimas, os fenícios, gregos, os escandinavos e também chineses já haviam se aprimorado nas técnicas náuticas com muito sucesso, sendo capazes de percorrer longas distâncias em meio às vastidões oceânicas do globo.

1810) e Jacques Étienne Montgolfier (1745-1799), utilizando-se apenas do papel como material, conseguiram preparar um balão de ar quente (inspirado no invento de seu predecessor) que se manteve suspenso no ar com seus dois ocupantes – os nobres Jean François Pilatre de Rozier e François Laurent d'Arlandes – por cerca de oito quilômetros. Não por acaso, surge neste mesmo país, justamente no ano seguinte ao dito acontecimento, aquela que seria, de acordo com Amorim Araújo[3], a primeira regra relativa ao que conhecemos hodiernamente por "Direito Aeronáutico". Trata-se de uma interdição de caráter administrativo expedida por um certo Lenoir, onde se proibia qualquer "ascensão em globo" sem prévia autorização.

Posteriormente, outras contribuições importantes no campo da aviação, agora com planadores, foram prestadas por George Cayley (1804), Jen--Marie Le Bris (1856) e John Joseph Montgomery (1883).

Todavia, a grande celeuma entre os especialistas em *História da Aviação* ainda estava por eclodir. Trata-se da divergência sobre quem, de fato, teria realizado o primeiro voo com uma nave mais pesada que o ar. Sob este aspecto, os engenhosos irmãos Wright teriam sido os "pioneiros", pois lograram êxito com sua precursora invenção – o *Flyer*, em 1903, ou seja, três anos antes de Santos Dumont ter conseguido decolar a bordo de seu *14-Bis* em Paris. Contra os cientistas norte-americanos concorre o fato de que seu biplano precisava ser catapultado e dependia de certas condições climáticas favoráveis, tais como um vento contrário para alçar voo. Ademais, poucas testemunhas presenciaram o acontecimento, enquanto que no caso do avião criado pelo brasileiro houve ampla publicidade, inclusive, com filmagens e efetivo reconhecimento da opinião pública à época. Todavia, para muitos especialistas em aviação, vale notar, a presente discussão de quem deveria ser "o Pai da Aviação" é absolutamente inócua e infrutífera, considerando que em muitos estudos acadêmicos sobre a matéria considera-se que cada cientista, a seu próprio tempo, deixou uma importante parcela de contribuição ao desenvolvimento do que chamaríamos, no futuro, de "avião".

Entrementes, é mais importante ressaltar que a possibilidade aberta pelo incremento do transporte aéreo seria uma revolução na vida e no cotidiano das pessoas. Há que se mencionar, igualmente, o revés de tudo isso,

---

[3] A esse respeito, cf. ARAÚJO, Luís Ivani de. *Curso de direito internacional público*. 10. ed. Rio de Janeiro: Forense, 2001, p. 230.

pois já no decurso da Primeira Grande Guerra Mundial (1914-1918), o avião, para lamento e tristeza de Santos Dumont, seria utilizado para fins belicosos. Não por acaso, em meio à ruína provocada pelos embates, no ano de 1919 é celebrada, em Paris, aquela que seria a primeira convenção internacional a tratar especificamente da navegação aérea.

Duas décadas depois, com o irromper do Segundo Grande Conflito mundial (1939-1945), os aviões de combate nem sequer lembravam os biplanos outrora utilizados. Foi justamente da abertura das comportas de um deles – o *Enola Gay* – que o mundo assistiria assombrado à devastação causada pelas bombas atômicas lançadas no epicentro das cidades japonesas de Hiroshima e Nagasaki.

A partir de então, sempre em função das necessidades, foi realizada em 1944 na cidade de Chicago a segunda conferência a nível internacional acerca da temática, quando se deferiram os contornos gerais sobre o transporte aéreo de mercadorias e de passageiros e foram proclamadas as chamadas "cinco liberdades do ar".

Na atualidade, como se sabe, a utilização de caças supersônicos nos conflitos internacionais tornou-se uma realidade inexorável. Igualmente, o movimentado tráfego aéreo nos aeroportos das principais cidades do mundo e a definição das rotas aéreas exigem uma sólida regulamentação. O Direito Aeronáutico[4] é, pois, um ramo das Ciências Jurídicas relativamente recente, que acompanhou muito de perto a evolução tecnológica aplicada ao desenvolvimento de aeronaves. A sofisticação dos ditos inventos e a proliferação de aviões a cortar os céus estão proporcionalmente conectadas ao aprimoramento de regras que disciplinam a utilização e navegação no espaço aéreo.

---

[4] Existem outras tantas terminologias utilizadas na doutrina para se referir à dita vertente jurídica, além daquela supramencionada. Del' Olmo, oportunamente, cuidou de listá-las: "Direito Aéreo", "Direito da Aviação", "Direito da Locomoção Aérea", "Direito da Aeronavegação" e "Direito do Transporte Aéreo". DEL'OLMO, Florisbal de Souza. *Curso de direito internacional público.* Rio de Janeiro: Forense, 2002, p. 306. Já para Oliveiros Litrento, o "Direito Aéreo, gênero de que o Direito Aeronáutico é espécie, vem a ser, pois, a normatização, cada dia mais especializada e complexa, a ser aplicada no espaço aéreo e sua utilização através de aeronaves". LITRENTO, Oliveiros. *Curso de direito internacional público.* 3. ed. Rio de Janeiro: Forense, 1997. p. 335.

Igualmente, não pode se esquecer neste mesmo contexto do significativo trabalho no terreno da navegação aérea desenvolvido pela OACI (Organização da Aeronáutica Civil Internacional), entidade esta criada no ano de 1944, e que se encontra sediada na cidade de Montreal, Canadá.

6.3. A criação da ONU e o redimensionamento do direito internacional público

A primeira iniciativa no sentido de fundar uma entidade de alcance universalista, que tivesse por objetivo primordial a erradicação da beligerância, tem lugar ainda no longínquo ano de 1919, com a fundação da SDN (Sociedade das Nações)[5]. Ficou estipulado que Genebra seria, enfim, a sede da organização, mas não se pode esquecer de que sua criação é devido ao empenho do Presidente Woodrow Wilson e dos esforços, à época, da diplomacia francesa. A eclosão da Segunda Guerra Mundial, porém, acarretaria o gradual esvaziamento das funções e atribuições da antiga SDN, porém não se esvaíram seus caros propósitos, que receberam continuidade através das Nações Unidas (ONU).

A ONU, instituída formalmente em 1945, representa um memorável marco para o desenvolvimento do direito internacional. A partir daí despontam neste cenário importantes conferências internacionais que foram realizadas no intuito de consagrar as diferentes percepções sobre Direitos Humanos. No âmbito destes encontros foram produzidos documentos memoráveis tais como a Declaração Universal dos Direitos Humanos e o Pacto de Prevenção e Repressão ao Crime de Genocídio, ambos de 1948, e os dois célebres Pactos de 1966, aquele dos Direitos Civis e Políticos e o que prevê os Direitos Econômicos, Sociais e Culturais. O eixo-motriz para a produção destes documentos foi, sem dúvida, um evento trágico, o Holocausto, que ceifou a vida de pelo menos seis milhões de pessoas. Vale notar que a Declaração não foi aceita entre as nações do globo de modo absoluto. No âmbito das particularidades regionais surgiram no mesmo ano outras propostas, dentre as quais citam-se a *Carta Africana dos Direitos Humanos e dos Povos*, aprovada pela OUA (Organização da Unidade Africana) em 1981 na cidade de Nairóbi, no Quênia, bem como a *Declaração Islâmica Universal dos Direitos Humanos*.

Porém, no mesmo período, muitos juristas chegaram a crer que a renúncia à guerra se efetivaria no plano real, uma vez que este era o compromisso

---

[5] Também chamada de LDN (Liga das Nações).

A TERCEIRA DIMENSÃO DA ANTROPOLOGIA JURÍDICA...

estabelecido expressamente no texto da Carta de São Francisco. Todavia, era bem improvável que uma pessoa jurídica de direito externo – *in casu,* a ONU – viesse a resolver dois grandes dilemas da humanidade, quais sejam a erradicação das guerras e da fome que assola o planeta[6]. Ademais, os cientistas sociais sabem que o conflito é inerente à vida em sociedade. Portanto, nenhuma regra de direito, por si só, seria capaz de equacionar de forma eficiente e em definitivo tais questões. Daí deduz-se a inequívoca importância da Antropologia quando aplicada ao estudo das relações internacionais. Sob este aspecto surgem hodiernamente novas propostas, tais como aquela de Mireille Delmas-Marty, que, por sua vez, mesmo reconhecendo as diferenças culturais entre os povos, vislumbra a possibilidade e sugere a elaboração de uma espécie de *direito comum pluralista,* como resultado do consenso entre as nações, em oposição à criação e imposição de um eventual "Direito Imperial" – como eventual produto do ditame de alguma potência hegemônica[7].

Portanto, a contribuição que o antropólogo pode oferecer para a construção do moderno Direito Internacional Público é de difícil mensuração. Se as potências de ontem tivessem concedido voz a esta categoria de profissionais das Ciências Sociais, muitos equívocos históricos poderiam ter sido evitados. No contexto em questão sabe-se que foram simplesmente implantados nas antigas possessões europeias os sistemas legais de origem destas poderosas nações. Estas configurações normativas representavam um mero espectro da lei estrangeira ditada pelos impérios europeus por todas as vastidões asiáticas e africanas. O resultado disso é que a iniciativa em questão se tornou um foco ainda maior de conflitos e tumultos entre aquelas populações, não obstante, a própria violência caracterizadora do processo de colonização em si.

Nos séculos passados, os direitos originários, de teor consuetudinário, foram muitas vezes desconsiderados e suplantados por uma percepção jurídica positivista, anunciada pelos modelos de organização judiciária esta-

---

[6] Nesse mesmo sentido e a esse respeito, pondera Maurice Bertrand: "A ONU não foi instituída para responder a necessidades precisas e concretas. Foi encarregada, exclusivamente, de responder a um sonho. Não é surpreendente que cada um projete nela seus fantasmas, frustrações ou ilusões. Esse sonho é o da paz". BERTRAND, Maurice. *A ONU.* Trad. Guilherme João de Freitas Teixeira. Petrópolis: Vozes, 1995. p. 10.

[7] DELMAS-MARTY, Mireille. *Três desafios para um direito mundial.* Trad. Fauzi Hassan Choukr. Rio de Janeiro: Lumen Juris, 2003. p. 1-14.

belecidos pelo alvitre da ordem normativa ocidental. A consequência direta é que não havia identificação por parte dos subjugados com aquelas formulações jurídicas externas, havidas como estranhas e desestabilizadoras. O direito costumeiro, como um dos mais formidáveis produtos elaborados pela cultura humana, reclamava imediato reconhecimento junto às imposições políticas que o sufocavam, porquanto, este não era fruto de uma mera ficção normativa determinante e de fundo coativo, mas antes, um produto perene advindo de uma experiência ancestral, imemorial, que teimosamente permanecia viva na memória coletiva dos povos.

Assim, a demarcação das fronteiras dos novos Estados que foram surgindo nos 'territórios sob mandato', de depois 'sob tutela' das grandes potências, ocorrido entre as décadas de 1950-1960, obedeceu, não raro, à critérios políticos, de interesse das nações dominantes. O mundo, ainda hoje, colhe o dissabor das inquietações geradas.

Hodiernamente, não são poucos os antropólogos mundo afora que discutem estas questões outrora restritas unicamente aos especialistas em relações internacionais. O pluralismo jurídico, ou o "hibridismo da lei" como quiseram afirmar Oliver Ruppel e Katharina Ruppel-Schlichting[8], corresponde, como bem aludem, a uma grande variedade de elementos que se conjugam e projetam nas próprias "fontes da lei", cuja aplicação se conecta à "religião", "ética", "governo", "globalização" e, por fim, com o "Direito Internacional".

Nesta seara, existem temáticas bastante específicas que demonstram que são muitas as possibilidades acadêmicas. Exemplo disso é o estudo desenvolvido por James Naftzinger[9], que, citando o exemplo dos Sami, o povo originário da Finlândia, buscou ressaltar a importância cultural representada pela paisagem local para os nativos. As implicações jurídicas, neste caso, não estão tão somente condicionadas ao direito interno do Estado escandinavo como se pode notar; elas adentram também o universo dos acordos internacionais preocupados com os indígenas e sua relação com o entorno.

---

[8] RUPPEL, Oliver C; RUPPEL-SCHLICHTING, Katharina. "The Hibridity of Law in Namibia and the role of community law in the Southern African Development Comunity (SADC). In: NAFZINGER, James A.; STOEL, Thomas B. *Comparative Law and Anthropology*. Cheltenham, UK; Northampton, MA, USA, 2017, p.85.

[9] NAFTZINGER, James A. R. "Cultural landscapes significant to indigenous peoples". In: NAFZINGER, James A.; STOEL, Thomas B. *Comparative Law and Anthropology*. Cheltenham, UK; Northampton, MA, USA, 2017, p.153-189.

A TERCEIRA DIMENSÃO DA ANTROPOLOGIA JURÍDICA...

Outra questão que vêm ganhando espaço nos fóruns globais se refere à proteção da herança cultural e natural da humanidade. Dois diplomas legais assumem bastante relevo sob este aspecto. Ambos foram gestados no âmbito da UNESCO: A *"Convenção sobre a Proteção da Herança Cultural Mundial e Natural"* (1972) e, mais recentemente, a *"Convenção sobre a Salvaguarda da Herança Cultural Intangível"* (2003)[10].

6.4. A PÓS-MODERNIDADE E A GÊNESE DO DIREITO AMBIENTAL

As décadas de 1960 e 1970 assistiram a uma importante ruptura dos paradigmas até então em voga. Os movimentos pacifistas, a mobilização de diversos grupos da sociedade em defesa da tolerância religiosa e liberdade sexual, bem como o nascimento de uma embrionária consciência coletiva ambientalista são apenas alguns exemplos destas novas tendências assumidas pelos intelectuais da época.

No que diz respeito à proteção do meio ambiente, começa a tomar corpo a ideia de que a natureza tem sido explorada de uma forma ininterrupta, desmedida e não planejada, e, principalmente, de que seus recursos não são inexauríveis conforme preconizavam os arautos da Revolução Industrial na Europa do século XVIII. A célebre Conferência de Estocolmo de 1972 foi apenas a primeira no trato de questões tão ingentes como estas no âmbito internacional. Ora, é exatamente no contexto em questão que se desenha uma agenda calcada na tomada de iniciativas governamentais favoráveis à preservação. O resultado disso é que o Direito Internacional do Meio Ambiente se tornou um dos mais profícuos ramos a despontar da árvore do Direito Internacional Público.

As análises antropológicas, pois, não podem se ausentar destes debates. Sabe-se que o homem, desde tempos remotos, viu-se condicionado ao senhorio imposto pelas forças da natureza. Para sobreviver em meio às adversidades diárias, a ele se requeria uma adaptação a desígnios maiores que suas capacidades imediatas. A preocupação com a manutenção dos recur-

---

[10] Sobre este assunto indico o artigo de BLAKE, Janet. "Anthropology in International Law: The Case of Safeguarding Intangible Cultural Heritage". In: NAFZINGER, James A.; STOEL, Thomas B. *Comparative Law and Anthropology*. Cheltenham, UK; Northampton, MA, USA, 2017, p.135-152.

sos tornou-se algo bastante latente entre os antigos. Por isso mesmo, não é incomum encontrar em meio às civilizações do passado a manutenção de uma atitude reverencial diante destes fenômenos naturais, em atos fundados na sacralidade que permearam as crenças religiosas. A resignação à ocorrência do inefável tornou-se a mola propulsora responsável pelo respeito ao meio ambiente.

O domínio das técnicas, a produção em larga escala e o crescimento da população dos últimos três séculos estabeleceram novos parâmetros de pensamento. A lógica massiva da busca desenfreada pelo 'desenvolvimento' em prol de uma ideia equivocada de 'progresso' passou a ditar a marcha dos povos. As preocupações e os cuidados para com o entorno, algo inicialmente presente na trajetória dos primeiros grupos humanos, cedeu lugar a um perigoso ímpeto fundado na especulação imobiliária, que se tornou crescente de forma mais perceptível nas sociedades complexas, nos grandes centros urbanos, que estão, via de regra, marcados pela ocupação desordenada do espaço.

Por certo, as catástrofes climáticas assistidas no último século reclamaram um posicionamento sobre tais questões julgadas, até meados da década de 1950 e início dos anos 1960, como uma postura de curiosa 'excentricidade' advinda de alguns círculos da intelectualidade acadêmica. Como se sabe, a 'resposta' da Natureza que se viu traduzida em desastres ambientais de todos os gêneros dava seguras mostras de que a sobrevivência do homem no planeta estava sendo colocada em xeque. Era preciso um despertar amplo e abrangente em todas as áreas do saber. Urgia-se um reposicionamento da condição humana e seu papel diante da busca de novas formas de utilização do solo e do perene compromisso com a preservação de outras espécies. A poluição dos mares, rios, a devastação das florestas, os gases tóxicos lançados na atmosfera da Terra e a qualidade de vida afetada pelo efeito estufa eram realidades inexoráveis das quais não era mais possível se esquivar. Aos antropólogos caberia demonstrar a fragilidade definidora dos rumos de nossa existência e das gerações futuras ao salientar a responsabilidade que paira sobre nós no processo de condução de nosso próprio destino e de todas as criaturas dependentes de nossas decisões.

No final da década de 1970 e do início dos anos 1980 começam a tomar corpo, de modo mais acentuado, diversas formas de expressão teórica nos meios científicos que preconizavam a necessidade da construção de princípios éticos que estivessem agora comprometidos com questões ecológicas.

A TERCEIRA DIMENSÃO DA ANTROPOLOGIA JURÍDICA...

163

Por conseguinte, estavam lançadas as bases conceituais para a gradual sedimentação de ordenamentos jurídicos calcados nesses mesmos fundamentos. Assim, pavimenta-se o caminho para a gênese de um "Direito Ambiental"[11] ou de um "Direito Ecológico"[12] (como preferem alguns doutrinadores), fruto das reflexões filosóficas havidas no seio da Pós-Modernidade.

No Brasil o grande marco jurídico é, como se sabe, a chamada "Constituição Cidadã" de 1988. Atenta-se o legislador, de uma forma mais incisiva, para a questão, inserindo a proteção ao meio ambiente noutro patamar legal ao dedicar-lhe seção específica (*vide* o capítulo VI) para o trato da matéria (art.225). Sem embargo ao zelo instado para com a preservação da fauna e flora em um sentido mais abrangente, agora, certas regiões específicas no território nacional passavam a assumir no texto da Carta Magna uma condição estratégica, de verdadeiro destaque nesse sentido, por serem reconhecidas como parte do "patrimônio nacional". São elas a "Floresta Amazônica Brasileira"; a "Mata Atlântica"; a "Serra do Mar"; o "Pantanal Mato-grossense" e a "Zona Costeira" (art.225, § 4).

A ministração do Direito Ambiental, a partir de então, logo começaria a encontrar guarida no seio das matrizes curriculares dos Cursos de Direito, inicialmente, em tom de alvissareira novidade para os que insistiam na necessidade de atualização do ensino jurídico no país, e depois, já na década seguinte, para se consolidar por completo, como uma cátedra merecidamente autônoma.

É evidente que o império da legalidade nunca se fez, por si só, suficientemente capaz de alterar as mentalidades e de definir as novas condutas no meio social. Como bem destacou Érika Pires Ramos o "grande problema do direito ambiental, no meu entender, está na falta da consciência da mudança dos padrões de comportamento além dos limites legais, além do domínio do puramente formal do direito. É essa consciência que vai transformar a realidade social, adequando-a à necessidade de "preservação da existência".[13]".

---

[11] ANTUNES, Paulo de Bessa. *Direito Ambiental.* 4 ed. Rio de Janeiro: Lumen Juris, 2000, p.4.

[12] Veja MOREIRA NETO, Diogo de Figueiredo. *Introdução ao Direito Ecológico e Urbanístico.* Rio de Janeiro: Forense, 1975, p.26.

[13] RAMOS, Érika Pires. O Meio Ambiente "Sociologicamente" Equilibrado: Uma Análise

Cumpre destacar que, hodiernamente, despontam outras ramificações igualmente situadas neste mesmo contexto, e que têm crescido como objeto de estudo e particular interesse dos doutrinadores pátrios, quais sejam elas, o "Direito Urbanístico" e o "Direito Animal"[14]. De qualquer forma, é preciso admitir-se que a própria Antropologia Jurídica ganhará como um todo, especialmente ao perceber um imenso leque de oportunidades que se descortina com o redimensionamento da relação Homem-Natureza.

Recentemente, foram estabelecidas novas possibilidades de estudo que possuem o objetivo de avaliar mais de perto as dimensões das relações existentes entre os campos da Ecologia e aquele da Antropologia[15]. A conjugação entre estes dois saberes científicos não se estabeleceu de forma imediata nos meios acadêmicos, mas aos poucos, foi chamando a atenção para suas propostas teóricas. Contudo, para muitos, é preciso levar em conta algumas especificidades práticas neste cenário, tais como, a de arvorar hipóteses que considerem se, porventura, os aspectos culturais, quaisquer que sejam eles, estejam influenciando a maneira como o homem molda e se relaciona com o meio ambiente e o entorno. Em síntese, o escopo consiste em verificar se ele prima por garantir sua sustentabilidade ou valoriza-a, contribuindo, assim, para a manutenção dos ecossistemas, ou, sob

---

a Partir do Composto "Siv". In: PEREIRA, Mirian de Sá e GOMES NETO, José Mário Wanderley. *Sociologia do Direito e do Direito Alternativo*: Ensaios Pós-Graduados em Homenagem à Cláudio Souto. Porto Alegre, Sergio Antonio Fabris Editor, 2003, p.112.

[14] Em interessante comentário, Teodoro C. Amaral demonstrava já em 2003 o quão urgente no Brasil se mostrava a discussão em torno do fortalecimento do Direito Animal (o que somente aconteceu, de fato, na segunda metade da década de 2010: "A Etologia animal, a psicologia especializada, e as ciências do comportamento de um modo geral já não têm qualquer dúvida acerca da existência de sentimentos emocionais nas espécies animais observadas ao longo de décadas de experimentos. Sem dúvida, expressão de emoções como: sofrimento; desânimo, ansiedade; tristeza; alegria; ódio; orgulho; medo; dentre outras, encontram amparo em relatórios tecno-científicos das mais diversas especializações e aniquilam o mito da 'exclusividade' da espécie humana". Veja a esse respeito AMARAL, Teodoro C. "Ética Cooperativa no Direito Ambiental: Aspectos Biológicos e Sócio-Culturais Determinantes". PEREIRA, Mirian de Sá e GOMES NETO, José Mário Wanderley. *Sociologia do Direito e do Direito Alternativo*: Ensaios Pós-Graduados em Homenagem à Cláudio Souto. Porto Alegre, Sergio Antonio Fabris Editor, 2003, p.195-196.

[15] Para se aprofundar nesse assunto indico o trabalho desenvolvido por ORLOVE, Benjamim S. "Ecological Anthropology". In: *The Annual Review of Anthropology* (1980), vol.9, p.235-273.

outro viés, se ele é um dos elementos diretamente responsáveis por sua destruição.

6.5. As disputas pelo domínio do espaço sideral e a elaboração do direito extra-atmosférico

O pós-guerra, entre outras coisas, ficou definitivamente marcado pela inquietante corrida espacial e armamentista que caracterizou o embate político-ideológico entre as duas grandes potências da época, os Estados Unidos da América (EUA) e a União das Repúblicas Socialistas Soviéticas (URSS).

O marco para as investidas no espaço sideral pode ser assinalado no ano de 1957, quando ocorreu o envio, para além da atmosfera, do primeiro ser vivo – uma cadela de nome "Laika". Esse feito inicial seria logo precedido por mais outros dois: o astronauta soviético, em 1961, Yuri Gagarin foi o primeiro ser humano a permanecer no espaço sideral, e o Sputnik I, o primeiro satélite a ser colocado em órbita da Terra.

Mas foram os Estados Unidos, no governo de Richard Nixon, que cumpririam com a esperada promessa política feita por J.F. Kennedy, de que os norte-americanos alcançariam a Lua ainda na década de 1960 – algo considerado bastante improvável até então, pois muitos astrônomos acreditavam que ainda não havia tecnologia de ponta capaz de realizar isso à época, o que o Programa Espacial da NASA (*National Aeronautics and Space Administration*) provou ser infundado. Fato é que milhares de pessoas no mundo assistiram à transmissão das concorridas imagens da nave Apolo I, tripulada por Neil Armstrong, Edwin Aldrin e Michael Collins, aterrissar no solo lunar, naquele célebre 20 de julho de 1969.

O resultado de tantas inovações e descobertas é que surgiu um novo ramo das Ciências Jurídicas – o chamado "Direito Cósmico", que no conceito formulado pelo jurista russo G. Zhúkov pode ser definido como "um conjunto de normas de Direito Internacional que regula as relações entre os Estados, e assim como entre eles, as relações entre as organizações intergovernamentais, relações surgidas devido a suas atividades no espaço cósmico, e que estabelecem o regime jurídico internacional do dito espaço e os corpos celestes em consonância com os princípios básicos do direito internacional"[16].

---

[16] ZHUKÓV, G. Los principios básicos del derecho internacional cósmico, p. 303-337.

Desde então, em função de tamanho desenvolvimento tecnológico, a comunidade internacional percebeu a necessidade de vir a regulamentar toda a sorte de atividades no espaço sideral. A mais notória convenção internacional a abordar esta matéria foi o *Tratado sobre Princípios Reguladores das Atividades dos Estados na Exploração e Uso do Espaço Cósmico Inclusive a Lua e Demais Corpos Celestes* (1967), que estabeleceu, desde logo, que os corpos celestes, dos quais a Lua é o exemplo maior, bem como o próprio espaço cósmico, não se subordinam a qualquer soberania, afinal, não se pode esquecer de que a famosa cena em que a bandeira americana cravada no solo lunar pelos tripulantes da Apolo I havia gerado, à época, uma série de especulações de caráter jurídico (art. 2)[17]. Em meio a tantas disputas políticas, oportunamente definiu-se também no corpo do diploma legal que os astronautas deveriam ser considerados como sendo "enviados da humanidade no espaço cósmico" e que, além disso, instava os países a lhes conceder "toda a assistência possível em caso de acidente, perigo ou aterrissagem forçada sobre o território de um outro Estado Parte do Tratado ou em alto-mar", sem prejuízo à assistência mútua entre os próprios astronautas em caso de necessidade (art. 5).

Talvez, a princípio, as relações estabelecidas entre a Ciência Antropológica e o movimento em torno da conquista espacial, além, naturalmente, das questões jurídicas subjacentes ao tema, não sejam, assim, tão evidentes. Entretanto, na atualidade, esta já me parece ser uma questão absolutamente superada. O interesse dos antropólogos pelo assunto é cada vez mais crescente dada as circunstâncias que evidenciam que estes temas continuam na pauta da sociedade internacional, especialmente, em função de três razões: em primeiro, o impacto do próprio avanço da tecnologia no cotidiano das pessoas; em segundo, porque outros países como China, graças às estratégicas políticas de Estado adotadas, passaram a integrar o restrito rol daquelas nações que desenvolveram nos últimos anos seus programas espaciais com maior investimento financeiro; e, finalmente, porque

---

In: TUNKIN, G. *El Derecho internacional contemporáneo*. Moscou: Editorial Progreso, 1973. [Nossa tradução].

[17] No período em questão alguns juristas norte-americanos alegavam que a Lua poderia ser considerada *res nulius* e que, a partir do pouso da nave em seu solo, agora estava o satélite natural da Terra invariavelmente submetido à soberania dos Estados Unidos da América.

agora, os próprios particulares, às suas expensas, começam a custear incursões ao espaço extra-atmosférico. Este é o caso de Elon Musk e Jeff Bezos, dois milionários norte-americanos[18] que fizeram da exploração do cosmos um de seus propósitos de vida maiores.

Em meio à corrida armamentista que assinalou a Guerra Fria na década de 1970, os assuntos relacionados à conquista espacial tiveram em eventos como aquele intitulado *'Congresso Internacional de Ciências Antropológicas e Etnológicas'* um profícuo lugar onde tais discussões acadêmicas foram pautadas. Dentre os nomes que se destacaram à época, o de Maruyama Magoroh é um dos mais lembrados. Certamente foi justamente ele um dos pioneiros no que diz respeito à inserção destes assuntos neste âmbito de debates, sem embargo às muitas críticas que algumas destas abordagens receberam. De qualquer forma, a obra intitulada *'Cultures Beyond the Earth: The Role of Anthropology in Outer Space'*[19] (1975) cumpriu com sua finalidade maior ao pavimentar o caminho para o surgimento de outros estudos do gênero nas décadas subsequentes. Nesse sentido, Magoroh e também Arthur Harkins, que o ajudou a coordenar este primeiro livro ao qual nos referimos acima, ainda publicariam em 2011 um outro trabalho. Trata-se da coletânea *'Cultures of the Future'*.

Por certo, ainda que considerado uma curiosidade acadêmica por alguns, o tema compõe definitivamente o itinerário da Antropologia há pelo menos mais de meio século. As pesquisas de maior relevância vêm dos Estados Unidos da América, onde existe maior interesse pela construção de reflexões desta natureza. Na Universidade da Virgínia, por exemplo, Lisa Messeri oferece aulas de "Antropologia do Espaço Sideral"; enquanto outros, como o professor da Universidade do Tennessee, em Chattanooga – Roger W. Wescott[20] – defenderam a concessão de autonomia à uma disciplina acadêmica que poderia se chamar, como bem sugeriu, "A Antropologia do Futuro".

---

[18] De origem sul-africana, Elon Musk se naturalizou norte-americano.

[19] Veja a esse respeito MARUYAMA, Magoroh; HARKINS, Arthur. *Cultures Beyond the Earth: The Role of Anthropology in Outer Space*. New York: Vintage Books, 1975.

[20] WESCOTT, Roger W. "The Anthropology of the Future" as an Academic Discipline. In: MARUYAMA, Magoroh; HARKINS, Arthur. *Cultures of the Future*. Berlin; New York: De Gruyter Mouton, 2011, p.509-528.

Não obstante ao mar de possibilidades quanto ao desenvolvimento de pesquisas nesta área da Antropologia, duas ramificações despontam: a da "Arqueoastronomia' e a da 'Etnoastronomia' – que procuram investigar a relação mantida por antigas civilizações com os céus e as constelações, e como estas percepções contribuíram para a modelagem de culturas, crenças e suas relações com as práticas agrícolas, a engenharia e a própria religião (e por quê não, do mesmo modo, o Direito).

Todavia existem ainda muitos outros temas resultantes das implicações do sonho humano de conquistar o espaço sideral que podem ser objeto de estudo dos antropólogos. As próprias questões relacionadas ao poder e acesso às tecnologias de ponta que são, fatalmente, excludentes para muitos países e povos que delas não dispõem (apesar da máxima consagrada em diplomas legais internacionais de que qualquer exercício desta natureza representa uma conquista para toda a humanidade); a problemática do lixo orbitando para além dos limites da atmosfera terrestre e as múltiplas funções dos satélites. De todo modo, estes são apenas alguns dos exemplos.

Ora, sabe-se que o exercício de contemplação dos céus na espessa cortina da noite era algo bem presente nas culturas por toda a Antiguidade. O fascínio exercido pelos astros afetou profundamente a mente de nossos antepassados e, ainda hoje, gera entre nós o desejo de ir um pouco além, de sondar o desconhecido através dos avanços permitidos pela tecnologia. Ora, a Antropologia Jurídica não poderia ficar indiferente a este contexto de transformações que invadem com celeridade a sociedade contemporânea, fazendo do futuro, algo palpável na atualidade.

6.6. Direito e a Globalização

O fenômeno da "globalização" ou "mundialização", designativa mais ao gosto dos intelectuais franceses, desponta no horizonte da década de 1990 de uma maneira mais evidente. A nova palavra assume significações teóricas múltiplas, das quais não faremos, pelo menos neste momento, uma análise sistemática. De qualquer modo, o termo em si, como bem previne Ianni, está definitivamente associado ao "novo ciclo de expansão do capitalismo, como modo de produção e processo civilizatório de alcance mundial"[21].

Destarte, o final do século XX foi marcado pela formação dos blocos econômicos regionais e, pelo menos *a priori*, pelo estreitamento

---

[21] IANNI, Octavio. *A Era do Globalismo*. 7. ed. Rio de Janeiro: Civilização Brasileira, 2002. p. 11.

gradual dos laços políticos e comerciais entre países de um mesmo continente.

No contexto em questão, é notório que a experiência europeia, com seu modelo de integração idealizado ainda nos anos 1950, assume destaque primordial. É bem verdade que lá, desde cedo, surgem certas formas associativas embrionárias entre Estados que possuíam interesses estratégicos comuns. A preocupação de caráter econômico, como expansão própria do sistema capitalista, domina invariavelmente esta conjuntura inter-regional desde a assinatura dos Acordos de Bretton Woods ocorrida no ano de 1944.

Na década seguinte, dois casos importantes que remontam, basicamente, ao mesmo período (1958) podem ser situados nesta mesma perspectiva: o da criação do BENELUX – uma área de livre-comércio entre Bélgica, Holanda e Luxemburgo – , que, progressivamente, alcançou um nível de cooperação mais profundo nas décadas subsequentes, pois passou a envolver a criação de órgãos supranacionais, e, num segundo momento, o da CECA (Comunidade Europeia do Carvão e do Aço), originada a partir de uma iniciativa franco-germânica que visava promover uma efetiva superação das hostilidades entre os dois rivais históricos através de uma aliança que privilegiasse a conservação de setores cruciais para as suas economias.Estas novas modalidades de integração consolidaram uma tendência caracterizada pela harmonização e até mesmo, de modo mais ousado, a unificação de políticas comuns que redundaram no estabelecimento, em 1957, da CEE (Comunidade Econômica Europeia), que depois seria substituída pela UE (União Europeia) através do Tratado de Maastricht, de 1992.

Sem embargo aos diferentes níveis ou etapas exigidos por qualquer forma de integração regional (zona de livre-comércio, união aduaneira, mercado comum ou união econômica), e considerando que em nenhuma parte do mundo assistiu-se a um compromisso tão profundo como aquele perquirido pelos europeus, pode-se dizer que se repetiram nos cinco continentes formas associativas similares entre os Estados, dentre os quais se ressalta o NAFTA (*North American Free Trade Agreement*), bem como o MERCOSUL (Mercado Comum do Sul) e, mais recentemente, a UNASUL.

Estes tantos acontecimentos de vulto marcaram a época com uma espécie de nova "diplomacia global" e reclamaram, simultaneamente, a necessidade de adequação e criação de novos sistemas jurídicos por todos os recantos do mundo, sempre consoante ao modelo da integração político-econômica pretendida pelos signatários dos diversos acordos desta natureza. A mais emblemática destas novas vertentes foi, indubitavelmente, o nascimento do chamado "Direito Comunitário", também conhecido (mais acertadamente) alhures entre os doutrinadores pela nomenclatura "Direito Europeu".

Já entre os povos do continente americano, utiliza-se mais frequentemente a expressão "Direito da Integração", já que o comprometimento do ponto de vista político e jurídico, como é sabido, não pode ser elevado ao mesmo nível daquele levado a cabo nas terras do Velho Mundo.

De qualquer modo, a globalização reacende discussões importantes relacionadas à Ciência Política e ao Constitucionalismo, obrigando a revisão de conceitos clássicos sobre soberania, cidadania e nacionalidades.

As grandes transformações experimentadas pelo mundo nas últimas três décadas, graças à celeridade com a qual estas mesmas mudanças se impuseram às pessoas, requerem da conexão mantida entre o Direito Internacional e a Antropologia Jurídica, um novo repensar, uma releitura que venha a considerar estas tantas realidades segundo suas particularidades e complexidades.

Sabe-se que o fenômeno da globalização, por si só, ainda que em suas raízes seja motivado por questões de ordem econômica que se seguiram na esteira da lógica dos interesses estratégicos estatais, determinou uma nova dinâmica que precisa estar apta a considerar, segundo os objetivos de cada bloco regional, a livre circulação de pessoas, ainda que isto não ocorra em todas as situações, porquanto, as realidades jurídicas de cada processo de integração, como se sabe, são completamente distintas. Entretanto, e, pelo menos, isto já é o que acontece entre os signatários dos acordos que uniram os europeus em torno de um bloco político-econômico, como é o caso da União Europeia, por exemplo.

Certamente, o intercâmbio causado pelo constante fluxo de pessoas exigirá a construção de novos estudos que devam considerar a pluralidade deste contexto que paulatinamente se descortina no horizonte das nações. Ora, se há um trânsito de indivíduos que se deslocam entre as fronteiras, existem também contínuas trocas culturais que precisam ser destacadas. Sabe-se que pessoas trazem consigo a vontade de prosperar em terras distantes para conseguirem oferecer aos seus entes queridos melhores condições de vida no futuro. Além disso, a esperança, com a qual elas aportam, chega também com percepções filosóficas e culturais diversas, marcadas por usos, costumes e pelas concepções de mundo que se mesclam, ou, no mínimo, interagem com o 'way of life' de seus lugares de destino.

Caberá, pois, ao antropólogo do Direito se debruçar sobre uma infinidade de possibilidades temáticas resultantes destes acontecimentos. Como se vê, o terreno é bastante fértil nesse sentido. Podem ser pesquisadas não

A TERCEIRA DIMENSÃO DA ANTROPOLOGIA JURÍDICA...

somente a cultura jurídica que naturalmente acompanha estas ondas migratórias, mas também, as consequências acarretadas por Guerras como a da Ucrânia, que produziram milhares de refugiados no Leste Europeu, ou mesmo, a situação de trabalhadores temporários que buscam noutro país, o sustento para seus familiares.

Como bem observou Sally Merry[22], se no passado era comum à atividade dos antropólogos se condicionar à análise do fenômeno jurídico segundo uma perspectiva unicamente local (em relação ao espaço delimitado como objeto de pesquisa), hoje se tornou imprescindível realizar uma avaliação em escala bem maior que contemple, simultaneamente, contextos nacionais (de onde emerge a lei oficial do Estado-nação) e internacionais (de onde proveem normas gerais internacionais e que alcançam outros territórios) – a fim se se cogitar a projeção destas duas realidades que se conjugam, na modelagem social de determinadas concepções jurídicas. O próprio colonialismo, alude a autora, é prova disso, uma vez que nos últimos três séculos de história, este evento ultrapassou os limites geográficos da Metrópole para se impor como lógica jurídica a diferentes povos submetidos ao jugo de uma cultura estrangeira. Por isso, na sua visão, os estudos relativos aos 'processos transnacionais' tornam-se fundamentais para explicar tais questões, não podendo ser mais negligenciados.

Aliás, este tipo de discussão acadêmica antecede até mesmo a cunhagem da palavra "globalização". Em 1956, em obra que se tornaria um clássico, Phillip C. Jessup[23], então professor de Yale, insatisfeito com as terminologias reinantes, propôs a existência de um "Direito Transnacional" – que se prestaria a "incluir todas as normas que regulam atos ou fatos que transcendem fronteiras nacionais" – que contaria em seu bojo, simultaneamente, com normas de "direito público" e de "direito privado", bem como, "outras normas que não se enquadram inteiramente nessas categorias clássicas".

Ainda que a expressão proposta por Jessup não tenha alcançado ampla aceitação (pois é ao "Direito Internacional" que a doutrina se refere na atualidade), o conceito que demonstra o estreito laço que delimita o campo do público e privado permanece trazendo dificuldades para a realização de

---

[22] MERRY, Sally Engle. "Anthropology, Law and Transnational Processes". In: *The Annual Review of Anthropology* (1992), n.21, p.357-379.

[23] JESSUP, Phillip C. *Direito Transnacional*. Lisboa: Editora Fundo de Cultura, 1965, p. 12.

uma classificação. Desta forma, e, sem embargo a críticas aos escritos do referido autor, parece realmente haver alguma razão no teor de sua proposta, pois, como bem assevera Luís de Lima Pinheiro, os "operadores do comércio internacional e os árbitros que se ocupam de litígios emergentes do comércio internacional realizam atividades que transcendem a esfera social dos Estados e que são, por isso, transnacionais"[24].

Nesse ínterim, creio que o papel do antropólogo do Direito, já nos próximos anos, crescerá consideravelmente quando o objeto cuidar de discussões que envolvam temáticas de mais caro apelo global, tais como, a 'segurança alimentar'; o 'combate à miséria'; a 'saúde mundial frente às ameaças pandêmicas' e 'a crise ambiental' que assola o planeta sob uma ótica de interesses difusos e coletivos em perspectiva internacional.

O grande desafio ao antropólogo na contemporaneidade, em particular aquele que estuda questões legais, será o de conseguir dimensionar, até que ponto, o aparato jurídico do 'moderno Direito Internacional' está realmente contribuindo para a defesa dos interesses da sociedade global', ou seja, se as muitas convenções internacionais, fruto de concorridas cimeiras, encontram-se, portanto, menos sujeitas aos ditames da força que emana de interesses nacionais específicos, ou se estas se tipificam como uma mera reprodução da 'irresistível' vontade dos grupos hegemônicos que controlam, século após século, o desiderato que move o ímpeto do imperialismo através dos séculos.

Por certo, são movidos inúmeros esforços no sentido de se dotar a comunidade internacional de instrumentos legais que sejam capazes de fornecer algum respaldo no plano jurídico contra o mar de incertezas que paira sobre algumas políticas governamentais de Estado. Sem embargo, ainda assim, caberá ao antropólogo do Direito, na perspectiva dos assuntos situados no ambiente das relações exteriores (o direito público externo), verificar a efetividade delas.

É preciso ter em mente que algumas propostas interessantes nesse sentido começam a surgir alhures. Já se fala da necessidade de se preocupar com as condições sociais das populações dos Estado que enfrentam vicissitudes de toda ordem, criando-se, para tanto, mecanismos e instrumentos

---

[24] PINHEIRO, Luís de Lima. *Arbitragem Internacional*: a determinação do Estatuto da Arbitragem. Coimbra: Almedina, 2005, p.375.

legais nos fóruns internacionais que possibilitem a reversão de tragédias existenciais, posto que o bem mais caro a ser tutelado pela esfera do Direito, sempre foi, e sempre será, a vida do homem neste planeta. Este é o caso de uma nova especialidade que brota do Direito Internacional, proposta na doutrina por autores como Lucy Williamns[25]: trata-se do chamado "Direito Internacional da Pobreza" (que também pode ser traduzido, ao gosto de quem escreve sobre o tema, como "Direito Internacional da Miséria").

As discussões havidas entre os atores internacionais acerca das urgentes necessidades dos ditos 'países subdesenvolvidos' assumem um novo patamar a partir da década dos anos sessenta. O grande mérito de juristas franceses como André Phillip foi o de ter proposto uma original forma de comprometimento legal, que a partir de então passaria a constar na agenda das Nações Unidas. Destarte, surgiu justamente de um artigo de sua lavra a expressão "Direito Internacional do Desenvolvimento"[26].

O desafio interposto no cenário das nações, entretanto, é a constante busca pela materialização de tão caros ideais. Ocorre que muitos destes instrumentos legais que instam um comprometimento maior por parte dos Estados mais abastados, conscientizando-os das necessidades de muitos povos do Hemisfério Sul tornam-se, na maioria das vezes, 'recomendações' que caem diretamente no vazio. É evidente que até há um certo teor legal presente no corpo destes documentos, uma tentativa, por meio da juridicidade, de se garantir o cumprimento de uma obrigação no plano do direito público externo que, pela própria ausência neste caso específico de efetividade característica do *soft law*, permanece no terreno da moral internacional, ou de um dever não passível de execução.

Ainda no terreno dos regionalismos e dos debates acadêmicos, parece-nos que o 'Direito Sul-Americano' se ressente do alcance de uma identidade ajustada à completa superação de processos históricos colonialistas e exploratórios que se fizeram nocivos aos povos do continente. Estes dilemas se perpetuaram em meio à desconfiança e a frustração com os desdobramentos práticos da Doutrina Monroe. Mas também, no âmbito interno, muitas destas

---

[25] Veja a esse respeito a obra de WILLIAMS, Lucy. *International Poverty Law:* An Emerging Discourse. London: Zed Books, 2006. (CROP International Studies in Poverty Research).

[26] Veja MELLO, Celso Duvivier de Albuquerque. *Direito Internacional Econômico.* Rio de Janeiro: Renovar, 1993, p.11.

repúblicas se viram confrontadas com hesitações que as acompanham desde sua gênese. Estes mesmos impasses se traduzem nos descaminhos nacionais que se ancoraram no autoritarismo e nas muitas expressões e vertentes de um nefasto populismo. Estas deturpações do exercício do poder se projetaram largamente no universo jurídico e das mentalidades da Latino-América, nas formas legais que se mostraram incapazes de 'purificar' o Direito destas excrecências, pelo simples fato de que este nunca foi o interesse daqueles que podiam fazê-lo quando estiveram à frente de seus governos. Todavia, como virtuais herdeiros de uma cultura advinda do Lácio que se encontra fundada no espírito romanista, os povos ibero-americanos ainda depositam no culto à lei uma exagerada expectativa de êxito na solução de seus problemas mais profundos. Acredita-se, piamente, na esteira deste ingênuo sentimento coletivo, que a virtude da justiça, tão logo desvencilhada dos galhos secos que a sufocam, finalmente conseguirá irromper como uma heroica fênix que se refaz triunfante das cinzas.

Inevitavelmente, teremos que nos defrontar com a questão a ser interposta diante de nós: estaria a Globalização, como um inequívoco fenômeno social, contribuindo para a redução das desigualdades, como proclamam expressamente os objetivos constantes nos tratados internacionais que inauguraram a existência jurídica de muitos blocos econômicos regionais, ou, poderíamos cogitar a possibilidade de que tais acordos políticos, como outros tantos que se perderam na retórica diplomática, se mostram inócuos, falhos em seus intentos primeiros?

Considerando a trajetória do homem neste planeta, ao mesmo tempo gregário e conflituoso, talvez seja utópico falar em concórdia universal, todavia, estes temas de relevância política e social, igualmente, frequentam há um bom tempo (até mesmo com certa habitualidade), o itinerário da Antropologia. Como se sabe, um dos mais destacados nomes neste âmbito foi o de Max Glückman, um dos maiores expoentes (senão o maior) da célebre Escola de Manchester. O pensador sul-africano não esmoreceu diante das dificuldades do contexto político vivenciado por sua terra natal, tipificando-se como uma das mais ativas vozes a se levantar contra a opressão promovida pelo regime do Apartheid.

As faculdades de Direito precisarão estar aptas a formar um profissional versátil, que saiba dialogar além do espectro da letra fria da lei, alguém que enxergue as limitações impostas pelo próprio universo da legalidade. Os bacharéis que ingressam nas carreiras jurídicas precisarão se revestir do

A terceira dimensão da Antropologia Jurídica...

175

aparato humanístico de cunho axiológico que justifica a essência do império das leis, perfeitamente cônscios de que estas são incapazes de refrear as enormes mazelas que atormentam a sociedade. Do mesmo modo, no campo de sua atuação prática cotidiana, precisarão 'pensar o Direito' de uma forma diferente e arrojada, admitindo que o caminho à frente nem sempre estará ladrilhado, e que as poucas estradas que conduzem à justiça social, muitas vezes, encontram-se esburacadas.

Não por acaso, aprendemos com o legado da Escola Francesa que a matéria em destaque não exaure seus propósitos unicamente com o estudo dos direitos ágrafos. O campo para aqueles que se especializam nos temas da Antropologia Jurídica, como vimos, é bastante abrangente e para isso não existem limites. Talvez, seja justamente no seio de uma sociedade complexa que surjam novas teorias no terreno desta disciplina.

6.7. A Revolução do Biodireito

O Biodireito[27] (um inequívoco produto da Bioética) é dos mais novos ramos a despontar na frondosa árvore da ciência jurídica e, na contemporaneidade, também, um dos mais revolucionários a transpor com arrojo a trilha dos civilistas. O presente contexto deriva naturalmente das implicações no campo da ética advindas principalmente do notável progresso angariado pela engenharia genética. Sob este aspecto, muitas são as possibilidades existen-

---

[27] Matilde Carone Slaibi Conti considera o Biodireito como um conjunto de "normas orientadoras da conduta humana em face do princípio à vida". CONTI, Matilde Carone Slaibi. *Ética e direito na manipulação do genoma humano*. Rio de Janeiro: Forense, 2001. p. 21. Para Emerson Ike Coan, o Biodireito conjuga em sua essência "os denominados direitos de quarta geração, cujas exigências estão concentradas nos efeitos cada vez mais traumáticos dos avanços tecnológicos na biomedicina, nos quais se quer fundamentar a esperança de construção de uma nova humanidade". COAN, Emerson Ike. Biomedicina e Biodireito. Desafios bioéticos. Traços semióticos para uma hermenêutica constitucional fundamentada nos princípios da dignidade da pessoa humana e da inviolabilidade do direito à vida. In: SANTOS, Maria Celeste Cordeiro Leite. *Biodireito*: ciência da vida, os novos desafios. São Paulo: Revista dos Tribunais, 2001. p. 248. Quanto ao objeto do Biodireito, assim dispõem Regina Fiuza Sauwen e Severo Hryniewicz: "Amparando-se nas reflexões da bioética, cabe ao biodireito pensar tanto as normas quanto os critérios de decisão sobre as inovações da biotecnologia. A inspiração que lhe advém da bioética reside, sobretudo, nos princípios que esta sugere no tocante à finalidade e ao sentido da vida humana e no que tange aos fundamentos das obrigações e dos deveres sociais". SAUWEN, Regina Fiuza; HRYNIEWICZ, Severo. Op. cit., p. 47.

tes, pois o fundamento norteador da cátedra (expresso desde pronto em sua terminologia) consiste em tratar de questões relacionadas ao mais caro bem a ser tutelado pela esfera da legalidade, qual seja, a própria vida do homem.

Logicamente, convém admitirmos, que, já há algumas décadas, tais insurgentes demandas jurídicas foram trazidas à baila das discussões acadêmicas. Inicialmente, sabe-se que os assuntos mais debatidos no âmbito do Biodireito encontravam-se normalmente relacionados a temas diversos como "aborto", "alimentos transgênicos", "eutanásia", "ortotanásia", "distanásia", "prolongamento artificial da vida e direitos dos pacientes em estado terminal", "transplantes de órgãos", "transfusão de sangue" (particularmente no caso das Testemunhas de Jeová), entre outros tantos que poderiam ser citados, mas que acabaram se tornando cada vez mais diversificados com o passar do tempo em função das profícuas descobertas no campo científico. Hodiernamente, despontaram neste cenário outras discussões tais como aquela que diz respeito ao caso dos fetos anencefálicos (se "aborto eugênico" ou "interrupção da gravidez") considerando-se, naturalmente, as controvérsias éticas inerentes à problemática em tela e que, inclusive, chegaram recentemente à seara da apreciação do Judiciário pátrio.

Dentre tantos avanços na Biomedicina que poderiam ser citados, vale notar, por exemplo, o sucesso daquele rol de pesquisas científicas que prestaram relevante contribuição àqueles casais com dificuldade para gerar filhos, quando a fecundação por meios naturais, por uma série de razões, ainda não se fazia possível. Na Inglaterra, mais exatamente no ano de 1978, nascia a festejada menina Louise Brown, o primeiro "bebê de proveta" do mundo, no que foi um caso bem-sucedido da utilização da chamada técnica de *fertilização in vitro*. À época em questão, os médicos Robert Edward e Patrick Steptoe foram os responsáveis pela condução do experimento, que veio dar novo alento e esperança às pessoas acometidas por alguma forma de infertilidade.

A outra forma de realizar a "Reprodução Assistida" (RA) é bem mais simples e recorrente entre nós. Trata-se da "inseminação artificial" ou "inseminação assistida", prática esta que igualmente não se encontra livre de controvérsias[28]. Conforme bem opinaram Sauwen e Hryniewicz, a "banali-

---

[28] "E na medida em que os destinos da raça humana se encontram em discussão (e a divulgação das pesquisas científicas nem sempre é feita com a transparência exigível nestas matérias), o debate público ganha um realce extraordinário porque, via discussão, exerce um 'controle', senão efetivo (como poder-se-ia pretender, num primeiro momento), educativo, sobre a eventual liberdade da indústria na mani-

A TERCEIRA DIMENSÃO DA ANTROPOLOGIA JURÍDICA...

zação da técnica de inseminação assistida levou a praticamente não se discutir mais as questões éticas nela envolvidas – a principal seria o direito de o homem interferir nos processos naturais de procriação. No entanto, seu emprego em algumas situações muito particulares passou a provocar polêmicas no campo jurídico: é o caso da inseminação *post mortem*, quando a inseminação é feita com o sêmen congelado do marido ou doador falecido"[29].

No ano de 1953, dois cientistas – James Watson e Francis H. C. Crick – anunciaram os resultados de sua revolucionária pesquisa a respeito da estrutura em hélice da molécula de DNA, que representaria o ponto de partida para as futuras discussões sobre clonagem e pesquisas com células-tronco. No que concerne especificamente a este último assunto, muito bem pondera o magistrado Edison Tetsuzo Namba que as "células-tronco humanas podem transformar-se em qualquer outra célula do corpo. A ideia é mobilizar esse potencial regenerativo em terapias para doenças degenerativas, como o mal de Parkinson. Falta muito, ainda, para que tais tratamentos se tornem uma realidade"[30] admite o autor.

Em 1997, o mundo seria surpreendido mais uma vez com a clonagem da ovelha Dolly, experiência levada a cabo no âmbito do Instituto Roslin, na Escócia, por Ian Wilmut e Keith Campbell. Numa franca tentativa de delimitar os contornos de questões relacionadas à Bioética, saíram na frente os britânicos em 1990, com a edição da "Lei de Fecundação e Embriologia Humana" (*Human Fertilization and Embriology Act*), ainda que o alcance e aplicação da referida legislação, especialmente no que diz respeito à clonagem, até mesmo hoje seja objeto de franca discussão entre os juristas do Reino Unido. A partir de então, em função das implicações éticas surgidas com a eventual possibilidade de *clonagem humana*[31] deram o tom de acalo-

---

pulação de tecnologias e objetivos comerciais." LEITE, Eduardo de Oliveira. In: SANTOS, Maria Celeste Cordeiro Leite. *Biodireito*: ciência da vida, os novos desafios. São Paulo: Revista dos Tribunais, 2001. p. 101.

[29] SAUWEN, Regina Fiuza e HRYNIEWICZ, Severo. Op. cit., p. 93.

[30] NAMBA, Edison Tetsuzo. *Manual de Bioética e Biodireito*. São Paulo: Atlas, 2009. p. 55.

[31] Estas tantas propostas podem ser assim resumidas, conforme ilustra Edna Raquel Rodrigues Santos Hogemannn: "Diante dessa realidade várias posições bioéticas radicalmente opostas surgiram, correspondentes a concepções filosóficas distintas: aquela que propugna a proibição absoluta de experiências de clonagem humana, que, com certeza, importam em necessária experimentação com embriões humanos

rados debates no meio jurídico internacional, o que instou os Estados a dotarem-se de legislações específicas para o trato deste e de outros assuntos situados nesta mesma órbita.

O Direito de Família, recentemente, a partir do surgimento e incrível disseminação dos exames de DNA para fins de reconhecimento de paternidade, recebeu novos ares graças às conquistas da ciência. Entretanto, como muito bem observou Eduardo de Oliveira Leite, "o efeito revolucionário do exame de DNA destruiu a incerteza da paternidade biológica mas, ao mesmo tempo, levou os juristas a repensarem a questão da paternidade afetiva (até então inimaginável)"[32]. Ora, não se deve jamais olvidar que esta realidade somente foi possível graças ao lançamento do *Projeto Genoma Humano*[33] (HUGO), que constituiu num monumental esforço conduzido por um conjunto de cientistas de diferentes nacionalidades, que, após contar com o apoio da iniciativa privada, conseguiu, afortunadamente, anunciar no ano 2000 o derradeiro mapeamento do código genético do ser humano, uma conquista do ponto de vista científico até então sem precedentes, somente comparável à clonagem da ovelha Dolly. Por certo, este sucesso recente se traduziu na construção de novas teorias no campo do Biodireito, pois, como bem prenuncia Gislayne Fátima Diedrich a respeito do assunto, "a

---

(vale considerar que, segundo afirmam membros do Instituto Roslin, para conseguir chegar a criar Dolly, foram descartados cerca de duzentos e setenta outros embriões), e a que adota em relação à clonagem de embriões humanos com fins experimentais e terapêuticos". HOGEMANN, Edna Raquel Rodrigues Santos. *Conflitos bioéticos* – O caso da clonagem humana. Rio de Janeiro: Lumen Juris, 2003. p. 139.

[32] LEITE, Eduardo de Oliveira. Op. cit., p. 103. Sobre o assunto, veja também os comentários acerca da "busca da verdade biológica e o exame de DNA" no texto de SILVA, Reinaldo Pereira e. O exame de DNA e sua influência na investigação de paternidade biológica. *Biodireito*: ciência da vida, os novos desafios. São Paulo: Revista dos Tribunais, 2001. p. 76-81.

[33] Em interessante artigo, ao discutir sobre a "natureza jurídica do genoma humano", Celeste Gomes e Sandra Sordi concluem que este "se insere dentro dos direitos de personalidade, representando a própria *identidade* do ser humano". GOMES, Celeste Leite dos Santos Pereira; SORDI, Sandra. Aspectos atuais do projeto genoma humano. In: SANTOS, Maria Celeste Cordeiro Leite. *Biodireito*: ciência da vida, os novos desafios. São Paulo: Revista dos Tribunais, 2001. p. 171. Veja também a esse respeito o trabalho de DIEDRICH, Gislayne Fátima. Genoma humano: direito internacional e legislação brasileira. In: SANTOS, Maria Celeste Cordeiro Leite. *Biodireito*: ciência da vida, os novos desafios. São Paulo: Revista dos Tribunais, 2001. p. 216-217.

A Terceira Dimensão da Antropologia Jurídica...

controvérsia atual é se as sequências dos genes humanos são ou não patenteáveis"[34]. De qualquer modo, ainda restam muitas possibilidades e arestas que carecem de ser tratadas na esfera jurídica.

6.8. A Internet e o Direito na Era da Informação

A década de 1990 assistiu a uma assombrosa revolução no campo das telecomunicações. Neste ínterim, contribuiu a Internet para redimensionar por completo as relações humanas. O estreitamento dos contatos entre pessoas localizadas nos mais diversos recantos do mundo, vivendo separadas pelas vastidões dos continentes e oceanos, tornou-se uma realidade inexorável. Sabe-se que a tecnologia da rede mundial de computadores possibilitou o intercâmbio de informações num volume avassalador. E é evidente que esta nova conjuntura ingressa definitivamente no ambiente da legalidade, pois a Internet, afinal, ascende vertiginosamente como mais um dos locais próprios para a celebração de uma infinidade de contatos e negócios jurídicos das mais variadas naturezas.

Ora, logo se notou que a diversidade de situações e condições de relacionamento estabelecidas entre as pessoas não havia alcançado a devida previsão jurídica, em razão da incapacidade do legislador de acompanhar mudanças tão manifestamente abruptas. Nos mais diversos países do globo, inclusive no âmbito daqueles possuidores de uma tecnologia de ponta, o direito se mostrava ainda incipiente para acompanhar as grandiosas transformações que se processavam num ritmo cada vez mais frenético. Junto com a viabilidade e facilidades proporcionadas pela chamada *Era da Informação*, igualmente irrompe, neste quadro, o ilícito. A gama de crimes passível de ocorrência no ambiente virtual é bem extensa: fraudes de todo tipo, pedofilia, violações aos direitos autorais[35], à intimidade dos cidadãos, invasão de contas

---

[34] DIEDRICH, Gislayne Fátima. Op. cit., p. 231.

[35] As questões relativas à salvaguarda dos direitos da propriedade intelectual que surgiram em função dos avanços tecnológicos comportam na atualidade diferentes opiniões e teses jurídicas completamente opostas no âmbito doutrinário. Estas são, talvez, aquelas que mais tenham rendido polêmicas no que concerne ao papel da legalidade no ambiente virtual. Sobre o assunto em tela, sabe-se que as divergências praticamente imperam. De todo modo, são questões que precisam ser perenemente debatidas com o propósito de se buscar alternativas viáveis que melhor beneficiem a imensa gama de autores envolvidos. Oportunamente, a esse respeito, assim dispõe

bancárias e a consequente transferência de capitais, entre outras tantas possibilidades já bastante conhecidas de todos nós. O Estado, assim, foi mais uma vez desafiado a buscar desenvolver mecanismos institucionais qualificados a refrear todo o tipo de condutas indesejadas e garantir, até onde fosse realmente possível, a segurança e a estabilidade social, já que, como bem infere Victor Drummond, a "tecnologia é neutra. A sua utilização é que não é"[36].

Pois é justamente neste cenário de imensurável abrangência que toma corpo a cada dia o chamado *Direito da Internet*, *Direito Cibernético* ou o *Direito Informático*[37]. É fato que esta recente ramificação das Ciências Jurídicas tende a se desenvolver em escalada vertiginosa em razão da absoluta necessidade da adaptação da legislação pátria às insurgentes realidades sociais. Ademais, as discussões na doutrina sobre questões afetas ao direito à intimidade, aos direitos de personalidade e ao direito à informação deverão receber novos enfoques acadêmicos e dogmáticos, pois as controvérsias instauradas e a diversidade de posicionamentos sobre as tais matérias começam a adentrar sistematicamente na órbita do Judiciário.

Dentre as carreiras situadas no universo jurídico, aquela que será a mais afetada em curto prazo de tempo pelos avanços da tecnologia será, justamente, a da advocacia. Obviamente, com a presente afirmação, não queremos,

---

Lemos: "O direito da propriedade intelectual é um bom exemplo dessa relação entre manutenção da dogmática jurídica e a transformação da realidade. Apesar do desenvolvimento tecnológico que fez surgir, por exemplo, a tecnologia digital e a internet, as principais instituições do direito de propriedade intelectual forjadas no século XIX com base em uma realidade social completamente distinta da que hoje presenciamos permanecem praticamente inalteradas. Um dos principais desafios do jurista no mundo hoje é pensar qual repercussão do direito em vista das circunstâncias de fato completamente novas que ora se apresentam, ponderando a respeito dos caminhos para sua transformação". LEMOS, Ronaldo. *Direito, tecnologia e cultura*. Rio de Janeiro: FGV, 2005. p. 8.

[36] DRUMMOND, Victor. *Internet, privacidade e dados pessoais*. Rio de Janeiro: Lumen Juris, 2003. p. 7.

[37] Autores como Alexandre Pimentel utilizam a terminologia "Direito Cibernético". Os escritores norte-americanos também são partidários desta nomenclatura. Já Liliana Minardi Paesani prefere "Direito de Informática". Cf. PIMENTEL, Alexandre Freire. *O direito cibernético*: um enfoque teórico e lógico-aplicativo. Rio de Janeiro: Renovar, 2000; ROSENOER, Jonathan. *Ciberlaw*: the law of Internet. New York: Springer Verlang, 1996 e PAESANI, Liliana Minardi. *Direito de Informática*: comercialização e desenvolvimento internacional do *software*. São Paulo: Atlas, 1998.

necessariamente, inferir qualquer sentido negativo à tal conjuntura. Prova disso, por exemplo, são as conquistas alcançadas pela consolidação do Processo Judicial Eletrônico (PJE) no Brasil.

Todavia, em se tratando do uso da tecnologia, certamente, existirão os 'prós' e também os 'contras' neste contexto. Comecemos, pois, pelas vantagens mais aparentes e imediatas, que já se traduzem em realidade entre nós. Hodiernamente, sofisticados *softwares* estão sendo desenvolvidos ou aprimorados pelas chamadas 'lawtechs' para facilitar as rotinas nos escritórios. A partir de agora, o emprego da Jurimetria será grandemente ampliado e se disseminará para evitar prejuízos de toda ordem para garantir a devida funcionalidade à gestão dos sócios. Há também quem já esteja preocupado em dimensionar com maior exatidão o papel exercido pelos algoritmos no Direito. Ora, um oportuno trabalho nesse sentido é a obra de Paulo Victor Alfeo Reis[38].

Em meio aos temores suscitados (alguns muito exagerados, diga-se de passagem), penso que o uso da inteligência artificial no mundo jurídico jamais substituirá ou suplantará a humana, por conta da subjetividade própria às análises e às complexidades inerentes às diferentes formas de pensar. Entretanto, as possibilidades abertas pelos serviços prestados por este tipo de *startups*, voltadas exclusivamente aos profissionais do Direito, representam uma mudança sem precedentes até então, que implicarão em adaptações condicionantes às muitas formas de atuar nesta seara.

Dentre os aspectos negativos resultante das realidades virtuais está a possibilidade de exposição tanto das pessoas, como de seus dados pessoais. Não por acaso, a LGPD (Lei Geral de Proteção de Dados) representa um verdadeiro divisor de águas, que determina do setor público e do privado a obrigação legal de garantir maior privacidade ao cidadão e seu direito à intimidade.

É fato notório que a recente pandemia do COVID-19 (2020-2022) intensificou sobremaneira as transformações decorrentes dos avanços digitais ocorridos nas duas últimas décadas. O campo jurídico não conseguiria ficar indiferente a estas realidades que se mostraram insurgentes num cenário de absoluta desolação marcado pelas vidas ceifadas pelo vírus. O Judiciário, numa escala global, teve que se adaptar com muita celeridade ao contexto que prontamente a todos se impôs. Era necessário, ato contínuo e de alguma forma prática, dar prosseguimento a sua missão primordial, evitando-se, as-

---

[38] Veja REIS, Paulo Victor Alfeo. *Algoritmos e o Direito*. São Paulo: Almedina, 2020.

sim, a possibilidade de instauração do caos e da anomia em meio às muitas incertezas que pairavam, principalmente, nos primeiros dias daquele ido mês de março. O ordenamento jurídico estatal, como imprescindível ferramenta neste processo, precisava, uma vez mais, cumprir com o roteiro justificador de um dos principais aspectos denotadores de sua utilidade em meio a uma sociedade complexa como a nossa, que se coloca sob os auspícios de um Estado Democrático de Direito, qual seja, o de se prestar à solução adequada às demandas levadas à juízo. Acima de tudo, fazia-se premente pensar rapidamente em soluções viáveis, das quais, as audiências virtuais, se tornaram, naquele momento, na única alternativa possível.

Do mesmo modo e nesse mesmo sentido, esperou-se da natureza que condiciona o labor legislativo e das iniciativas do Executivo, tanto aqui, como acolá, que se ajustassem de forma dinâmica ao sentimento de humanidade e solidariedade a ser proporcionada, principalmente, aos mais vulneráveis, em face da terrível crise que se abateu sobre o planeta. O homem, repentinamente encerrado num isolamento forçado, que contraria a essência gregária que o tipifica, aprendia a lidar com sentimentos desconhecidos pelas últimas gerações. Novamente, o trabalho do antropólogo do Direito se redimensionava diante de fatos tão vultuosos, em tempos tão angustiantes.

O próprio ensino jurídico, na esteira destes acontecimentos, teve que se reinventar por completo. No ambiente virtual, em que as aulas remotas se tornaram a regra, nunca as festejadas metodologias ativas se fizeram tão proveitosas à construção do saber. Os processos didático-pedagógicos na transmissão do conhecimento foram, desde logo, profundamente impactados. A ortodoxia característica da maneira de se lecionar o Direito foi completamente revisitada, creio, para nunca mais ser a mesma de outrora. Sem embargo, os conteúdos de Direito Digital, (que não há muito tempo atrás eram pouco prestigiados nas academias) agora se fazem obrigatórios nas matrizes curriculares.

PARTE V

Questões Nacionais da Antropologia Jurídica

Capítulo VII

Os Direitos Indígenas

7.1. Os índios na História do Brasil: os primeiros relatos acerca dos habitantes da Terra e a perspectiva legal frente à dominação imposta pelo cetro lusitano

O primeiro documento histórico que apresentava um interessante relato acerca de algumas características físicas e culturais inerentes aos povos indígenas do Brasil foi, por certo, a festejada "*Carta*"[1] de Pero Vaz de Caminha (1450-1500). Como se pode notar, trata-se de uma descrição bastante criteriosa e cumulada de adjetivos, bem redigida, que igualmente enfatizava o esplendor e a exuberância da natureza que tanto impressionou a tripulação das naus ibéricas e, principalmente, aquele escrivão-mor a serviço da Coroa Portuguesa. Além do que, a narrativa em questão enfatizava o clima amistoso que tipificou a recepção oferecida ao homem europeu recém-chegado a estas terras. Contudo, note-se que a descrição sempre se constituirá numa visão parcial dos acontecimentos referentes ao primeiro contato estabelecido entre esses dois mundos tão distintos, pois, inevitavelmente, encontra-se permeado pela tônica condicionante de uma única voz, afinal, desconsidera a alteridade e não traduz de fato os sentimentos experimentados pelos habitantes do Novo Mundo – os indígenas – diante do inusitado que se desvelava diante de uma multidão numa praia baiana.

De retumbante sucesso alcançado na Europa foi a curiosa obra escrita pela pena do controvertido Hans Staden (1525-1576) – aqui melhor conhecida

---

[1] MOREAU, Felipe Eduardo. *Os índios nas cartas de Nóbrega e Anchieta*. Annablume, 2003. p. 64. "A Carta pertence ao 'corpus' de um gênero de especial expressão em Portugal no fim do século XV e início do século XVI: 'a literatura de viagem'".

pelo título adaptado ao grande público – *Duas Viagens ao Brasil* ou, noutra versão, *Viagem ao Brasil*, a qual fora publicada no ano de 1557. O autor de origem germânica fora um belicoso aventureiro que se colocou a serviço de milícias em prol de guerras de conquista que grassavam soltas por todo o nosso território em meados do século XVI. Feito prisioneiro pelos índios tupinambás, compôs Staden um laborioso relato sobre suas experiências nas terras do Novo Mundo. Dentre tantos costumes narrados, cuidou o mercenário de ressaltar as ameaças sofridas em razão da antropofagia[2] praticada pelos nativos julgados pouco amistosos e com os quais, segundo relatou, manteve mui estreito contato, porquanto, em dado momento de suas diversas andanças pelo o que seria hoje o atual litoral de São Paulo, ele mesmo, de acordo com o que descreveu na ocasião, após repentina captura, esteve sujeito à morte.

De um modo geral, os índios brasileiros são tratados de forma bem mais amena e humanística nos escritos deixados pelo sacerdote chamado Jean de Léry (1536-1613). Este clérigo francês incursionou pelo Brasil em 1556, tendo se dirigido à chamada "França Antártica" (1555-1560), ou seja, especificamente, à Baía da Guanabara, no Rio de Janeiro, durante a efêmera tentativa de colonização francesa. O projeto de estabelecimento no dito território falhou em muitos aspectos, talvez, em função dos diversos desacertos de Nicolas Durand de Villegagnon (1510-1571) na administração do local e condução da tarefa a ele confiada. Apesar dos muitos esforços empregados na construção do Forte Coligny, inclusive, servindo-se com abastança de mão de obra indígena para tanto, a empreita francesa não prosperou. O litoral fluminense, pois, não tardaria a ser tomado pelos portugueses, que se fizeram mais preparados para submeter a região ao seu domínio.

As informações sobre as diferentes percepções jurídicas dos primeiros habitantes do Brasil sempre foram bastante escassas e, até mesmo hoje, despertam insuficiente atenção por parte dos que se dedicam aos estudos da Antropologia Jurídica no país. É fato que do direito tradicional dos primeiros habitantes do país, pouco ou quase nada sabemos.

De todo modo, um português chamado Gabriel Soares Souza (1540-1591), que por aqui sentou praça no século XVI, fornece um dos mais raros

---

[2] STADEN, Hans. *Viagem ao Brasil* – versão do texto de Marpurgo de 1557 por Alberto Loforen. Revista e anotada por Theodoro Sampaio. Rio de Janeiro: Officina Industrial Graphica, 1930. p. 61; 68-69.

OS DIREITOS INDÍGENAS

e antigos relatos sobre os "Tupinambás". Dentre os fatos que mais chamaram a atenção do empreendedor lusitano radicado na Bahia encontram-se as detalhadas narrativas sobre as constantes guerras travadas entre os índios do litoral daquela província, com esmero destacadas na identificação das localidades pertencentes aos acontecimentos noticiados. Há menções sobre os diversos ambientes por onde se davam estes primeiros contatos, tais como a "ilha de Itaparica", que "está no meio da Bahia", e o "rio Paraguaçu"[3]. A descrição do cotidiano dos índios e de seus costumes não é, em nenhum momento, deixada de lado pelo autor; antes, ao contrário, possuem tais memórias imenso valor antropológico. Além de descrever os Tupinambás com detalhes curiosos, o autor dá importantes pistas sobre as migrações destas populações do litoral rumo ao interior e, fundado em conclusões sobre o idioma falado pelos Tupinaés, cogita acerca do eventual parentesco existente destes com os "Tupinambás", já que "na linguagem não têm mais diferença uns dos outros, do que têm os moradores de Lisboa dos de entre Douro e Minho"[4]. Vale notar que ainda que o objetivo principal de Gabriel Soares Sousa não seja o de, exclusivamente, traçar um comentário de caráter puramente legal dos nativos que em suas andanças pelas florestas conheceu, sabe-se que algumas informações jurídicas podem ser colhidas aqui e acolá em seus diários, como, por exemplo, aquela de que os Tupinambás praticavam uma espécie de "levirato"[5], que, basicamente, consiste no casamento entre a viúva e seu cunhado (ou outro parente dele), não obstante existirem na obra a que se convencionou intitular *Tratado Descritivo do Brasil de 1587* outras tantas questões relacionadas a uma espécie de "direito de família tupinambá".

Por sua vez, os padres Manuel da Nóbrega (1517-1570) e José de Anchieta (1534-1597) estão entre alguns dos primeiros intelectuais europeus a chegar ao Brasil, além de serem dois grandes vultos de nossa história nesses primeiros anos de colonização. O contato estabelecido tinha por escopo primordial a catequização da população autóctone. Vale notar que

---

[3] SOUSA, Gabriel Soares. *Tratado descritivo do Brasil de 1587*. 5. ed. Comentários de Francisco Adolfo Varhagen. São Paulo: Companhia Editora Nacional Brasiliana; Brasília: Instituto Nacional do Livro, 1987. p. 301.

[4] SOUSA, Gabriel Soares. Op. cit., p. 333.

[5] SOUSA, Gabriel Soares. Op. cit., p. 309.

Anchieta, particularmente, alcançou destacada proeminência na trajetória do Brasil por inúmeros motivos. Nascido nas Ilhas Canárias, este clérigo em questão conviveu muito de perto com os indígenas locais e, no território nacional, foi um dos pioneiros. Entregou-se desde cedo ao estudo da língua tupi, tendo produzido a primeira Gramática publicada no Velho Continente sobre o idioma dos nativos.

De um modo geral, os portugueses, desde o século XVI, tentaram adotar diversas medidas como parte da política de colonização visando escravizar os indígenas com os quais iam mantendo os primeiros contatos, especialmente os Tupinambás, presentes em larga escala no litoral brasileiro. A Coroa lusitana, inclusive, adotou uma legislação especial para tratar de questões envolvendo assuntos desta natureza. Como se sabe, todas elas se viram frustradas na medida em que os nativos não se submetiam às ordens emanadas do cetro lisboeta e nem tampouco os colonos respeitavam seus termos. Tendo-se em vista tal realidade e, de forma pioneira, edita-se sob o festejado cetro de Dom Sebastião[6] (1557-1578), na cidade de Évora, aos 20 de março de 1570[7], uma vanguardista lei concernente à "liberdade dos gentios" (maneira pela qual os portugueses se referiam às populações autóctones presentes na imensidão de seus domínios ultramarinos)[8]. Desde os primórdios, observaram-se que as tentativas de captura dos indígenas a fim de escravizá-los haviam se mostrado absolutamente inócuas em face ao conturbado contexto da ocupação da América. Entretanto a norma em questão autorizava que fossem feitos cativos os índios que praticavam antropofagia, que estives-

---

[6] Dom Sebastião foi um monarca que se tornou legendário no imaginário lusitano após sua morte no Marrocos na célebre batalha de Alcácer-Quibir (1578), juntamente com diversos nobres que o acompanhavam na fatídica empreita. Apesar do infortúnio, seu nome ecoou não somente em Portugal, mas por toda a Península Ibérica como exemplo de heroísmo, abnegação, devoção a Deus e entrega à causa da pátria. Durante as décadas seguintes, curiosamente, propagou-se a ideia em meio ao populacho de que o rei não havia falecido no referido combate e que, a qualquer momento, poderia voltar a ocupar o seu lugar no trono. Este movimento do tipo "messiânico" ficou conhecido como "Sebastianismo".

[7] A Lei de 20 de março de 1570 pode ser conferida na obra de VARNHAGEN, Adolfo. *História geral do Brasil*. Tomo I. São Paulo: Melhoramentos, 1975. p. 345.

[8] Em Portugal dos séculos XV e XVI (e seguintes), o termo "gentio" é utilizado quando o intuito é se referir aos índios em geral. Já o termo "infiel" aplica-se aos "mouros" e "judeus".

sem a cometer saques junto aos primeiros colonos ou que de algum modo foram feitos prisioneiros de guerras travadas sob o signo da "justiça". Os Aimorés foram nominados nesse ínterim. Os demais que não se enquadrassem nestas hipóteses deveriam ser postos em liberdade.

Quando Portugal encontrava-se unida politicamente à Espanha, no reinado de Filipe III (1598-1621), foram editadas algumas leis que retomavam a questão indígena. Sob este aspecto sobressai-se o **Alvará de 30 de julho de 1609**[9]. A legislação admite expressamente que muitos nativos tornaram-se prisioneiros em função da disseminação do pretenso conceito de "guerra justa"[10]. Oportunamente, assume o legislador que, contra os índios, não raro, foram praticadas diversas violências pelos "capitães" (do mato) e pelos "moradores" (das fazendas e cidades), que forçosamente "os traziam do sertão". Ademais, reconhece o direito originário dos índios sobre os territórios os quais ocupam e proíbe que estes sejam expulsos de suas aldeias. Instaura, igualmente, uma jurisdição especializada em matéria cível e criminal para a apreciação de questões legais envolvendo os nativos, encabeçada, *a priori*, pelo "Ouvidor dos Capitães" e, na ausência deste, determinava o mesmo Alvará que o próprio Governador indicasse um "Juiz particular" guiando-se por alguns critérios objetivos para efetivar sua escolha. Exigia-se, pois, para o exercício desta função que o nomeado ao cargo fosse português de nascimento e, também, "cristão velho" (referência de cunho segregacionista e discriminatório utilizada entre os sécu-

---

[9] SILVA, José Justino de Andrade. *Colleção Chronologica da Legislação Portugueza Compilada e Anotada*. Lisboa: Imprensa de J. J. Silva, 185. p. 271-272.

[10] "Aos povos que resistem, contudo, aplica-se o princípio da guerra justa. Debatido em conjunto com outros princípios durante o século XVI, por haver dúvida quanto à Justiça de aplicá-las a povos que não eram infiéis, a definição de guerra justa é tema vasto. Resumiremos seus pontos principais: aos índios do Brasil, a guerra justa se aplica fundamentada basicamente em dois pontos reconhecidos pela doutrina tradicional: a prática de atos hostis contra vassalos da Coroa Portuguesa e o impedimento da pregação do Evangelho. Assim, foram vítimas de guerra justa vários povos que reagiram a colonização, assim como outros, transformados pelo discurso dos colonizadores em inimigos bárbaros para convencer a Coroa da Justiça de se lhe aplicar tal princípio. Se a guerra justa era o principal caso legalmente reconhecido de escravização, naquilo que aqui nos interessa mais de perto, ela tinha uma consequência legal importante: as terras dos povos vencidos revertiam para os vencedores." PERRONE-MOISÉS, Beatriz. Terras Indígenas na Legislação Colonial. In: *Revista da Faculdade de Direito da Universidade de São Paulo*, volume 95, 2000, p. 107-120.

los XV e XVI para diferenciar os lusitanos que não eram de origem judaica, ou seja, os que não haviam se convertido recentemente, nas últimas gerações, à fé católica, em função de intensas perseguições que tiveram lugar em Portugal e Espanha a partir de 1492).

Dois anos depois, ainda sob o governo de Filipe III, uma nova legislação surge para tratar da questão indígena, declarando, desde pronto, a "importância da matéria". Ora, a relevância da **Carta de Lei de 10 de setembro de 1611**[11] resume-se ao fato de que a legislação concede alforria a todos os índios brasileiros, independentemente se estes foram em algum momento catequizados pelos padres ou vivem segundo "seus ritos e cerimônias". Ressalta, ainda, que estes não podem ser obrigados a trabalhar e, se porventura prestarem algum serviço a alguém, são merecedores dos valores pecuniários correspondentes. Todavia, conserva no documento a noção de "guerra justa" do qual já falamos anteriormente. Buscando combater excessos contra os tais, já que atos ilícitos constituem a tônica destas relações no mundo colonial[12], determina a norma que haja agora uma espécie de controle destas populações em caso de alguns serem tomados em captura, considerando a possibilidade de a beligerância não poder ser evitada. Assim, exige-se que seja feito um registro das pessoas que se encontram nessas circunstâncias, contendo, entre outras coisas, os nomes, as idades e os lugares de onde são originários os ditos nativos. Mantém a incipiente forma de jurisdição (cível e criminal) nas aldeias estabelecida pelo Alvará de 1609, todavia, decretando os chamados "capitães" (das aldeias) juízes em primeira instância, para decidirem não somente os litígios entre os índios, mas entre colonos que com eles tiverem alguma eventual desavença. Admitia-se, sob esta hipótese, interpor-se recurso aos Ouvidores das Capitanias, apesar de que cabia aos julgadores utilizarem toda sua presteza ao cetro real no sentido de buscar a composição entre as partes.

---

[11] SILVA, José Justino de Andrade. Op. cit., p. 311-312.

[12] Sobre o assunto em questão, assim dispôs GILENO: "A ambiguidade da legislação colonial estava presente no fato de que a metrópole recomendava que se mantivesse a liberdade dos indígenas. A coroa portuguesa reconheceu que os colonos mantinham os índios aprisionados 'por motivos ilícitos' já que o cativeiro só seria legítimo nos casos em que os índios fossem subjugados por intermédio de uma guerra justa, a qual teria de ser aprovada por uma Licença Régia ou Governador". GILENO, Carlos Henrique. A legislação indígena: ambiguidades na formação do Estado-Nação no Brasil. In: *Caderno CRH*, Salvador, v. 20, n. 49, p. 123-133, Janeiro-Abril, 2007.

Finalmente, já no reinado de Dom José I, mais conhecido pelo epíteto de "O Reformador" (1714-1777), e considerando-se a notável influência do Marquês de Pombal (1699-1782), Sebastião José de Carvalho e Melo, o controverso Conde de Oeiras, em todas as decisões emanadas daquele palácio real, com o advento da **Lei de 06 de junho de 1755**[13] decretou-se derradeiramente o fim da escravidão indígena, a começar pelo Pará e Maranhão, apesar de que a primeira parte do referido ordenamento jurídico demonstra claramente a preocupação e o empenho produzido a todo tempo pela cultura lusitana no sentido de catequizar os nativos do Brasil e forçá-los a assimilação. Entretanto, o mais importante de tudo consiste em aceitar-se que a legislação não somente se destina expressamente a extinguir o cativeiro dos nativos, mas também, comina algumas punições para quem não observar a dita ordenança, o que significa inequívoco aceno de mudança de perspectiva. Do mesmo modo, o texto legal em questão admite que, na hipótese de serem as autoridades a declarar-lhes guerra, os índios tomados como reféns seriam "prisioneiros como ficam as pessoas que se tomam na Europa", para depois serem encaminhados às "Aldeias dos Índios Livres Católicos" onde seriam levados à conversão. Apesar disso, insiste no "bom tratamento" a ser concedido aos tais, "que por ordens repetidas está mandado". Assim, quem lhes impusesse qualquer "vexação" deveria ser "severamente castigado". Adotando um tom mais humanístico, o documento reconhece a violência imposta aos primeiros habitantes da terra, causada pela "cobiça", "força dos que os cativavam" e "rusticidade" em função da "fraqueza dos chamados cativos".

Em complementação ao teor da Lei de 6 de junho de 1755, cujo objeto já foi tratado aqui, passa a vigorar, logo em seguida, o **Alvará de 8 de maio de 1758**[14], que cumpre com a missão de estender aos demais indígenas de outras plagas, que não o Pará e o Maranhão, os mesmos direitos e privilégios até então reconhecidos a estes primeiros. Vale notar que este Alvará, de modo muito coerente, segue na esteira da política pombalina no que diz respeito ao assunto, qual seja o de consolidar a proteção aos indígenas em

---

[13] SILVA, Antonio Delgado da. Op. cit., p. 369-373. Mantivemos a grafia original do título da obra.

[14] SILVA, Antonio Delgado da. Op. cit., p. 604.

nosso solo. O texto da legislação do Marquês de Pombal inicia com uma menção ao Papa Bento XIV (1675-1758), que havia condenado qualquer forma de escravidão, bem como a usurpação de bens, fazendo referência expressa ao caso dos índios brasileiros. O documento também reconhece tímida forma de autonomia a ser concedida aos nativos, permitindo-lhes viver sob a égide de uma espécie de "governo próprio", apesar de demonstrar que o intuito principal consistia em "civilizá-los" e atraí-los para o seio da Igreja. No mais, oferece proteção "sem restrição alguma" a "todos os seus bens", sejam eles "móveis", "semoventes", ou ainda as suas "lavouras", reconhecendo-lhes os direitos ao cultivo da terra e o de praticar o comércio, ainda que, particularmente, quanto a este último quesito, esses ditos atos não sejam em nenhum momento especificados pela letra da lei.

Como se sabe, o advento da chegada da Família Real ao Brasil no ano de 1808 cuidou de trazer uma série de implicações legais para o modelo de administração colonial portuguesa nos territórios ultramarinos, e, especificamente no tocante à condição dos indígenas baseados por aqui, as iniciativas jurídicas representaram sob muitos aspectos retumbante retrocesso, especialmente, quando comparadas à legislação dos tempos de Felipe III ou aquelas fruto da reforma pombalina dos anos anteriores. Com a efetiva presença do Príncipe Regente no Brasil, a questão indígena veio à baila de forma mais incisiva, assumindo contornos bastante dramáticos. Um importante documento legal[15], a **Carta Régia de 13 de maio de 1808**, endereçada a Pedro Maria Xavier de Ataíde e Mello[16], o então Governador e Capitão Geral da Capitania das Minas Gerais, determinava a declaração de guerra

---

[15] IMPÉRIO DO BRASIL. *Cartas de Lei, Alvarás, Decretos e Cartas Régias. Coleção de Leis do Império do Brasil, Volume 1, 1808.* Brasília: Portal da Câmara dos Deputados; sem data. p. 37.

[16] Autores como Haruf Salmen Espindola acreditam que D. João VI foi profundamente influenciado pelo governador Ataíde Mello no que diz respeito à guerra travada contra os índios Botocudos. "A concepção estratégica e demais sugestões do governador Ataíde e Mello vão compor a carta régia de 13 de maio de 1808, incluindo a representação da crueldade e da monstruosidade dos botocudos. As fontes correlacionadas, ao mencionarem o termo botocudo, trazem expressões do tipo: 'façanhosos e carnívoros', 'sedentos de sangue humano', 'bárbaros antropófagos', 'ferozes monstros', 'selvagem que não se pode civilizar', entre outras. Para enfrentar um povo tão cruel e ter acesso às riquezas do rio Doce, não haveria alternativa além da guerra ofensiva". ESPINDOLA, Haruf Salmen. Extermínio e Servidão. In: *Revista do Arquivo Público Mineiro*, n. 47 (janeiro-junho de 2011), p. 51.

Os Direitos Indígenas

aos índios Botocudos[17], que, segundo os relatos de locais que chegavam com constância aos ouvidos de D. João VI, atacavam "fazendas" e praticavam a "antropofagia". Consoante reiterada praxe, o documento régio, nesse sentido, revelava o intento português relativo à assimilação cultural que seria imposta à população autóctone como um todo, submetendo-a, no dizer da própria pena do monarca, a uma "sociedade pacífica e doce, debaixo das justas e humanas leis que regem meus povos". Também anunciava uma mudança de perspectiva política no tocante ao assunto, salientando que a "guerra defensiva" até então adotada cederia lugar a uma espécie de "guerra ofensiva" e intermitente contra os tais indígenas, por "justos motivos", e que, para isso, trataria de "suspender os efeitos de humanidade que com eles tinha mandado praticar". A orientação concedida por parte do Príncipe Regente era bastante taxativa a esse respeito, pois impunha a extensão da promoção de atos belicosos contra os tais indígenas, a ser feita de maneira sempre "contínua", "nas estações secas", até que esses mesmos nativos viessem a se tornar "vassalos úteis". O texto, igualmente, revela o quão adiantado a essa época encontrava-se o processo de assimilação cultural imposto aos primeiros habitantes da terra, ressaltando que muitos "nestes meus vastos Estados do Brasil se acham aldeados" e "gozam da felicidade que é consequência necessária do estado social".

De teor semelhante, porém dotada de maior virulência, está a **Carta Régia de 5 de novembro de 1808**[18], enviada aos cuidados de Antônio José

---

[17] Sobre as origens do curioso nome dado a esses indígenas à época, registramos aqui a explanação de Espindola. "O nome 'botocudo' foi dado em virtude de esses índios usarem nos lábios e nas orelhas uma grande rodela de madeira, à semelhança de botoque, que é como os portugueses denominam as rolhas de barril. As nações se dividiam em tribos de cerca de 50 a 60 arcos, isto é, homens adultos em condição de combate. Eles eram nômades (fato desconhecido pelo governo mineiro até 1808, conforme correspondência de Ataíde e Mello, de 11 de abril) e apenas erguiam abrigos provisórios, em locais que os luso-brasileiros denominavam 'rancho'. Os termos aldeia e aldeamento se referiam aos locais designados pelo governo para fixá-los e iniciar o processo de passagem para a vida sedentária. As tribos tendiam a se subdividir em razão de conflitos internos, adquirindo nome próprio. O estigma da antropofagia não se confirmou nos testemunhos de militares, missionários, diretores de índios e viajantes estrangeiros. O comandante-geral das divisões militares foi categórico ao afirmar que o povo naknenuck não era antropófago". ESPINDOLA, Haruf Salmen. Op. cit., p. 55.

[18] IMPÉRIO DO BRASIL. Op. cit., p. 157-158.

da França e Horta, que explicitava a preocupação do Príncipe Regente com os campos situados entre Curitiba e Guarapuava, onde os confrontos com os indígenas aqui denominados "Bugres" se tornavam cada vez mais frequentes e acirrados, obrigando o colonato local a abandonar suas propriedades rurais nas cercanias da estrada que ligava dois vilarejos, o da Faxina ao das Lages. O conteúdo da Carta revela claramente que os direitos indígenas sobre os seus territórios originários na região estavam sendo constantemente ameaçados e aviltados diante do irrefreável processo de ocupação do solo. A razão de tamanha disputa pela posse daqueles domínios é bem explicitada pela pena do Príncipe Regente, deixando a pretensão da Metrópole desnuda diante do inegável: são terrenos "regados por infinitos rios", próprios para o cultivo do "trigo", da "cevada", do "milho", de "cereais", do "linho" (de toda a qualidade), do "cânhamo", "de todas as plantas" e de "pasto para o gado". Daí o esperado clima de tensão instaurado em face da natural oposição dos interesses das partes envolvidas em dissensões. O documento em questão, pois, informava que os fazendeiros só se arriscavam a viajar por aqueles lugares em grupos, temendo serem mortos. A resistência ao avanço programado pela política lusitana de ocupação da terra, pois, estava sofrendo seus revezes. Como consequência imediata, D. João VI, mal aconselhado por seus assessores, produziu um dos mais violentos documentos legais da história brasileira contra os nativos, até mesmo rompendo em definitivo com as decisões emanadas do cetro de seus antecessores e contrariando, em muitos aspectos básicos, uma tendência clara de se evitarem conflitos diretos com a população autóctone, cuja tradição remontava ainda aos porões do século XVI. Desde então, a truculência passou a se traduzir na linha mestra, o fio condutor do desbravamento das matas do Brasil meridional. Em dado momento, o monarca festeja o resultado das iniciativas adotadas anteriormente contra os índios Botocudos, considerando seus resultados como "louváveis frutos" e admitindo se tornar "cada dia mais evidente que não há meio algum de se civilizar povos bárbaros, senão ligando-os a uma escola severa, que por alguns anos os force a deixar e esquecer-se de sua natural rudeza e lhes faça conhecer os bens da sociedade e avaliar o maior e mais sólido bem que resulta do exercício das faculdades morais do espírito, muito superiores às físicas e corporais" . Sem embargo, e de modo a desprezar os nativos, cuida a referida medida legal de perfil eurocêntrico de "suspender os efeitos de humanidade" havidos para com os tais, declarando-os "bárbaros" por mais de uma vez e por fim determinando, de forma arrogante e pretensiosa, "perseguir os mesmos índios infestadores de meu território", além de sujeitar os cativos a quinze anos de trabalhos forçados[19] (se estes não se decidirem por si mesmos a se aldear, ou seja, se sujeitar a todas as formas possíveis e imagináveis de dominação e aculturação).

Ainda outra Carta Régia, datada de 2 de dezembro daquele mesmo ano, instava a tomada de providências semelhantes nas Minas Gerais contra a população indígena. Vale notar que somente no Brasil Imperial, mais especificamente no início do Período Regencial, com a **Lei de 27 de outubro de 1831**, a causa em tela seria novamente revista e a legislação joanina que tratava sobre a questão foi então totalmente revogada (ou seja, aquelas três Cartas Régias do ano de 1808 que tratavam da matéria: de 13 de maio, 5 de novembro e 2 de dezembro).

7.2. Os direitos indígenas à luz das Constituições

Com o Brasil livre dos ditames da Coroa Portuguesa a partir do processo de independência, a situação dos indígenas sofreria pouquíssimas alterações. Provavelmente, trata-se do legado ideológico deixado pelo governo de D. João VI ainda latente quanto à questão, que não somente negligenciava as condições de penúria e provação impostas aos nativos da América de influência lusitana, mas, como vimos anteriormente, não se furtava em considerar sua existência como um "estorvo" ao inevitável processo de ocupação do território. Em síntese, esta causa não alcançava a menor ressonância nos bastidores da política nacional, já bastante tumultuado pela dissolução da Assembleia Nacional Constituinte instaurada em 1823 por Dom Pedro I. Portanto, não seria de se estranhar a omissão ou "esquecimento" por parte do legislador de fazer qualquer menção aos índios, quando finalmente veio a lume a Constituição Imperial outorgada em 1824. Da mesma forma, silente foi a pena de Rui Barbosa ao redigir a Constituição de 1891 sobre o assunto em questão, sem embargo a todos os predicados que esta Carta Magna recebeu a título de reconhecimento pelo arrojo vislumbrado nos princípios jurídicos da Constituição dos Estados Unidos de 1787, na qual se encontrava profundamente calcada.

O trato legal da questão indígena veio novamente à baila no início do

---

[19] Considerando as precaríssimas formas de controle burocrático à disposição no Brasil à época exclusivamente destinada aos tais fins, não seria de se estranhar que os ditos indígenas capturados se tornassem escravos por uma vida inteira.

século XX. Incialmente, em função da criação do Serviço de Proteção ao Índio e Localização dos Trabalhadores[20], de 1910 (Decreto 8.072), que de forma mui incipiente resguardava a segurança dos povos tradicionais, que restringia, de certa forma, a ação de grupos religiosos em suas comunidades, mas, ao mesmo tempo, buscava sempre seguir a linha mestra da inserção destes no âmbito da comunidade nacional; e, logo, em seguida, por ocasião da elaboração do primeiro Código Civil de nossa história, no que diz respeito à capacidade destes na esfera civil. Carlos Federico Marés de Souza Filho, oportunamente, observou que é "conhecido o fato de que o projeto primitivo do Código Civil, de autoria de CLÓVIS BEVILAQUA, não incluía os índios entre os relativamente incapazes, foi o Senado, por emenda de MUNIZ FREIRE, que fez o acréscimo. CLÓVIS diz que era contrário à inclusão porque entendia que esta disposição deveria estar contida em legislação especial"[21].

Nesse ínterim, foi justamente aquela festejada Constituição de 1934 a primeira de nossa longa história republicana a se pronunciar (ainda que timidamente) sobre a questão indígena. Seria difícil dimensionar, contudo, até que ponto o espírito humanístico norteador de Weimer[22] (1919) colaborou para que em seu âmago esse mesmo direito indígena fosse tenuamente reconhecido e agasalhado. Pelo menos, pode-se dizer que esta tendência seria naturalmente seguida pelas Cartas Magnas posteriores como uma espécie de "mantra" a ser invocado e a conservar uma redação com exíguas e pontuais alterações. Assim, em seu art. 129, a matéria encontrava-se deste modo disciplinada: "Será respeitada a posse das terras de silvícolas que nelas se achem permanentemente localizados, sendo-lhes, no entanto, vedado aliená-las".

A criticada Constituição de 1937 surgida da lavra do jurista mineiro Francisco Campos (1891-1968) continuaria enveredando nessa mesma perspectiva, não obstante o contexto próprio de sua gênese, marcado pelas arbitrariedades e pelo autoritarismo caracterizador do Estado Novo anunciado por Getúlio Vargas (1882-1954). Deste modo, a dita "Polaca" (uma

---

[20] Cuja sigla, no ato de sua fundação, era SPILTN. A partir de 1918 o órgão passa a se chamar "Serviço de Proteção ao Índio" (SPI).

[21] SOUZA FILHO, Carlos Frederico Marés de. *O renascer dos povos indígenas para o direito*. Curitiba: Juruá, 2012. p. 98.

[22] Refiro-me à célebre Constituição de Weimar de 1919.

referência clara àquela Constituição Polonesa que deu sustentação ao governo do ditador Josef Pilsudski [1867-1935]) não trouxe nenhuma inovação legal que seja digna de nota, assim se posicionando sobre o mesmo assunto: "Será respeitada aos silvícolas a posse da terra em que se achem localizados em caráter permanentemente, sendo-lhes, no entanto, vedado aliená-las" (art. 154).

Com a deposição de Vargas e o fim do Estado Novo, promulga-se a Constituição de 1946, que, apesar dos novos ares do cenário político nacional que poderiam ter-se cercado de maior arrojo, praticamente tratou de repetir o conteúdo das Cartas Magnas anteriores, reservando apenas algumas pequenas alterações no corpo do dispositivo legal do mesmo modo como o fez a Constituição de 1937. Ademais, estas não se traduziram em momento algum em novas conquistas ao reconhecimento dos direitos essenciais daqueles que foram os primeiros habitantes do Brasil. A redação do art. 216, até mesmo de forma menos técnica ao substituir a o verbo "alienar" por "transferir", cuida de dispor: "Será respeitada aos silvícolas a posse da terra onde se achem permanentemente localizados, com a condição de não a transferirem".

Outrossim, e agora efetivamente, pode-se dizer que a proteção aos direitos indígenas no Brasil assume novos contornos tão somente a partir de meados da década de 1960. Do ponto de vista legal, a época em questão traduzir-se-ia como um verdadeiro divisor de águas. Sob tal aspecto, de grande valia consistiu a iniciativa governamental que primou pela criação da FUNAI – Fundação Nacional do Índio (Lei n. 5.371, de 5 de dezembro de 1967), que, logo em seguida, juntamente com a legislação surgida em prol do delineamento dos direitos dos povos indígenas – o Estatuto do Índio (Lei n. 6.001, de 19 de dezembro de 1973) –, passa a dar a tônica de que a regulamentação da matéria se fazia uma necessidade insurgente, que não poderia mais ser negligenciada pelo descompromisso e mero arbítrio sujeito à vontade e interesse do legislador pátrio.

Entretanto, no decurso da longa experiência constitucionalista brasileira, jamais se reconheceu, efetivamente, o direito dos povos tradicionais, como ocorreria com tanta ênfase a partir do advento da Constituição de 1988, a qual foi oportunamente chamada de "A Constituição Cidadã"[23].

---

[23] Apesar dos notórios avanços granjeados na bem-sucedida delimitação da questão

Nesse sentido, ou seja, levando-se em consideração as Cartas Magnas anteriores, pode-se dizer certamente que não existem quaisquer parâmetros comparativos. Ressalte-se, porém, que a gestação dessa nova realidade jurídica que se interpôs graças ao trato da questão sob uma perspectiva original na trajetória do país nunca esteve livre de divergências. Aliás, estas se impuseram desde cedo neste cenário, já no processo de discussão de ideias, e continuaram mesmo na posterior elaboração do texto final. Esta resistência é devido aos interesses agrários historicamente conflitantes, especialmente no que diz respeito às regiões do território nacional que contam com maior presença indígena.

Estes direitos das populações autóctones de nosso país foram assegurados fundamentalmente nos artigos 231 e 232 (Capítulo VIII – Dos Índios). Assim, o legislador de 1988 reconheceu de forma expressa no art. 231, inicialmente, o direito dos indígenas de virem a manter incólumes suas formas de "organização social" (as quais, como se sabe, podem ser bastante diversificadas). Além disso, e desde pronto, garantiu-se o direito destes à preservação de todos aqueles conjuntos de aspectos primordiais inerentes à conservação de sua cultura, tais como os "costumes", as "línguas", "crenças" e "tradições" (que são, sob este aspecto, igualmente numerosos e distintos, e, por essa mesma razão, dotados de valor imensurável)[24]. Note-se

---

indígena no âmbito da Constituição Federal de 1988, inovadora em muitos aspectos (especialmente quando comparada às anteriores), houve no decurso dos debates uma tentativa de torná-la ainda mais arrojada. É o que dispõe a esse respeito o mestre José Afonso da Silva: "A Constituição de 1988 revela um grande esforço da Constituinte no sentido de preordenar um sistema de normas que pudesse efetivamente proteger os direitos e interesses dos índios. E o conseguiu num limite do razoável não alcançou, porém, um nível de proteção inteiramente satisfatório. Teria sido assim, se houvera adotado o texto do Anteprojeto da Comissão Afonso Arinos, reconhecidamente mais equilibrado e mais justo". SILVA, José Afonso da. *Curso de direito constitucional positivo*. 38. ed. São Paulo: Malheiros Editores, 2014. p. 870.

[24] Todos os povos indígenas são ricos em sua singularidade cultural, e, justamente por serem ímpares na sua forma de viver e se organizar, carecem de maior proteção do Estado frente às eventuais ameaças externas que comprometam a sua existência. Destarte, sob o viés antropológico, não cabem aqui conceitos como "menos", ou, ainda, "mais desenvolvidos". Por esta mesma razão, não podemos concordar com a opinião do eminente constitucionalista quando infere que os "índios, também denominados silvícolas, são os habitantes originários do Continente Americano. Encontrados pelos descobridores ao apostarem à América, viviam organizados, em estágio de civilização primitiva, não obstante alguns povos apresentassem maior

aqui a manifesta preocupação do legislador pátrio em revestir esta minoria da devida proteção contra eventuais processos de assimilação ou aculturação, que fatalmente são impostos como produto da dominação de determinado grupo sobre outro (e no caso brasileiro mostrou-se não ser diferente).

Logo em seguida, no mesmo dispositivo legal, são também reconhecidos "os direitos originários sobre as terras que tradicionalmente ocupam", aludindo ser competência da União a obrigação constante de "demarcá--las, proteger e fazer respeitar os seus bens". Vale dizer também que estas, agora nos termos da legislação vigente, passaram a ser consideradas "inalienáveis" e "indisponíveis", e "os direitos sobre elas, imprescritíveis". (art. 231, § 4). Deste modo, os indígenas somente poderão ser retirados de suas terras em circunstâncias muito específicas previstas no corpo do próprio texto constitucional e sempre em situações excepcionais, de caráter transitório (em consonância com o *princípio da irremovibilidade dos índios de suas terras*). Em todas estas ocasiões visa-se promover a segurança da comunidade contra a ocorrência de possíveis desastres ou outros fatos que venham a pô-la em risco. As hipóteses delimitadas são aquelas vislumbradas em virtude do acontecimento de alguma "catástrofe" ou "epidemia que ponha em risco sua população". Entretanto, para que os indígenas sejam de suas terras removidos, mesmo que a título temporário, há a necessidade de que isto ocorra mediante *ad referendum* do Congresso Nacional. Existe, igualmente, uma outra possibilidade aventada pela lei, qual seja havendo "interesse da soberania do país". Isto porque, não raro, sabe-se que algumas destas terras indígenas encontram-se localizadas em regiões fronteiriças a outros países, e, assim, por questões óbvias, acham-se sujeitas à possibilidade de ameaças externas. De todo modo, uma decisão nesse sentido igualmente caberá ao Parlamento brasileiro, observada, uma vez mais, a transitoriedade vinculada ao objeto da deliberação. Destarte, preservados os interesses nacionais, devem estas populações retornar aos seus lugares de origem (art. 231, § 5º). Sob este aspecto, levou em consideração o legislador os termos do art. 16 da Convenção 169 da Organização Internacional do Trabalho.

---

desenvolvimento cultural do que outros, como, por exemplo, os maias, os incas e os astecas". BASTOS, Celso Ribeiro de. *Curso de direito constitucional*. São Paulo: Celso Bastos Editora, 2002. p. 793.

A demarcação e delimitação das terras indígenas, em todas suas nuances e fases processuais, por sua vez, alcançaram regulamentação pelo Decreto n. 1.775/96. Vale notar que a participação do antropólogo na condição de "coordenador" do processo não somente se reveste de importância fundamental, mas passa a ser tratada a partir de então como um imperativo legal (art. 2º). Na elaboração do "estudo antropológico de identificação" a que se refere o dispositivo legal contará este mesmo profissional "de qualificação reconhecida" com o necessário apoio de outros servidores públicos que são indispensáveis à conclusão dos trabalhos. Estes prestarão seu contributo na realização de estudos de natureza etno-histórica, sociológica, jurídica, cartográfica, ambiental e fundiária (art. 2º, § 1º). A forma e os critérios a serem adotados na produção deste *relatório circunstanciado* (previsto no art. 2º, § 6º, do Decreto n. 1.775/96) tiveram seus contornos definidos pela Portaria MJ n. 14/96. Do mesmo modo, cuidou-se posteriormente através da Portaria MJ n. 2.498/2011 de se definir a participação daqueles entes federados que podem eventualmente se encontrar também envolvidos no processo administrativo de demarcação das terras indígenas.

A controvérsia jurídica sobre a definição do marco temporal em terras indígenas ganhará ainda novas páginas com o julgamento do Recurso Extraordinário 1.017.365 pelo STF. Há aqueles que defendem o entendimento de que a data da promulgação da Constituição de 1988 (5 de outubro) deveria servir de referencial cronológico norteador. Ou seja, sob este prisma, seriam consideradas para efeitos de futuras demarcações as terras ocupadas pelos povos indígenas apenas até o referido período. Entretanto, alguns juristas argumentam que a expressão 'direitos originários' a qual se remete o próprio texto da Carta Magna pode ser compreendida de forma bem mais extensiva no tempo (como a terminologia em caso sugere), não se limitando, especificamente, pois, à época em que veio a lume o festejado diploma legal. De todo modo, a decisão do Supremo acerca da matéria servirá oportunamente de baliza para as outras instâncias do judiciário.

Consciente da necessidade de estas comunidades virem a gozar plenamente da fruição de seus direitos ancestrais, antecipou-se acertadamente o legislador em atribuir a devida abrangência ao conceito sobre as "terras tradicionalmente ocupadas pelos índios". Nesse sentido, dispôs a Carta Magna de 1988 que são estas aquelas "utilizadas para suas atividades produtivas, as imprescindíveis à preservação dos recursos ambientais necessários a seu bem-estar e as necessárias a sua reprodução física e cultural, segundo seus usos, costumes e tradições". A posse sobre elas é, antes de mais nada, reconhecida em "caráter permanente", e aos indígenas, como não poderia ser diferente, cabe-lhes "o usufruto exclusivo das riquezas do solo, dos rios, e dos lagos nelas existentes" (art. 231, § 2º). Do mesmo modo, no que tange à questão, tratou o constituinte de acatar a orientação presente no art. 15 da Convenção 169 da OIT (sobre a qual já nos reportamos anteriormente).

Vale notar, neste ínterim, que o constituinte de 1988, levando em consideração uma questão peculiar inerente ao cotidiano das comunidades indígenas, cuidou também de disciplinar assunto relacionado ao *Direito Minerário*. Portanto, a lavra das eventuais riquezas minerais existentes nas terras indígenas poderá até ocorrer, desde que cumpridos com alguns requisitos, quais sejam que haja aqui mais uma vez uma autorização dada pelo Congresso Nacional para tanto, além de que sejam "ouvidas as partes afetadas" e que reste "assegurada participação nos resultados da lavra, na forma de lei". A solução dada é a mesma em se tratando do aproveitamento dos recursos hídricos, incluindo-se, nesse âmbito, a possibilidade de exploração do potencial energético existente (art. 231, § 4º).

Ocorre que, no tocante a este assunto em específico, ainda não existe uma regulamentação que traga luz à problemática. É fato que existe um inegável potencial de lavra em terras indígenas (especialmente aquelas que se encontram localizadas mais ao norte do Brasil e em contiguidade aos demais países amazônicos). Estas regiões têm chamado a atenção de diversas empresas e grupos econômicos que pretendem explorar tais recursos, especialmente considerando-se a real possibilidade de extração de minérios que alcançam destacado valor no mercado internacional, tais como o níquel, manganês, estanho e a bauxita (só para citar alguns), além de, como não poderia ser diferente, do ouro e o diamante. Sabe-se que, acerca desta matéria, a divergência motivada por interesses manifestados por diferentes grupos ainda impera sem que uma alternativa legal se mostre viável neste cenário. Por um lado, temos as razões apresentadas pelas organizações e instituições que representam os povos tradicionais nos mais diversos fóruns de debate pelo país, dentre os quais destaco, por ora, o relevante papel desempenhado pela Comissão Nacional de Política Indigenista (CNPI) – órgão criado pelo Decreto n. 8.593, de 17 de dezembro de 2015, para acompanhar a criação e implementação das políticas indigenistas. Estas pretendem, no mínimo, garantir o inteiro teor daquilo que foi consagrado outrora do texto da Carta Magna de 1988 sobre a mineração em terras indígenas, ou, numa eventual mudança de rumos a ser assumida pelo ordenamento jurídico pátrio, defender a ideia de que a decisão final sobre este tipo de questão seja objeto de deliberação exclusiva das comunidades onde se daria a lavra, sendo estas, a partir de então, as únicas titulares aptas nesse mesmo sentido a defender suas pretensões perante outrem. Na outra ponta, por sua vez, existem os interesses das mineradoras, dos garimpeiros, fazendeiros, madeireiros e posseiros em geral. Em função de posições jurídicas tão dissonantes, há a necessidade de a questão ser implementada de modo a não prejudicar os povos indígenas, conservando assim o espírito que norteou a Constituição Federal de 1988.

Ainda sobre tão controvertido assunto, vale notar que despontam dois projetos de lei, sendo um deles de autoria do senador Romero Jucá (PL n. 1.610/96, que visa, entre outros assuntos, regulamentar os artigos 176, § 1º, e 231, § 3º, da Constituição Federal de 1988, flexibilizando a lavra de minérios em terras indígenas).

O outro, em razão de seu próprio teor e objeto, encontra-se bem mais em consonância com as aspirações dos povos tradicionais, propondo a criação de um novo "Estatuto dos Povos Indígenas" (PL n. 2.057/91).

De qualquer modo, e como se vê, tais questões ainda restam pendentes no horizonte dos direitos indígenas no Brasil e aguardam maiores desdobramentos no Congresso Nacional. O melhor caminho traduz-se naquele senso de justiça que orientou o legislador de 1988, não obstante os interesses contrários à época. Qualquer outra alternativa a ser perquirida pelo ordenamento jurídico a partir de agora, ou da própria jurisprudência, deve conservar-se, a nosso ver, em plena sintonia com o espírito daqueles dias.

Capítulo VIII

Os Direitos Quilombolas

8.1. DA INOCUIDADE DAS LEIS ABOLICIONISTAS BRASILEIRAS À FORMAÇÃO DOS QUILOMBOS

O Brasil, do mesmo modo como ocorre em outros tantos países situados no continente americano, guarda em sua história a triste mácula da escravidão. Por aqui foram quase trezentos anos de exploração e afronta à dignidade de incontáveis pessoas trazidas de diversos recantos da África, e que nestas terras aportavam para sustentar a ganância inerente ao frenético processo de colonização ibérica. Como regra geral, a maior parcela destes incontáveis homens, mulheres e crianças pertencia a uma miríade de etnias oriundas, mormente, das antigas possessões ultramarinas portuguesas. Porém, até mesmo hoje não existem dados suficientes ou tampouco fontes aptas a informar com a devida exatidão quantos escravos, nestas mesmas circunstâncias, para cá vieram[1]. Há que se considerar também que nem

---

[1] A respeito do assunto, Comparato traz importante observação: "De acordo com as estimativas mais recentes, quatro milhões de escravos africanos foram exportados pelo Mar Vermelho, mais quatro milhões pelo Oceano Índico e nove milhões pelas rotas de caravanas do Saara. As cifras do tráfico transatlântico variam de um mínimo de onze a um máximo de vinte milhões de escravos. A estimativa de maior aceitação entre os historiadores é a de doze milhões de africanos transportados para as Américas, dos quais o Brasil teria recebido o maior contingente: cerca de três milhões e meio. Calcula-se que um milhão e meio de escravos pereceram durante o transporte pelo Atlântico e que um número ainda maior teria falecido antes do embarque. Uma vez chegados ao Novo Mundo, entre 5 e 10% dos africanos morriam logo no primeiro ano. Por volta de 1850, o número total de escravos vivendo nas Américas foi estimado em seis milhões. COMPARATO, Fábio Konder. *A afirmação histórica dos direitos humanos*. 3. ed. São Paulo: Saraiva, 2004. p. 197. Vale notar que a grande maioria destas pessoas era oriunda de Angola.

todos foram capazes de sobreviver aos horrores de uma extenuante jornada marcada por privações de toda ordem. Sabe-se, de todo modo, que o escasso alimento oferecido, as lastimosas condições das embarcações utilizadas e os maus-tratos desde já perpetrados deixavam uma fustigada tripulação à mercê das doenças de ocasião. Some-se a isso o natural sofrimento determinado pela distância dos familiares e da terra dos antepassados, e ter-se-á um quadro inicial do impacto do sistema escravocrata que entre nós teimosamente se impôs[2]. Sem embargo, uma vez estabelecidos nas fazendas de cana-de- açúcar, eram os tais relegados ao peculiar desconforto das senzalas e submetidos a uma infinidade de trabalhos forçados[3]. Àqueles considerados "rebeldes" pelos feitores reservava-se a crueldade inerente às vexações públicas e a imediata aplicação de castigos corporais. Ora, o vil regime de servilidade em curso fomentava fugas, o que deu origem aos primeiros *quilombos*[4], ou seja, aquelas comunidades nascidas a partir dos focos de resis-

---

[2] Esta profunda tristeza n'alma popularmente conhecida por "banzo" é tratada no excelente artigo produzido pela psiquiatra da Unicamp Ana Maria Galdini Raimundo Oda, Doutora em Ciências Médicas. Confira, pois ODA, Ana Maria Galdini Raimundo. Escravidão e nostalgia no Brasil: o banzo. In: *Revista Latinoamericana de Psicopatia Fundamental*. São Paulo, v. 11, n. 4, dezembro 2008. p. 735-761.

[3] "Os escravos, vestidos sumariamente, deviam dar conta de um trabalho extenuante, e longas jornadas diárias, dependendo, sobretudo, do seu esforço físico, tendo em vista o estado rudimentar dos instrumentos usados nas diversas plantações." ATCHE, Elisa Cristina Costa Silveira. Humanismo no direito de resistência dos negros escravos no Brasil do século XIX. In: WOLKMER, Antonio Carlos. *Humanismo e cultura jurídica no Brasil*. Florianópolis: Fundação Boitex, 2003. p. 129.

[4] Recentemente a legislação fixou o significado do termo em questão. Deste modo, de acordo com a Resolução CNE/CEB n. 8, de 20 de novembro de 2012, em seu artigo 3º, entende-se por quilombos: I – os grupos étnico-raciais definidos por auto-atribuição, com trajetória histórica própria, dotados de relações territoriais específicas, com presunção de ancestralidade negra relacionada com a resistência à opressão histórica; II – comunidades rurais e urbanas que: a) lutam historicamente pelo direito à terra e ao território o qual diz respeito não somente à propriedade da terra, mas a todos os elementos que fazem parte de seus usos, costumes e tradições; b) possuem os recursos ambientais necessários à sua manutenção e às reminiscências históricas que permitam perpetuar a memória. III – comunidades rurais e urbanas que compartilham trajetórias comuns, possuem laços de pertencimento, tradição cultural de valorização dos antepassados calcada numa história identitária comum, entre outros. Vale notar que, de acordo com os estudos de Delma Josefa da Silva, os primeiros quilombos de que se tem notícia remontam ainda ao século XVI. SILVA, Delma Josefa da. *Educação Quilombola*: um direito a ser efetivado. Olinda-PE: Centro de Cultura Luiz Freire e Instituto Sumaúma, 2016, p. 7.

tência histórica à opressão imposta pelos senhores de engenho. Em função deste estado de coisas, progressivamente, também tomaram corpo no seio da sociedade brasileira discussões em torno da necessidade de se promover o abolicionismo, cujos ideais ganhavam cada vez mais adeptos em meio a muitos setores da intelectualidade.

Buscando se antecipar à crescente pressão internacional exercida por Londres, aprova-se aos 7 de novembro de 1831 aquela que seria a primeira lei de caráter abolicionista no país. O ato formalizado pela Regência que governava em nome do infante D. Pedro II, e que à época contava com apenas seis anos de idade, alcançou pouca repercussão prática entre nós. Isto porque seriam considerados forros apenas os escravos vindos da África que, a partir da vigência da referida norma, fossem surpreendidos em alguma embarcação que porventura estivesse atracada em nossos portos. Os escravos residentes no Brasil, por sua vez, permaneceriam condenados às agruras próprias da servilidade de que tinham ciência. A falta de efetividade da legislação não tardou a alcançar jocosa repercussão em meio ao populacho. Para as pessoas simples, a iniciativa era tão somente uma medida tomada "para inglês ver", considerando que seria praticamente impossível aos europeus conseguirem monitorar nossa imensa costa litorânea se porventura assim decidissem fazê-lo a título de fiscalização.

Entretanto, mesmo que movida por interesses econômicos, é fato que uma controvertida iniciativa no sentido de se combater o tráfico negreiro com destino ao Brasil, em específico, é adotada em terras estrangeiras. Sabe-se que, aos 8 de agosto de 1845, o Parlamento Britânico aprova o chamado *Aberdeen Act* – designativa retirada do nome do aristocrata que a propôs, ou seja, o conde escocês George Hamilton-Gordon (1784-1860), vulgo Lorde Aberdeen. Sem embargo às controvérsias jurídicas que se instauraram nos trópicos a partir de então, e de acordo com os termos desta mesma lei, estaria a Marinha daquele país agora autorizada a executar, irrestritamente, a fiscalização da referida prática em qualquer recanto do mundo. Nesse ínterim, ainda lhe seria lícito tomar todas as medidas cabíveis para punir os recalcitrantes, visando, por fim, conseguir erradicá-la por completo. Ocorre que o próprio texto do diploma legal fazia clara menção à necessidade do cumprimento do tratado firmado em 23 de novembro de 1826 na cidade do Rio de Janeiro com o Brasil. O acordo em tela a que se reporta o documento recordava que as duas nações assumiram, formalmente, o compromisso de abolir o tráfico negreiro. Portanto, para os ingleses, a eventual ação no mar territorial pátrio revestia-se de plena legalidade. Já segundo o entendimento dos políticos brasileiros à época, no entanto, o *Aberdeen Act* constituía-se em aviltante afronta à soberania nacional.

Entretanto, ainda seriam necessárias três outras demoradas décadas para que o movimento abolicionista fosse agraciado com alguma vitória no plano legal, ainda que, diga-se de passagem, esta conquista fosse considerada tímida para aquilo que o contexto reclamava. Assim, em sequência às demais listadas, é assinada pela Princesa Isabel a chamada "Lei do Ventre Livre", de 28 de setembro de 1871. Pelos termos da nova legislação, poderiam ser considerados livres todos aqueles "filhos da mulher escrava" nascidos no Império Brasileiro a partir da referida data. Ocorre que, mais uma vez, estávamos diante de um terrível dilema. As mães poderiam criar seus rebentos até estes completarem 8 anos, quando, então, abrir-se-iam duas possibilidades reais: ou o menor continuaria sob os auspícios de seus senhores até a idade de 21 anos, obrigando-se a se submeterem aos trabalhos diários a que fossem convocados, ou, noutra hipótese, seriam entregues aos cuidados do governo em troca de compensação pecuniária previamente estipulada a título de indenização. A primeira hipótese prevalecia na grande maioria dos casos, pois a ruptura do vínculo constituía em mais um ato de crueldade praticado contra os escravos. Os bebês, deste modo, eram batizados e apadrinhados por seus senhores, que de seus 'préstimos' se serviam gratuitamente, não raro, pelo resto da existência. Outros tantos passaram a buscar refúgio junto aos quilombos que se formavam na zona rural.

A famosa "Lei dos Sexagenários", também conhecida como "Lei Saraiva--Cotegipe", de 28 de setembro de 1885, traduzia-se em mais um triste emblema do profundo descaso e escárnio tributado à condição de incontáveis pessoas sujeitas à miséria própria acarretada pela continuidade do regime. O projeto original é da lavra de Manuel Pinto de Sousa Dantas (1831-1894) e não foi aprovado sem a enorme resistência oferecida por parte dos cafeicultores do país preocupados em manter a pujança de suas lavouras. Em síntese, agora, concedia-se alforria também aos escravos idosos, ou seja, "benefício" estendido tão somente àqueles que contavam com 60 anos de idade completos e, não por acaso, em função da redução da capacidade produtiva imposta naturalmente pelo peso dos anos. Vale notar que o rechaço inicial à vigência da lei foi logo superado pelos senhores, que vislumbraram uma possibilidade de se isentarem em definitivo do sustento da-

Os Direitos Quilombolas

queles que, por uma vida inteira, lhes serviram de bom grado. Para estes e muitos outros escravos, os quilombos passavam a representar mais do que o alento de uma comunidade idealística alheia aos ditames da lei e da inclemência das mãos dos feitores, mas, antes, uma forma de resistência de um povo que se irmanava nos rincões do Brasil.

Por fim, coube ao exíguo texto da festejada "Lei Áurea"[5], assinado pela Princesa Isabel aos 13 de maio de 1888, vir a sepultar legalmente o regime escravagista no país. Torna-se evidente, porém, que o ato formal não seria capaz de acabar com as gritantes diferenças sociais que desde logo se impuseram aos recém alforriados, não obstante ser a concessão da liberdade uma iniciativa no âmbito legal que não poderia mais ser postergada.

8.2. O LONGO E ÁRIDO PERCURSO LEGAL PARA O RECONHECIMENTO DOS DIREITOS QUILOMBOLAS NO BRASIL

Como vimos, houve uma intensa mobilização no âmbito internacional voltada ao combate à escravidão e, posteriormente, à discriminação étnico-racial de qualquer natureza. A tendência é que os países que em seu decurso enfrentaram estas terríveis mazelas busquem agora adotar políticas públicas e viabilizar legislações que contribuam para a proteção de seus grupos minoritários.

No que concerne à história recente do Brasil, o marco inicial que assinala o primeiro passo rumo à construção original de um "Direito Quilombola" se deu com o advento da Carta Magna de 1988, que reconheceu ex-

---

[5] O acontecimento em questão assim foi descrito por Roderick J. Barman, um dos mais conhecidos biógrafos da Princesa Isabel: "A cena no Paço da Cidade, onde a princesa recebeu a delegação oficial que lhe apresentou o projeto para a sanção, foi um delírio. O palácio ficou lotado de gente entusiasmada de todas as classes, mulheres e homens, e o estado de espírito era de irrefreável regozijo. Seguiram-se três dias de comemorações públicas, durante os quais se decretou feriado e a alegria imperou. Para D. Isabel, esse triunfo foi obnubilado por uma crise familiar. Seu pai, que estava em tratamento na Europa desde a metade de 1887, revelou-se o pior tipo de paciente. Quando D. Isabel assinou a Lei Áurea, D. Pedro II acabava de passar por uma grave crise de saúde. Alguns dias depois, seu organismo sofreu um novo colapso. Praticamente à beira da morte, o corpo do imperador reagiu subitamente. Sucedeu-se um prolongado período de convalescença". BARMAN, Roderick J. *Princesa Isabel do Brasil*: gênero e poder no século XIX. Trad. Luiz Antônio Oliveira Araújo. São Paulo: UNESP, 2005. p. 248.

pressamente às "culturas populares, indígenas e afro-brasileiras", além dos demais "grupos participantes do processo civilizatório nacional" (neste caso, sem chegar a enumerá-los), "o pleno exercício dos direitos culturais e acesso às fontes da cultura nacional" (arts. 215 e 216 do Ato das Disposições Constitucionais Transitórias).

A partir de então, tratou o legislador de pavimentar o caminho que garantiria, gradualmente, a emissão dos títulos concernentes às propriedades ocupadas pelos remanescentes das comunidades quilombolas, incumbindo, formalmente, o Estado deste dever (art. 68 do Ato das Disposições Transitórias).

Entretanto, ao contrário do que aconteceu com os povos indígenas, ainda muito tardou o legislador pátrio a manifestar qualquer preocupação com a condição social dos povos quilombolas[6]. Daí a importância da previsão do referido dispositivo legal ao tratar do resgate de uma dívida de quatros séculos de história.

Inicialmente, as maiores dificuldades interpostas no percurso resumiam-se a estabelecer os critérios técnicos e científicos responsáveis pela condução do processo de definição do conjunto de populações que poderiam de fato ser consideradas "remanescentes das comunidades dos quilombos". Era sabido que uma empreita desta monta exigiria a realização de uma ampla pesquisa de campo, que se estenderia por praticamente todo o território nacional. Ora, além disso, sabia-se de antemão que a desafiadora iniciativa exigiria a participação de um grande número de profissionais atuantes nos mais diversos segmentos do conhecimento humano, que incluíam, além de antropólogos[7], sociólogos, historiadores, cartógrafos, geógrafos, especialistas em ciências ambientais, engenheiros agrônomos, entre outros tantos a serem convocados.

---

[6] A esse respeito assim se pronunciou Ilka Boaventura Leite: "Embora pareça pertinente igualar a questão das terras dos quilombos às terras indígenas, ambas são semelhantes apenas quanto aos desafios e embates já visíveis no plano conceitual (quanto à identificação do fenômeno referido) e no plano normativo (quanto à identificação do sujeito do direito, os critérios, etapas e competências jurídico--políticas"). LEITE, Ilka Boaventura. *Os quilombos no Brasil*: questões conceituais e normativas. Etnográfica, volume IV (2), 2000. p. 333-354.

[7] O papel dos antropólogos no processo em questão, como não poderia ser diferente, é de vital importância, pois serão eles que produzirão relatórios específicos a partir de reuniões e encontros realizados com a comunidade quilombola (a esse respeito veja os artigos 9 e 10, I, da Instrução Normativa n. 49 do INCRA).

Os Direitos Quilombolas

Ainda como parte do gradual processo de regulamentação dos direitos quilombolas, coube inicialmente à Portaria n. 98, de 26 de novembro de 2007, da Fundação Cultural Palmares, firmar um importante conceito jurídico acerca de expressão bastante corrente noutros diplomas legais anteriores, os quais tratavam desta matéria em tela, mas que, em função da objetividade legal, careciam de particulares definições:

> Art. 2º. Para fins desta Portaria consideram-se remanescentes das comunidades dos quilombos os grupos étnico-raciais, segundo critérios de auto-definição, com trajetória histórica própria, dotados de relações territoriais específicas, com presunção de ancestralidade negra relacionada com a resistência à opressão histórica sofrida[8].

Já no ano seguinte, o INCRA, por meio da Instrução Normativa n. 49, de 29 de setembro de 2008, assim balizou:

> Art. 4º. Consideram-se terras ocupadas por remanescentes das comunidades de quilombos toda a terra utilizada para a garantia de sua reprodução física, social, econômica e cultural.

Todavia, mais de duas décadas desde o advento da Carta Magna de 1988 ainda seriam necessárias para que a questão relativa ao reconhecimento dos territórios quilombolas tomasse novos contornos legais. Daí a necessidade da edição do Decreto n. 4.887, de 20 de novembro de 2003 (cuja regulamentação seria posteriormente retomada e atualizada pela Instrução Normativa n. 57, de 20 de outubro de 2009, do INCRA), que, originalmente, cuidou de estabelecer o conjunto de mecanismos administrativos aplicáveis visando à identificação, o reconhecimento, a delimitação, a demarcação, o levantamento ocupacional e cartorial, e, por fim, uma vez constatado o direito do grupo estudado, garantir a eventual concessão dos títulos de propriedade a estes, condição justificável em razão da história e ancestralidade originária quilombola junto ao processo de ocupação do solo[9].

---

[8] O teor do presente dispositivo legal é, posteriormente, confirmado por um outro, qual seja o art. 3º da Instrução Normativa n. 49, do INCRA, de 29 de setembro de 2008, que praticamente retoma a mesma redação.

[9] Não por acaso, o próprio legislador passou a utilizar a expressão "direitos étnicos e territoriais dos remanescentes das comunidades de quilombos". Confira, a título ilustrativo, o art. 4º do Decreto n. 4.887, de 20 de novembro de 2003.

A tarefa para agir nesse sentido, como não poderia ser diferente, foi legada com bastante autonomia de atuação ao INCRA (Instituto Nacional de Colonização e Reforma Agrária), não obstante a necessidade de consulta deste junto a outros órgãos e entidades, nos limites das atribuições de cada um deles. No âmbito em questão incluem-se o IPHAN (Instituto do Patrimônio Histórico e Cultural), o IBAMA (Instituto Brasileiro do Meio Ambiente e dos Recursos Naturais Renováveis), a FUNAI (Fundação Nacional do Índio), a Secretaria do Patrimônio da União, do Ministério do Planejamento, Orçamento e Gestão, a Secretaria Executiva do Conselho de Defesa Nacional (CDN) e, no caso particular dos quilombolas, também a Fundação Cultural Palmares. Posteriormente, a partir da entrada em vigor da Instrução Normativa n. 49 do INCRA, de 29 de setembro de 2008, foram acrescidos a esta listagem também o ICMBio (Instituto Chico Mendes de Conservação da Biodiversidade), e seu correspondente na Administração Estadual, além do SFB (Serviço Florestal Brasileiro).

Ainda neste ínterim, torna-se imprescindível destacar o importante papel desempenhado pela Fundação Cultural Palmares no que diz respeito à promoção e luta pela conquista dos direitos quilombolas. A entidade em questão, como bem preceitua o art. 1º de seu Regimento Interno, atua ativamente no território nacional como uma agente promotora "da preservação dos valores culturais, sociais e econômicos decorrentes da influência negra na formação da sociedade brasileira".

Hodiernamente, já com as certificações sendo progressivamente expedidas aos quilombolas como forma de reconhecimento maior do Estado acerca da existência histórica destas comunidades, trata-se de alcançar um patamar mais elevado no que diz respeito aos direitos a elas inerentes. A preocupação neste momento consiste em propiciar a este grupo de beneficiários as condições que viabilizem sua existência de uma forma cada vez mais digna e satisfatória. Nesse exato sentido, e para tanto, instituiu-se por meio do Decreto n. 6.040, de 7 de fevereiro de 2007, a "Política Nacional de Desenvolvimento Sustentável dos Povos e Comunidades Tradicionais" (PNPCT). Assim, neste mesmo ano, a Administração Pública é dotada dos mecanismos para a consecução de tais fins, dos quais se sobressai a "Agenda Social Quilombola", que integra o "Programa Brasil Quilombola" (Decreto n. 6.261 de 20 de novembro de 2007).

Outra grande e significativa conquista para o povo quilombola ocorre com a edição da Lei n. 12.288, de 20 de julho de 2010, ou, mais propriamente, o festejado "Estatuto da Igualdade Racial", especialmente no quesito referente ao acesso à terra. Este conjunto de ações previstas envolve a garantia de facilitação para o alcance de financiamentos ou créditos agrícolas (art. 27), assistência técnica rural e a logística adequada ao escoamento da produção (art. 29), a promoção da educação e orientação profissional tanto para trabalhadores negros como para os membros das comunidades campesinas (arts. 29 e 30). Mais uma vez aqui são reconhecidos os direitos quilombolas no que concerne à propriedade definitiva da terra que ocupam e a regularização jurídica com a emissão dos respectivos títulos (art. 31).

Como se viu, atualmente, o legislador já manifesta uma clara tendência em reconhecer o fato de que as iniciativas visando à retomada dos valores tradicionais da cultura quilombola acenam para o que deve ser uma atitude perene e constante nos próximos anos. Assim, a Resolução CNE/CEB n. 8, de 20 de novembro de 2012, cuidou oportunamente de estabelecer as novas diretrizes curriculares para a Educação Escolar Quilombola, no âmbito da Educação Básica. Noutras palavras, os objetivos pedagógicos maiores centram-se na preservação do modelo alternativo de organização socioeconômica destas comunidades, de seus usos e costumes, valores, suas línguas ancestrais, do folclore, de suas crenças e tradições imemoriais, práticas agrícolas, enfim, tudo o que pode ser considerado como parte do sistema cultural.

Capítulo IX

Problemas e desafios inerentes ao ensino da Antropologia Jurídica no Brasil

9.1. O ENSINO DA ANTROPOLOGIA JURÍDICA NO BRASIL

O primeiro manual da disciplina em questão a ser lançado no Brasil foi aquele que se intitulou "Antropologia Jurídica", fruto da lavra do professor Robert Weaver Shirley (1936-2008). Seguramente, mesmo decorridas três décadas, a obra publicada pela Editora Saraiva no ano de 1987 continua a ser referência segura e basilar na construção das ementas da referida disciplina nos cursos de Direito, tendo influenciado sobremaneira muitos outros estudos posteriores desenvolvidos no país.

A origem de tal trabalho remonta ao convite feito pelo jurista Dalmo de Abreu Dallari que rendeu a ministração de um festejado e concorrido curso de extensão oferecido nas lendárias arcadas da Universidade de São Paulo. Naqueles encontros, o antropólogo permitiu que os apontamentos resultantes de suas palestras fossem traduzidos (para a língua portuguesa) e devidamente reduzidos a termo, para que, a partir de então, pudessem ser amplamente divulgados no universo acadêmico. Todavia, vale notar que antes mesmo disso havia à disposição de nosso leitor outro livro, sob o título de *Antropologia do Direito*, de grande valor literário, oriundo da Editora Zahar, que veio a lume em 1973. Tratava-se de uma coletânea de artigos específicos organizada por Shelton H. Davis, e não propriamente um "curso" teórico completo de Antropologia Jurídica ou um "manual" sobre a matéria, como proporia Shirley alguns anos depois de forma mais completa[1].

---

[1] "O Brasil é uma terra de contradições jurídicas dramáticas, não apenas nos duros conflitos entre classes sociais, mas entre as próprias organizações. É uma terra com

Porém, não obstante os mais recentes avanços teóricos obtidos em se tratando da composição de uma bibliografia básica referente à cátedra (a qual, vale dizer, já se mostra bastante preciosa), ainda são bastante exíguos os livros exclusivamente destinados ao conhecimento da Antropologia Jurídica à disposição em nosso mercado editorial. Entretanto, a tendência é que surjam naturalmente cada vez mais trabalhos científicos voltados ao gênero no decorrer dos próximos anos. Espera-se, igualmente, que estes conteúdos sejam capazes de atender satisfatoriamente ao interesse que a matéria tem suscitado entre aqueles que enveredam em suas fascinantes trilhas.

Como se sabe, os conteúdos de Antropologia somente começam a ser inseridos sistematicamente no rol das disciplinas que compõem as matrizes curriculares dos cursos de Direito no Brasil após o advento da Resolução n. 9/2004 do Conselho Nacional de Educação. Assim, procurando suprir tal lacuna, muitas faculdades brasileiras optaram por criar, pela primeira vez, a cátedra. Ocorre que a referida matéria alcança previsão na trajetória daqueles que se dedicam aos estudos de caráter antropológico na Europa e nos Estados Unidos da América há pelo menos um século. Não por acaso, e nessa mesma perspectiva, é de alhures que despontam os principais trabalhos científicos neste campo.

9.2. Alguns desafios interpostos ao ensino da Antropologia Jurídica

Outra questão a que se convém fazer menção diz respeito ao fato de que muitos clássicos da Antropologia não foram vertidos ao vernáculo consoante o devido, o que dificulta sobremaneira a popularização de estudos desta natureza. Só para que se tenha uma breve ideia do quão extenso demonstra ser este hiato, basta lembrar que o clássico *Crime e costume na sociedade selvagem* (1926), de Bronislaw Malinovski, foi traduzido apenas recentemente, no ano de 2004, graças à afortunada iniciativa havida oportunamente pela Universidade de Brasília.

---

uma elite jurídica altamente desenvolvida, com fortes elementos progressistas, cujas leis, cuidadosamente elaboradas, são muitas vezes alteradas ou completamente ignoradas in práxis; onde a magistratura primorosamente instruída é, às vezes, totalmente ignorada pela aristocracia rural e pela Polícia urbana, que frequentemente determinam suas próprias leis. Quase todas as formas de estrutura legal e de problemas jurídicos imagináveis podem ser encontrados nesse imenso País. SHIRLEY, Robert Weaver. *Antropologia Jurídica* . São Paulo: Saraiva, 1987. p. 79.

PROBLEMAS E DESAFIOS INERENTES AO ENSINO DA ANTROPOLOGIA JURÍDICA

Ademais, persiste a necessidade de investimento perene por parte das instituições de ensino nacionais no contínuo processo de preparação e formação profissional docente, tendo em vista a capacitação daqueles que propõem a lecionar a "nova" disciplina em tela pelos mais diversos recantos do país, onde existem faculdades de Direito. Sob tal viés, pensamos que devem ser cuidadosamente escolhidos tópicos exclusivos relativos aos assuntos da Antropologia que melhor se adaptem aos Projetos Pedagógicos de Curso, obedecendo a inequívoca vocação ditada pela realidade dos problemas e insurgentes questões jurídicas nacionais (como a situação dos povos indígenas e quilombolas), sem embargo, aos imperativos legais que circundam no contexto dessas temáticas e que igualmente merecem avaliação. Sobre o assunto, o próprio Shirley destacava que "o Brasil oferece ao antropólogo legal e jurídico um incomparável laboratório de pesquisas em todas as áreas da teoria e filosofia do direito. O Brasil é, social e culturalmente, um dos países mais complexos da terra"[2].

Finalmente, em função de tudo o que foi dito, não podemos concordar com opiniões que objetivam retirar da Antropologia sua autonomia nas matrizes curriculares dos cursos de Direito, condensando, para tanto, seus ricos conteúdos em disciplinas mistas, generalistas, de 40 horas ou ainda menos.

Os estudos relativos à matéria no Brasil (e aqui refiro-me especificamente à Antropologia Jurídica) ainda nos parecem incipientes quando comparados a outros países latino-americanos, tais como, a Argentina, o Chile, o Peru ou o México, cujas instituições de ensino superior possuem maior tradição de pesquisa nesta área do conhecimento, não obstante, os redobrados esforços percebidos nas últimas duas décadas.

Todavia, enquanto os norte-americanos deram publicidade ao mundo das pesquisas realizadas que trouxeram ao universo acadêmico o conhecimento sobre os direitos de seus povos tradicionais, nós nos ressentimos desta lacuna, porquanto, quase nada sabemos dos direitos tradicionais de nossos indígenas.

As razões que se prestam à explicação para esse 'estado de coisas' devem ser compreendidas num contexto maior, onde as disciplinas de caráter propedêutico, como um todo, são desvalorizadas em múltiplos aspectos. Portanto, mui acertadas têm sido as iniciativas do legislador, que tanto em

---

[2] SHIRLEY, Robert Weaver. Op. cit., p. 79.

2004, e, agora, mais recentemente, no ano de 2018, confirmaram-nas uma vez mais na estrutura do "Eixo-Fundamental" dentre os conteúdos que obrigatoriamente devem compor as matrizes curriculares dos Cursos de Direito pelo país afora.

Do mesmo modo, os concursos públicos a serem realizados tendem a prever nos editais algumas matérias relacionadas à Teoria do Direito, o que também poderia abrir espaço para a Antropologia Jurídica.

Assim, aos poucos, tenta-se demonstrar com este rol de iniciativas adotadas por todos aqueles que pensam a Ciência Jurídica como um todo, que os profissionais que labutam nas carreiras jurídicas, ou que pretendem fazê-lo no decurso de suas vidas, precisam estar conscientes de que a prática exigida pelos próprios fins do Direito deve se conjugar em plena consideração por todo o arcabouço conceitual presente no universo da teoria.

PARTE VI

As Nações Unidas, o combate à intolerância e a proteção às minorias nacionais, étnicas, religlosas e linguísticas

Capítulo X

As Nações Unidas, o combate à intolerância e a proteção às minorias nacionais, étnicas, religiosas e linguísticas

10.1. A ONU E O COMBATE A QUALQUER FORMA DE INTOLERÂNCIA CONTRA O GÊNERO HUMANO

Não obstante a Inglaterra já ter se antecipado ao condenar a prática da escravidão e do tráfico negreiro desde os tempos coloniais, foi tão somente na aurora do século XX o momento em que a sociedade internacional, agora mobilizada como um todo, despertou para a necessidade do enfrentamento direto da problemática em questão. No continente europeu, mais especificamente, isto se deu na cidade de Genebra, ainda no âmbito da extinta Liga das Nações (1919). As discussões acabaram rendendo ao mundo a *Convenção sobre a Escravatura* (1926), que, à época, se não era um diploma legal definitivo sobre a matéria, pelo menos instava solenemente as partes signatárias a lutar com todos os meios possíveis e aceitáveis pelo fim daquela forma de opressão.

De igual modo, a criação da ONU em 1945 colaborou imensamente para o estabelecimento de um campo fértil visando à promoção de diversas políticas a fim de alcançar a gradual erradicação de toda a sorte de injustiças e mazelas humanas. Como é sabido, este propósito inicial da entidade já havia sido exposto no artigo 55 da *Carta de San Francisco* (1945), o documento constitutivo da organização[1].

---

[1] Como bem destacou Gabi Wucher a esse respeito: "Os horrores da Segunda Guerra Mundial implicaram o reconhecimento da estreita ligação que existe entre o respei-

Logo em seguida, com a aprovação da *Declaração Universal dos Direitos Humanos* (1948) e dos Pactos referentes aos *Direitos Civis e Políticos* (1966) e aos *Direitos Econômicos, Sociais e Culturais* (1966), a matéria assume nova dimensão e vulto, agora revigorada por instrumentos mais elaborados, fruto de longos e exaustivos debates e troca de experiências entre os novos atores da ordem contemporânea.

Destarte, as Nações Unidas, desde os seus primeiros tempos, lograram trazer para o campo da legalidade as discussões em torno da questão da discriminação racial. Deste modo, logo na segunda década de existência da entidade, um importante estatuto tratando deste tema começa a ser delineado no corpo da organização. À época em curso, os governos do mundo procuravam se comprometer com maior efetividade no combate ao vil regime segregacionista sul-africano do *Apartheid*. Tanto é verdade que, logo no preâmbulo da *Convenção Internacional sobre a Eliminação de Todas as Formas de Discriminação Racial* (1969)[2], destacava-se a preocupação das nações do globo, no sentido de que estas se viam alarmadas "por manifestações de discriminação racial em evidência em algumas áreas do mundo e por políticas governamentais baseadas em superioridade racial ou ódio, como as políticas de *apartheid*, segregação ou separação".

Nesta mesma década, com a derrocada final imposta ao colonialismo e o surgimento de novos Estados, foi criada no ano de 1963 a Organização de Unidade Africana. A entidade viria a prestar uma relevante contribuição ao aprimoramento dos sistemas regionais de proteção aos direitos humanos. Assim, na cidade de Banjul, em Gâmbia, foi elaborada a *Carta Africana dos Direitos Humanos e dos Povos*, a qual seria aprovada na Conferência dos Chefes de Estado e de Governo realizada aos 28 de junho de 1981, desta vez em Nairóbi, no Quênia. O imensurável legado cultural das nações daquele continente ao mundo era relembrado logo no preâmbulo do documento, que ressaltava as "virtudes de suas tradições históricas e os valores

---

to da dignidade do ser humano e a paz. Reconheceu-se igualmente que as ordens jurídicas nacionais, sujeitas a mudanças de regime político, não eram suficientes para proteger os direitos dos indivíduos. A Carta das Nações Unidas reflete tais considerações e pode ser considerada o ponto de partida para o subsequente processo de universalização dos direitos humanos". WUCHER, Gabi. *Minorias*: proteção internacional em prol da democracia. São Paulo: Juarez de Oliveira, 2000. p. 3.

[2] Promulgado no Brasil através do Decreto n. 65.810, de 8 dezembro de 1969.

da civilização africana que devem inspirar e caracterizar as suas reflexões sobre a concepção dos direitos humanos e dos povos". A necessidade de resistência à opressão estrangeira, fruto de renitente ingerência externa em seus destinos, e o direito à autodeterminação são temas que percorrem proficuamente as linhas do texto oficial.

Depois de percorrida mais de uma década, logo no ano de 1993, é realizada a Conferência Internacional de Direitos Humanos. Deste célebre encontro produziu-se a *Declaração de Viena*.

Enquanto isso, na África do Sul de 1996, o derradeiro golpe dado por Nelson Mandela (1918-2013) ao renitente regime do *Apartheid* acabou por oferecer novo alento e esperança à sociedade internacional na luta contra o racismo com a promulgação da nova Carta Magna. Some-se a isso a tomada de iniciativas governamentais tendo-se em vista a "refundação" do país (renascido agora sob bases e instituições igualitárias) e, por fim, a consequente revogação de uma infinidade de leis de cunho discriminatório, e ter-se á o marco jurídico para a implementação de novas políticas públicas.

É justamente nesse contexto marcado pela valorização da pluralidade humana que é proclamada pela UNESCO (Organização das Nações Unidas para a Educação, Ciência e Cultura) a *Declaração Universal sobre a Diversidade Cultural* (2001). Vale notar que nesse mesmo ano[3], entre os dias 31 de agosto a 8 de setembro de 2001, em Durban, África do Sul, realizou-se a III *Conferência Mundial de Combate ao Racismo, Discriminação Racial, Xenofobia e Intolerâncias Correlatas*, na África do Sul, que, se não obteve o sucesso esperado em função do arrojo de seus intentos iniciais, ao menos foi capaz de produzir a bom tempo um *Programa de Ação*, objetivando, assim, dar conti nuidade ao engajamento da comunidade internacional com tais questões.

10.2. O DIREITO DAS MINORIAS

A questão da necessidade da previsão de direitos essenciais à segurança das chamadas "minorias" exigiu a atenção dos europeus logo nas primeiras décadas do século XX. Ocorre que a distribuição dos diversos grupos nacionais por todo o continente nem sempre estava em consonância com a bandeira do Estado arvorada naqueles mesmos territórios. Diversas popu-

---

[3] As Nações Unidas reconheceram 2001 como o "Ano Internacional de Mobilização contra o Racismo, a Discriminação Racial, Xenofobia e Formas Correlatas de Intolerância".

lações de origem germânica, por exemplo, encontravam-se muito além dos limites de seus antigos reinos, ou seja, já no interior de países eslavos como a Tchecoslováquia[4], Hungria ou Polônia. Igualmente era grande a presença judaica por todas as terras do Leste Europeu. O mesmo se pode dizer dos ciganos, ainda que o povo romani se encontrasse em menor número quando comparado aos demais grupos citados.

A partir de então, em função do tormento imposto pelos nazistas a muitas destas minorias em solo Europeu, a questão não tardou a ser trazida à esfera do Direito. Era preciso, pois, que os Estados que as abrigassem em seus limites cuidassem desde logo de promover políticas públicas e de se dotar de uma legislação específica voltada a sua proteção.

Após longos anos de estudos jurídicos capitaneados pelo jurista italiano Francesco Capotorti, ainda não se chegou a um consenso definitivo sobre o assunto. Sem embargo, a Assembleia Geral das Nações Unidas, aos 18 de dezembro de 1992, já cuidava de aprovar a *Declaração sobre os Direitos das Pessoas que Pertencem a Minorias Nacionais ou Étnicas, Religiosas ou Linguísticas*[5].

Em função da dificuldade de se definir um conceito legal que alcançasse alguma unicidade sobre o significado do termo "minorias", viriam posteriormente outras contribuições da lavra de especialistas como Jules Deschenes, Absjorn Eide e Stanislav Chernichenko. O mais importante de tudo isso é que as partes contratantes se obrigam pelo teor da referida Declaração não somente a proteger tais grupos que possuem vínculos culturais históricos e consequentemente sua identidade, mas, também, a adotar todas as iniciativas (de cunho legislativo ou não) que se mostrarem úteis à consecução desses mesmos objetivos.

De qualquer forma, há que se admitir que as inúmeras controvérsias geradas subsistem graças ao fato de que não são poucos os países a desconfiar que o reconhecimento dos direitos das minorias estabelecidas em suas

---

[4] A maneira pela qual o país era conhecido na Europa, antes da divisão do território em "República Tcheca" e "Eslováquia".

[5] "Até chegar à adoção da Declaração foi um longo caminho. Impulsionado, principalmente, pelos dramáticos acontecimentos na ex-União Soviética e na ex-Iugoslávia – subsequentes ao colapso dos regimes comunistas –, o tópico "minorias" voltou a ocupar lugar de destaque na agenda internacional que só lhe coube durante o período entreguerras, no âmbito da Liga das Nações." WUCHER, Gabi. Op. cit., p. 3.

As Nações Unidas, o combate à intolerância e a proteção... 223

fronteiras representaria uma séria ameaça ou risco para a estabilidade de seus governos. Por outro lado, ao contrário do que se viu antes, quando muitos Estados ainda praticavam uma pretensa política de integração nacional voltada para a assimilação destes grupos, tem prevalecido hodiernamente uma clara consciência na comunidade internacional de que a diversidade cultural, própria ao gênero humano, é parte de um "patrimônio comum", e, por isso mesmo, carece do devido amparo legal. O escopo maior destas iniciativas, assim, consiste em preservar os usos, costumes, hábitos, as crenças particulares de determinado povo, o folclore, a forma de organização socioeconômica e os idiomas por eles utilizados, a fim de salvaguardar primordialmente o seu inquestionável direito à autodeterminação. Estas discussões já haviam tomado conta dos debates levados a cabo no Rio de Janeiro, por ocasião da Conferência das Nações Unidas sobre Meio Ambiente e Desenvolvimento de 1992 (mais conhecida como a "ECO 1992"), a qual, naquele mesmo ano, cuidou de aprovar a *Convenção sobre Diversidade Biológica*.

Ora, toda esta intensa mobilização no plano internacional assinalava uma clara tendência à proteção de grupos nacionais, étnicos, linguísticos e religiosos, o que contribuiu, progressivamente, para que em nosso país também o legislador começasse a atentar para tal situação. É justamente no contexto em questão em que é aprovada no ano de 2007 a chamada *Declaração das Nações Unidas Sobre os Direitos dos Povos Indígenas*, ainda que muitos países ainda não tenham aderido ao seu teor, manifestando rechaço a diversos aspectos do conteúdo do diploma legal em questão. De qualquer forma, como bem alude Argemiro Procópio a esse respeito, a "mitigação do sofrimento da massa humana de emigrantes e imigrantes excluídos, assim como a do indígena, ainda que tardiamente arquitetada, merece tratamento de memorável legitimidade nas relações internacionais"[6].

Os direitos indigenistas, como vimos, estão progressivamente sendo reconhecidos em maior ou menor escala em praticamente todos os países da América Latina. Não obstante, no Brasil também toma corpo a preocupação com a defesa dos direitos do povo quilombola. O movimento de promoção

---

[6] PROCÓPIO, Argemiro. Migrantes, garimpeiros e a Declaração das Nações Unidas sobre o direito dos povos indígenas. In: *Revista de Informação Legislativa*. Brasília, a. 46, n. 181, jan./mar. 2009. p. 185.

das prerrogativas destas minorias representa uma verdadeira quebra de paradigmas no âmbito do Estado, considerando-se o ideal das políticas de assimilação cultural que outrora grassavam soltas como se fossem um dogma a ser perquirido. Como vimos, esta mudança deste cenário tem ocorrido, pelo menos, desde o início da década de 1990, momento que assinala a promulgação de diversas cartas constitucionais pelo continente. Um grande passo para a consolidação definitiva e plena desta nova e insurgente consciência jurídica traduz-se na recente iniciativa em torno da aprovação aos 15 de junho de 2016, pela Assembleia Geral da Organização dos Estados Americanos (OEA), reunida na capital da República Dominicana, da festejada e tão aguardada *Declaração Americana sobre os Direitos dos Povos Indígenas*. Esta tendência no universo jurídico reflete, pois, um novo viés pluralista, uma nova visão de comprometimento com muitos daqueles que outrora eram considerados excluídos, uma crescente perspectiva de que começa a despontar vigorosamente entre nós.

Referências

ACTON, Thomas; CAFFREY, Susan; MUNDY, Garey. Theorizing Gypsy Law. In: WEYRAUCH, Walter O. *Gypsy Law*: romani legal traditions and culture. Berkeley: University of California Press, 1997.

ALVES, Elizete Lanzoni; SANTOS, Sidney Francisco Reis dos. *Iniciação ao conhecimento da antropologia jurídica*. Florianópolis: Conceito Editorial, 2007.

AMARAL, Teodoro C. "Ética Cooperativa no Direito Ambiental: Aspectos Biológicos e Sócio-Culturais Determinantes". PEREIRA, Mirian de Sá e GOMES NETO, José Mário Wanderley. *Sociologia do Direito e do Direito Alternativo*: Ensaios Pós-Graduados em Homenagem à Cláudio Souto. Porto Alegre, Sergio Antonio Fabris Editor, 2003, p.195-216.

ANCEL, Marc. *Utilidade e métodos do direito comparado*. Trad. Sérgio José Porto. Porto Alegre: Sergio Antônio Fabris Editor, 1980.

ANTUNES, Paulo de Bessa. *Direito Ambiental*. 4 ed. Rio de Janeiro: Lumen Juris, 2000.

ARAÚJO, Luis Ivani de. *Curso de direito internacional público*. 10. ed. Rio de Janeiro: Forense, 2001.

ARMSTRONG, Karen. *Maomé*: uma biografia do profeta. Trad. Andréia Guerini, Fabiano Seixas Fernandes, Walter Carlos Costa. São Paulo: Companhia das Letras, 2002.

ASSIER-ANDRIEU, Louis. Dificuldad, necesidad de la antropología del derecho. In: *Revista de Antropología Social*, 2015, n. 24.

ASSIER-ANDRIEU, Louis. *O direito nas sociedades humanas*. São Paulo: Martins Fontes, 2006.

ATCHE, Elusa Cristina Costa Silveira. Humanismo no direito de resistência dos negros escravos no Brasil do século XIX. In: WOLKMER, Antonio Carlos. *Humanismo e cultura jurídica no Brasil*. Florianópolis: Fundação Boitex, 2003.

AVALOS MAGAÑA, Sergio Arturo; MADRIGAL MARTINEZ, César Humberto.

Hacia una antropologia jurídica de la Modernidad. *Episteme*, n. 6, ano 2, Octubre-Deciembre de 2005.

AYLWIN, José O. Derecho consuetudinario indígena en el derecho internacional, comparado y en la legislación chilena. In: *Actas del Segundo Congreso Chileno de Antropología*. Tomo I. Colegio de Antropólogos de Chile, 1995.

BAKKEN, Gordon Morris. *Foreward*, p. IX-XII. In: REID, John Phillip. *A law of blood*: the primitive law of cherokee nation. De Kalb: Illinois, 2006.

BARMAN, Roderick J. *Princesa Isabel do Brasil*: gênero e poder no século XIX. Trad. Luiz Antônio Oliveira Araújo. São Paulo: UNESP, 2005.

BARTH, Aharon. *O judeu moderno enfrenta os eternos problemas e outros escritos*. Trad. Rafael Fisch. Jerusalém: Departamento de Educação e Cultura Religiosa para a Diáspora da Organização Sionista Mundial, 1990.

BARTON, Roy Franklin. *Ifugao law*. Berkeley: University of California, 1969.

BASTOS, Celso Ribeiro de. *Curso de direito constitucional*. São Paulo: Celso Bastos Editora, 2002.

BENDA-BECKMANN, Franz and Keebet von. The social of living law. In: HERTOGH, Marc. *Living law*: reconsidering Eugen Ehrlich. Oxford and Portland, Oregon: Hart Publishings, 2009 (Oñati International Series in Law and Society).

BERTRAND, Maurice. *A ONU*. Trad. Guilherme João de Freitas Teixeira. Petrópolis, RJ: Vozes, 1995.

BLAKE, Janet. "Anthropology in International Law: The Case of Safeguarding Intangible Cultural Heritage". In: NAFZINGER, James A.; STOEL, Thomas B. *Comparative Law and Anthropology*. Cheltenham, UK; Northampton, MA, USA, 2017, p.135-152.

BOAS, Franz. *Franz Boas among the Inuit of Baffin Island (1883-1884)*: Journals and Letters. Trad. William Barr. Edited and introduced by Ludger Müller Wille. Toronto: University of Toronto Press, 1998.

BOAS, Franz. *The mind of primitive man*. New York: The Macmillan Company, 1938.

BORCHART, Edwin. *Jurisprudence in Germany*. Yale: Yale School Legal Scholarship Repository (Yale School of Law), Faculty Scholarship Series, Paper 3467, p. 301-320.

BORSERUP, Ester. The Economics of Polygamy. In: GRINKER, Roy Richard; LUBKEMAN, Stephen C.; STEINER, Christopher B. *Perspectives on Africa*: a Reader in Culture, History, and Representation. 2. ed. Singapore: Blackwell Publishing, 2010. p. 389-410.

REFERÊNCIAS

BOTERO, Esther Sanches; SIERRA, Isabel Jaramillo. *La jurisdición indígena*. Bogotá, Colômbia: Procuraduria General de La Nación, Imprenta Nacional, 2010. (Instituto de Estudios del Ministerio Público).

BROWN, Dee. *Enterrem meu coração na curva do rio*. Trad. Geraldo Galvão Ferraz. São Paulo: Círculo do Livro, 1970.

CARRASCO, Morita; LOMBRAÑA, Andrea; OJEDA, Natalia; RAMÍREZ, Silvina (coordenadoras). *Antropología jurídica*: diálogos entre Antropología y Derecho. Ciudad Autónoma de Buenos Aires: Eudeba, 2015.

CAVALIERI FILHO, Sérgio. *Programa de sociologia jurídica*. 12. ed. Rio de Janeiro: GEN/Forense, 2010.

CAVE, Roy; COULSON, Herbert. *A source of book for medieval economic history*. New York: Biblo and Tannen, 1965.

CHOW, Daniel C. K. *The legal system of the people's Republic of China*: In a Nushell. Saint Paul, MN: Thompson West, 2003.

COAN, Emerson Ike. Biomedicina e Biodireito. Desafios bioéticos. Traços semióticos para uma hermenêutica constitucional fundamentada nos princípios da dignidade da pessoa humana e da inviolabilidade do direito à vida. In: SANTOS, Maria Celeste Cordeiro Leite. *Biodireito*: ciência da vida, os novos desafios. São Paulo: Revista dos Tribunais, 2001.

COCKS, Paul. Max Gluckman and the critique of segregation in South African anthropology, 1921-1940. *Journal of South Africa Studies*, vol. 27, n.4, December 2001 [739-756].

COLAÇO, Thais Luzia. O despertar da Antropologia Jurídica. In: COLAÇO, Thais Luzia. *Elementos de Antropologia Jurídica* (org.). Florianópolis: Conceito Editorial, 2008.

COLAÇO, Thais Luzia; DAMÁZIO, Eloise da Silveira Petter. *Novas perspectivas para a Antropologia Jurídica na América Latina*: o direito e o pensamento descolonial. Florianópolis: Universidade Federal de Santa Catarina, 2012. (Coleção Pensando o Direito no Século XXI, Volume IV).

COMPARATO, Fábio Konder. *A afirmação histórica dos direitos humanos*. 3. ed. São Paulo: Saraiva, 2004.

CONFÚCIO. *Os Analectos*. Trad.(ing). Caroline Chang. Trad. (chi), introdução e notas. D. C. Lau. Porto Alegre: L&PM, 2015. (Coleção L&PM, vol.533).

CONLEY, Robert J. *The cherokee*: a history. Albuquerque: University of New Mexico, 2005.

CONTI, Matilde Carone Slaibi. *Ética e direito na manipulação do genoma humano*. Rio de Janeiro: Forense, 2001.

CRETTELLA JÚNIOR, José. *Direito administrativo comparado*. 3. ed. Rio de Janeiro: Forense, 1990.

DAVID, René. *Os grandes sistemas do direito contemporâneo*. Trad. Hermínio A. Carvalho. São Paulo: Martins Fontes, 1996.

DAVID, René .*O direito inglês*. Trad. Eduardo Brandão. São Paulo: Martins Fontes, 2006.

DELMAS-MARTY, Mireille. *Três desafios para um direito mundial*. Trad. Fauzi Hassan Choukr. Rio de Janeiro: Lumen Juris, 2003.

DEL'OLMO, Florisbal de Souza. *Curso de direito internacional público*. Rio de Janeiro: Forense, 2002.

DÍAZ DEL RÍO, Eduardo. *Los araucanos y el derecho*. Prólogo de Sergio Villalobos R. Santiago: Editorial Jurídica de Chile, 2004.

DIEDRICH, Gislayne Fátima. Genoma humano: direito internacional e legislação brasileira. In: SANTOS, Maria Celeste Cordeiro Leite. *Biodireito*: ciência da vida, os novos desafios. São Paulo: Revista dos Tribunais, 2001.

DORAIS, Louis-Jacques. *The language of the inuit*: sintax, semantics, and society in the Artic. Montreal/Quebec/Ontario, Canada: University of McGill--Queen's, 2014. (Book 58, Serie Mc-Gill-Queen's Native and Northern).

DRUMMOND, Victor. *Internet, privacidade e dados pessoais*. Rio de Janeiro: Lumen Juris, 2003.

ELIADE, Mircea. *The quest history and meaning in religion*. Chicago/London: The University of Chicago Press, 1969.

ESPINDOLA, Haruf Salmen. Extermínio e Servidão. In: *Revista do Arquivo Público Mineiro*, n. 47 (janeiro-junho de 2011).

ESTABELECIMENTO DA ELOQUÊNCIA, O. *Os princípios islâmicos*. Trad. de Aidah Rumi. Congregação Ahlul Bait do Brasil, 1997.

EVANS-PRITCHARD, E.E. *The Nuer*: A Description of the modes of Livelihood and political institutions of a nilotic people. Oxford: Clarendon Press, 1940.

FALK, Ze'ev W. *Direito talmúdico*. Trad. Neide Terezinha Moraes Tomei e Esther Handler. São Paulo: Perspectiva, 1988.

FRENCH, Rebecca Redwood. *The Golden Yoke*: the legal cosmology of buddhist Tibet. Ithaca, NY: Snow Lion, 2002.

FRENCH, Rebecca Redwood (editor); NATHAN, Mark A (editor). *Buddhism and law*: an introduction. Cambridge: Cambridge University Press, 2014.

REFERÊNCIAS

FRENCH, Rebecca. Leopold J. Pospisil and the Anthropology of Law. In: *Political and legal anthropology review*, v. 16, n .2, 1993.

FRIEDMAN, Lawrence M. *Law in America*: a short history. New York: Modern Library, 2004.

FUSTEL DE COULANGES. *A cidade antiga*. Trad. Jean Melville. São Paulo: Martin Claret, 2006.

GALANTER, Marc. The displacement of traditional law in Modern Índia. In: *Journal of Issues Studies*, 24, 1968.

GILENO, Carlos Henrique. A Legislação Indígena: ambiguidades na formação do Estado-Nação no Brasil. In: *Caderno CRH*, Salvador, v. 20, n. 49, janeiro- -abril, 2007.

GILISSEN, John. *Introdução histórica ao direito*. Trad. Maria Hespanha e L. Macaísta Malheiros. Lisboa: Fundação Calouste Gulbenkian, 1995.

GLUCKMAN, Max. *The ideas in Barotse Jurisprudence*. New Harven/London: Yale University Press, 1965. (The Institute for African Studies, University of Zambia).

GLUCKMAN, Max .*Rituals of rebellion in South Africa*. Manchester: Manchester University Press, 1952.

GOMES, Celeste Leite dos Santos Pereira; SORDI, Sandra. Aspectos atuais do projeto genoma humano. In: SANTOS, Maria Celeste Cordeiro Leite. *Biodireito*: ciência da vida, os novos desafios. São Paulo: Revista dos Tribunais, 2001.

GORODOVITS, David; FRIDLIN, Jairo. *Bíblia hebraica*: baseada no hebraico e à luz do Talmud e das fontes judaicas. São Paulo: Sefer, 2006.

GRANET, Marcel. *El Pensamiento Chino*: la vida pública y la privada. Trad. Leonor de Paiz. Mexico: Unión Tipográfica Editorial Hispano-Americana (UTEHA), 1959.

GROARKE, Paul. Legal volumes from Arctic College's Interviewing Inuit Elders Series. *Osgood Hall Law Journal*, New York , n. 47.4 (2009).

GROFT, Lori e JOHNSON, Rebecca. *Accessing justice and reconciliation*: Journeying North: reflections on Inuit stories as law. Ontario, Canada: The Law Foundation of Ontario; University of Victoria, Faculty of Law; Indigenous Bar Association (Association du Barreau Autochtone).

GUEVARA, Tomás. *Psicolojía del pueblo araucano*. Santiago: Imprenta Cervantes, 1908.

GUTIÉRREZ, Marcela Q. Pluralismo jurídico y cultural en Colombia. In: *Revista Derecho del Estado*, n. 26, 2011. (Nueva Serie).

HADDAD, Gérard. *Maimônides*. Trad. Guilherme João de Freitas Teixeira. São Paulo: Estação Liberdade, 2003. (Figuras do Saber, 4).

HANCOCK, Ian. A Glossary of Romani Terms. In: WEYRAUCH, Walter O. *Gypsy Law*: Romani Legal Traditions and Culture. Berkeley: University of California Press, 1997.

HERNÁNDEZ, Isabel. *Los Mapuche, derechos humanos y aborígenes*. Buenos Aires: Galerna, 2007. (Colección Aborígenas de la Argentina).

HOEBEL, Adamson; FROST, Everett L. *Antropologia cultural e social*. Trad. Euclides Carneiro da Silva. São Paulo: Cultrix, 2006.

HOENIG, Samuel N. *The Essence of Talmudic Law and Thought*. Northvale, New Jersey, United States of America; London, Great Britain, 1993.

HOGEMANN, Edna Raquel Rodrigues Santos. Conflitos bioéticos – *O caso da clonagem humana*. Rio de Janeiro: Lumen Juris, 2003.

HULL, N. E. H. *Roscoe Pound and Karl Llewellyn*: Searching for an American Jurisprudence. Chicago: University of Chicago Press.

IANNI, Octavio. *A era do globalismo*. 7. ed. Rio de Janeiro: Civilização Brasileira, 2002.

IMPÉRIO DO BRASIL. *Cartas de Lei, Alvarás, Decretos e Cartas Régias. Coleção de Leis do Império do Brasil*, v. 1,1808 . Brasília: Portal da Câmara dos Deputados; sem data.

JESSUP, Phillip C. *Direito Transnacional*. Lisboa: Editora Fundo de Cultura, 1965.

JOSHUA, Nelson B. *Progresive traditions*: identity in Cherokee literature and culture. Oklahoma: University of Oklahoma Press, 2014. (American Indian Literature and Critical Studies Series, vol.61).

KANT DE LIMA, Roberto. *Ensaios de antropologia do direito*: acesso à justiça e processos institucionais de administração de conflitos e produção da verdade jurídica em uma perspectiva comparada. Rio de Janeiro: Lumen Juris, 2008.

KAUTILYA (O Maquiavel da Índia). *Arthashastra*. Apresentação, seleção e tradução de Sergio Bath. Brasília: UnB, 1994.

KREUTZER, Guillermo D'Abbraccio. Los cruces del sendero: cosmovisión y sistema jurídico de los Emberá-Chamí. In: *Boletín del Instituto Riva Aguero*, número 28, 2001.

LANE, Ambrose. *For Whites Only?* How and Why America Became a Racist Nation. Bloomington, Indiana: Arthur House, 2008.

REFERÊNCIAS

LAO-TSÉ. *Tao Te Ching*: o Livro que revela Deus. Tradução e notas de Huberto Rohden. São Paulo: Martin Claret, 2013. (Coleção A Obra-Prima de Cada Autor).

LAPLANTINE, François. *Aprender Antropologia*. 20. ed. Trad. Marie Agnes Chauvel. Brasília: Brasiliense, 1988.

LEITE, Eduardo de Oliveira. O Direito, a Ciência e as Leis Bioéticas. In: SANTOS, Maria Celeste Cordeiro Leite. *Biodireito*: ciência da vida, os novos desafios. São Paulo: Revista dos Tribunais, 2001.

LEITE, Ilka Boaventura. Os quilombos no Brasil: Questões conceituais e normativas. *Etnográfica*, volume IV (2), 2000.

LEMOS Ronaldo. *Direito, tecnologia e cultura*. Rio de Janeiro: FGV, 2005.

LEWY, Guenter. *The Nazi Persecution of the Gypsies*. New York: Oxford, 2000.

LITRENTO, Oliveiros. *Curso de direito internacional público*. 3. ed. Rio de Janeiro: Forense, 1997.

LLANO, Jairo Vladimir. Relaciones entre a sociología y la antropologia jurídica en Latino-América. In: *Revista Iusta*, volume 2, número 33 (2010).

LLEWELLYN, Karl; HOEBEL, E. Adamson. *The Cheyenne Way*: conflict and *case law* in primitive jurisprudence. 4. ed. Oklahoma: University of Oklahoma Press, 1967.

LOSANO, Mario G. *Os grandes sistemas jurídicos*. Trad. Marcela Varejão. São Paulo: Martins Fontes, 2007.

LOUKACHEVA, Natalia. Indigenous Inuit Law, "Western" Law and Northern Issues. *Artic Review on Law and Politics*. Volume 3, 2/2012.

LUCIC, Milka Castro. *Los Puentes entre la Antropología y el Derecho*: Orientaciones desde la Antropología Jurídica. Santiago: Universidad de Chile, 2014. (Programa de Antropología Jurídica y Interculturalidad).

LUHMANN, Nilklas. *Sociologia do Direito I*. Trad. Gustavo Bayer. Rio de Janeiro: Edições Tempo Brasileiro, 1983.

LYALL, Andrew. Early German Legal Anthropology: Albert Post and his Questionnaire. *Journal of African Law*, 52, 1 (2008) (School of Oriental and African Studies).

MACHADO NETO, Antônio Luís; MACHADO NETO, Zahidé. *Sociologia básica*. São Paulo: Saraiva, 1978.

MAIMÔNIDES (MOSHE BEN MAIMON) RAMBAM. *Mishné Torá*: O Livro da Sabedoria. Trad. Yaacov Israel Blumenfeld. Rio de Janeiro: Imago, 2000.

MAINE, Sir Henry Sumner. *El derecho antiguo*: parte general. Trad. A. Guera. Madrid: Tipografia de Alfredo Alonso, 1893.

MALINOWSKI, Bronislaw. *Crime e costume na sociedade selvagem*. Trad. Maria Clara Corrêa Dias. Brasília: UnB; São Paulo: Imprensa Oficial do Estado, 2003.

MALINOWSKI, Bronislaw. *Argonautas do Pacífico Ocidental*: um relato do empreendimento e da aventura dos nativos nos Arquipélagos da Nova Guiné Melanésia. Pref. *Sir* James George Frazer. Trad. Anton P. Carr e Lígia Aparecida Cardieri Mendonça. 2. ed. São Paulo: Abril Cultural, 1978.

MARCONI, Marina Andrade; PRESOTTO, Zelia Maria. *Antropologia*: uma introdução. 6. ed. São Paulo: Atlas, 2006.

MARSHALL, Enrique L. *Los Araucanos ante el derecho penal*. Concepción, Chile: Impr. Y Encuadernación Moderna, 1917.

MARUYAMA, Magoroh; HARKINS, Arthur. Cultures Beyond the Earth: *The Role of Anthropology in Outer Space*. New York: Vintage Books, 1975.

MAUSS, Marcel. *Sociologia e antropologia*. Trad. Paulo Neves. São Paulo: Cosac & Naify, 2003.

MAUTNER, Menachen. Three approaches to *law* and culture. In: *Cornell Law Review*, volume 96, Issue 4, May 2011. (Symposium "The Future of Legal Theory").

McCASKIE, T. C. R. S. Rattray and Construction of Ashanti History: An Appraisal. *History of Africa*, volume 10, 1983.

MEEK C. K.; ARNETT, E. J. Law and Authority in a Nigerian Tribe. *Journal of Royal African Society*. Volume 37, n.146 (Jan., 1938).

MELLO, Celso Duvivier de Albuquerque. *Direito Internacional Econômico*. Rio de Janeiro: Renovar, 1993.

MENSKI, Werner. *Comparative Law in a Global Context*. 2. ed. Cambridge: Cambridge University Press, 2006.

MERRY, Sally Engle. "Anthropology, Law and Transnational Processes". In: *The Annual Review of Anthropology* (1992), Vol.21, p.357-379.

MONGUILLOT, Manuel Salvat. Notas sobre el derecho y la justicia entre los Araucanos. *Revista Chilena de Historia del Derecho*. Dir. Alamiro de Ávila Martel, n. 4 (1965). Santiago: Editorial Jurídica de Chile (Publicaciones del Seminário de Historia y Filosofía del Derecho de la Faculdad de Ciencias Jurídicas y Sociales de la Universidad del Chile.

MOONEY, James. *Myths of the Cherokee*. Mineola, New York: Dover Publications, 1995.

MOREAU, Felipe Eduardo. *Os Índios nas cartas de Nóbrega e Anchieta*. São Paulo: Annablume, 2003. (Volume 240 do Selo universidade: Literatura, 240).

MOREIRA, Manuel. *La cultura jurídica guarani*: aproximación etnográfica a la justicia Mbya-Guaraní. Buenos Aires: Editorial Antropofagia, 2005 (Centro de Estúdios de Antropologia y Derecho).

MOREIRA NETO, Diogo de Figueiredo. *Introdução ao Direito Ecológico e Urbanístico*. Rio de Janeiro: Forense, 1975.

NABHAN, Neusa Naif. *Islamismo*: de Maomé a nossos dias. São Paulo: Ática, 1996.

NADER, Laura. *Harmony and Ideology:* justice and control in a Zapotec mountain village. Palo Alto, CA: Stanford University, 1991.

NADER, Laura. *The disputing process:* law in ten societies. New York: Columbia University Press, 1978.

NADER, Laura. *Law and culture in society.* Berkeley, CA: University of California Press, 1997.

NAFTZINGER, James A. R. "Cultural landscapes significant to indigenous peoples". In: NAFZINGER, James A.; STOEL, Thomas B. *Comparative Law and Anthropology*. Cheltenham, UK; Northampton, MA, USA, 2017, p.153-189.

NAHAÏSSI, Giuseppe. Maimônides: *O Livro dos Mandamentos – 248 preceitos positivos*. São Paulo: Hedra, 2007.

NAMBA, Edison Tetsuzo. *Manual de Bioética e Biodireito*. São Paulo: Atlas, 2009.

O' CONNOR, Sandra. *The Majesty of Law*. New York: Random House, 2003.

ODA, Ana Maria Galdini Raimundo. Escravidão e nostalgia no Brasil: o banzo. In: *Revista Latinoamericana de Psicopatia Fundamental*, São Paulo, v.11, n. 4, dezembro 2008 (Suplemento).

OLIVELLE, Patrick. Dharmaśāstra: a textual history. In: LUBIN, Thimothy; DAVIS JR., Donald e KRSHNAN, K. *Hinduism and Law*: An Introduction. New York: Cambridge University Press, 2010.

ORLOVE, Benjamim S. "Ecological Anthropology". In: *The Annual Review of Anthropology* (1980), vol.9, p.235-273.

PAESANI, Liliana Minardi. *Direito de Informática*: comercialização e desenvolvimento internacional do *software*. São Paulo: Atlas, 1998.

PALMA, Rodrigo Freitas. Direito e Justiça na Cultura Hebraica. In: PALMA, Rodrigo Freitas (org.). *Direito e religião*: uma aproximação. Brasília: Processus, 2012.

PALMA, Rodrigo Freitas. *História do direito*. 5. ed. São Paulo: Saraiva, 2015.

PALMA, Rodrigo Freitas. *O Direito no III Reich*. In: PALMA, Rodrigo Freitas (org.). *Direitos humanos, políticas públicas e cidadania*. Brasília: Processus, 2014.

PALMA, Rodrigo Freitas. O Direito entre os povos na chamada Era *Viking* (Séculos VIII a XI). *Consilium – Revista do Curso de Direito do Centro Universitário Euro-Americano*, n. 2, 2004.

PAUKTUUTIT INUIT WOMEN OF CANADA. *The Inuit Way*: A Guide to Inuit Culture. Government of Nunavut, Department of Canadian Heritage. Kuujjuaq, Canada, 2006.

PENA, Oscar Arana de la. Derechos humanos: cosmovisión andina. In: *Boletín del Instituto Riva Aguero*, número 28, 2001.

PERDUE, Theda. *Cherokee women*: gender and culture change (1700-1835). Lincoln: University of Nebraska Press, 1999.

PERRONE-MOISÉS, Beatriz. Terras Indígenas na Legislação Colonial. In: *Revista da Faculdade de Direito da Universidade de São Paulo*, volume 95, 2000.

PIMENTEL, Alexandre Freire. *O Direito Cibernético*: um enfoque teórico e lógico-aplicativo. Rio de Janeiro: Renovar, 2000.

PIRIE, Fernanda. *The anthropology of law*. Oxford: Oxford University Press, 2013. (Clarendon Series).

POST, Albert Hermann. *The foundation of law*. Boston: Adamant Media Corporation, 2003.

PROCÓPIO, Argemiro. Migrantes, garimpeiros e a Declaração das Nações Unidas sobre o direito dos povos indígenas. In: *Revista de Informação Legislativa*, Brasília, a. 46 n. 181 jan./mar. 2009.

RADCLIFFE-BROWN, Alfred Reginald. *Estrutura e função na sociedade primitiva*. Lisboa: Edições 70, 1989.

RAMOS, Érika Pires. O Meio Ambiente "Sociologicamente" Equilibrado: Uma Análise a Partir do Composto "Siv". In: PEREIRA, Mirian de Sá e GOMES NETO, José Mário Wanderley. *Sociologia do Direito e do Direito Alternativo*: Ensaios Pós-Graduados em Homenagem à Cláudio Souto. Porto Alegre: Sérgio Antonio Fabris Editor, 2003, p.107-114.

RATTRAY, R. Sutherland. *Ashanti Proverbs*: the primitive ethics of a savage people. Pref. *Sir* Hugh Clifford. Oxford: Clarendon Press, 1916.

REID, John Phillip. *A law of blood*: the primitive law of Cherokee nation. De Kalb: Illinois, 2006.

REIS, Paulo Victor Alfeo. *Algoritmos e o Direito*. São Paulo: Almedina, 2020.

ROCHA, José Manuel Sacadura. *Antropologia jurídica*: para uma filosofia antropológica do Direito. São Paulo: Elsevier, 2007.

Referências

ROSENOER, Jonathan. *Ciberlaw*: the law of Internet. New York: Springer Verlang, 1996.

ROULAND, Norbert. *Nos confins do Direito*: antropologia jurídica da Modernidade. Trad. Maria Ermantina de Almeida Prado Galvão. São Paulo: Martins Fontes, 2003.

ROULAND, Norbert. *L'Anthropologie juridique*. Paris: Presses Universitaires de France, 1990 (Colletion "Ques Sais-Je?")

RUPPEL, Oliver C; RUPPEL-SCHLICHTING, Katharina. "The Hibridity of Law in Namibia and the role of community law in the Southern African Development Comunity (SADC). In: NAFZINGER, James A.; STOEL, Thomas B. *Comparative Law and Anthropology*. Cheltenham, UK; Northampton, MA, USA, 2017, p. 85-116.

SACCO, Rodolfo. *Introdução ao direito comparado*. Trad. Vera Jacob de Fradera. São Paulo: Revista dos Tribunais, 2001.

SACCO, Rodolfo. *Antropologia jurídica*: uma contribuição para a macro-história do direito. Trad. Carlo Alberto Datoli. Sao Paulo: Martins Fontes, 2013.

SASTRI, Alladi Mahaveda. *The Vedic Law or the Emancipation of Woman*. Charlottesville: University of Virginia, 2010.

SAUWEN, Regina Fiuza; HRYNIEWICZ, Severo. *O direito* in vitro: da Bioética ao Biodireito. Rio de Janeiro: Lumen Juris, 2000.

SCARDELAI, Donizete. *Da religião bíblica ao Judaísmo rabínico*: origens da religião de Israel e seus desdobramentos na história do povo judeu. São Paulo: Paulus, 2008. (Coleção Biblioteca de Estudos Bíblicos).

SESHAGIRI RAO, K. L. Practioners of Hindu Law: Ancient and Modern. In: *Fordham Law Review*, v. 66, Issue 4, Article 13, 1998.

SHAPERA, Isaac. *A handbook of Tswuana law and custom*. Oxford: James Currey Publishers, 2004.

SHARMA, Ram Sharam. *Sūdras in Ancient India*: a social history of the Lower Order Down. 3. ed. New Delhi: Motilal Banarsidass Publishers, 1990.

SHIRLEY, Robert Weaver. *Antropologia jurídica*. São Paulo: Saraiva, 1987.

SHUBERT, Kurt. *Os partidos religiosos hebraicos da época neotestamentária*. Trad. Isabel Fontes Leal Ferreira. São Paulo: Paulinas, 1979.

SILVA, Antonio Delgado da. *Colleção da Legislação Portugueza desde a última compilação das ordenações*: legislação de 1750-1762. Lisboa: Typografia Maigrense, 1830.

SILVA, Delma Josefa da. *Educação quilombola*: um direito a ser efetivado. Centro de Cultura Luiz Freire – Aldenice Teixeira e Instituto Sumaúma – Maria das Dores Barros.

SILVA, José Afonso da. *Curso de direito constitucional positivo*. 38. ed. São Paulo: Malheiros Editores, 2014.

SILVA, José Justino de Andrade. *Colleção Chronologica da Legislação Portugueza Compilada e Anotada*. Lisboa: Imprensa de J. J. A. Silva, 1854.

SILVA, Reinaldo Pereira e. O exame de DNA e sua Influência na investigação de paternidade biológica. *Biodireito*: ciência da vida, os novos desafios. São Paulo: Revista dos Tribunais, 2001. p. 68-97.

SOARES, Guido Fernando Silva. *Common Law*: introdução ao direito dos EUA. 2. ed. São Paulo: Revista dos Tribunais, 2000.

SOUSA, Gabriel Soares. *Tratado descritivo do Brasil de 1587*. 5. ed. Comentários de Francisco Adolfo Varhagen. São Paulo: Companhia Editora Nacional Brasiliana; Brasília: Instituto Nacional do Livro, 1987 (Brasiliana, Volume, 117).

SOUZA FILHO, Carlos Frederico Marés de. *O renascer dos povos indígenas para o Direito*. Curitiba: Juruá, 2012.

STADEN, Hans. *Viagem ao Brasil* – versão do texto de Marpurgo de 1557 por Alberto Loforen. Revista e anotada por Theodoro Sampaio. Rio de Janeiro: Officina Industrial Graphica, 1930.

STERN, Pamela. *Daily life of the Inuit*. Santa Barbara, California, United States: Greenwood/ABC-CLID, LLC, 2010.

STRICKLAND, Rennard. *Fire and the Spirits*: Cherokee law from clan to court. Oklahoma: Oklahoma: University Press, 1975. (The Civilization of the American Indian Series, n. 133).

SUPIOT, Alain. *Homo juridicus*: ensaio sobre a função antropológica do direito. Trad. Maria Ermantina de Almeida Prado Galvão. Sao Paulo: Martins Fontes, 2007.

UGBABE, Ahebi. *The female king of colonial Nigeria*. Bloomington, Indiana: Indiana University Press, 2011.

URBINA, Jeorgina Pedernera. *El derecho penal araucano*. S/l: Valparaízo, 1941.

VARNHAGEN, Adolfo. *História geral do Brasil*. Tomo I. São Paulo: Melhoramentos, 1975.

VILCHEZ, Jorge Helio. El derecho andino y los jueces de paz del Valle del Mantaro. In: *Boletín del Instituto Riva Aguero,* n. 28, 2001.

WALLACE, Ernest; HOEBEL, Adamson. *The comanches: lords of the South Plains*.

Oklahoma: University of Oklahoma Press, 1986. (The Civilization of the American Indians Series, vol.34).

WEITMAN, Rabino Y. David. Prefácio para a edição de Língua Portuguesa. In: GANTZFRIED, Rav Schlomo. *Kitsur Shulchan Aruch*: O código da lei judaica abreviado. Trad. Yossef Benzecry. São Paulo: Maayanot, 2008.

WESCOTT, Roger W. "The Anthropology of the Future" as an Academic Discipline. In: MARUYAMA, Magoroh; HARKINS, Arthur. *Cultures of the Future*. Berlin; New York: De Gruyter Mouton, 2011, p.509-528.

WEYRAUCH, Walter Otto; BELL, Maureen Anne. Autonomous Lawmaking: The Case of the Gypsies. In: WEYRAUCH, Walter O. *Gypsy Law*: romani legal traditions and culture. Berkeley: University of California Press, 1997.

WEYRAUCH, Walter Otto; BELL, Maureen Anne. Romanya: an Introduction to Gypsy Law. In: WEYRAUCH, Walter O. *Gypsy Law*: romani legal traditions and culture. Berkeley: University of California Press, 1997.

WILLIAMS, Lucy. *International Poverty Law*: An Emerging Discourse. London: Zed Books, 2006. (CROP International Studies in Poverty Research).

WUCHER, Gabi. *Minorias*: proteção internacional em prol da democracia. São Paulo: Juarez de Oliveira, 2000.

YERUSHALMI, Yosef Hayim. *Zakhor*: história judaica e memória judaica. 2. ed. Trad. Lina G. Ferreira da Silva. Rio de Janeiro: Imago, 1992.

YRIGOYEN, Franklin Pease García. Los últimos incas del Cuzco. In: *Boletín del Instituto Riva Aguero*, n. 6, 1963.

ZHUKÓV, G. Los principios basicos del derecho internacional cosmico. In: TUNKIN, G. *El Derecho internacional contemporáneo*. Moscou: Editorial Progreso, 1973.

ZIMMERMAN, Larry J. *Os índios norte-americanos*: crenças e rituais visionários, pessoas sagradas e charlatões, espíritos da Terra e do Céu.Trad. Sofia Gomes. Colônia: Taschen GmbH, 2002.

ZWEIGERT, Konrad; KOTZ, Hein. *An introduction to comaparative law*. 3. ed. Trad. Tony Weir. Oxford; New York: Oxford University Press, 1998.